Good
Good
Good
Good
Good

Fellas
Fellas
Fellas
Fellas

CRIME SCENE®
DARKSIDE

Copyright © 1985 by Pileggi Literary Properties, Inc.

Introduction copyright © 2011 by Martin Scorsese

Tradução para a língua portuguesa
© Carla Madeira, 2020

Diretor Editorial
Christiano Menezes

Diretor Comercial
Chico de Assis

Diretor de Novos Negócios
Marcel Souto Maior

Diretora de Estratégia Editorial
Raquel Moritz

Gerente Comercial
Fernando Madeira

Gerente de Marca
Arthur Moraes

Gerente Editorial
Marcia Heloisa

Editor
Bruno Dorigatti

Capa e Projeto Gráfico
Retina 78

Coordenador de Diagramação
Sergio Chaves

Designer Assistente
Guilherme Costa

Revisão
Felipe Pontes
Maximo Ribera
Retina Conteúdo

Finalização
Sandro Tagliamento

Marketing Estratégico
Ag. Mandíbula

Impressão e Acabamento
Gráfica Geográfica

DADOS INTERNACIONAIS DE CATALOGAÇÃO NA PUBLICAÇÃO (CIP)
Andreia de Almeida CRB-8/7889

Pileggi, Nicholas
 Os bons companheiros / Nicholas Pileggi ; tradução de Carla
Madeira. — Rio de Janeiro : DarkSide Books, 2020.
 272 p.

 ISBN: 978-85-9454-196-3
 Título original: Wiseguy

 1. Criminosos – Estados Unidos – Biografia 2. Máfia – Estados
Unidos 3. Hill, Henry, 1943-2012 I. Título II. Madeira, Carla

20-1375   CDD 364.150924

Índice para catálogo sistemático:
1. Criminosos – Estados Unidos – Biografia

[2020, 2024]
Todos os direitos desta edição reservados à
DarkSide® *Entretenimento* LTDA.
Rua General Roca, 935/504 – Tijuca
20521-071 – Rio de Janeiro – RJ – Brasil
www.darksidebooks.com

Nicholas Pileggi

GoodFellas
OS BONS COMPANHEIROS

tradução
Carla Madeira

DARKSIDE

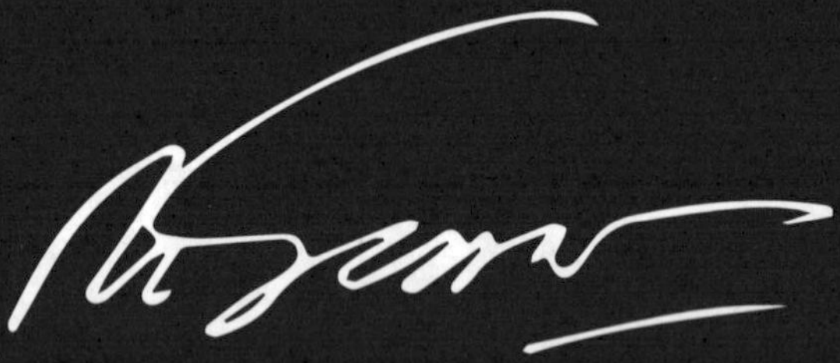

GoodFellas
OS BONS COMPANHEIROS

INTRODUÇÃO

A primeira vez que li *Os Bons Companheiros*, fiquei impressionado. Era tudo que eu esperava, e mais.

Alguns dos melhores atores que conheci eram vizinhos no meu antigo bairro, sujeitos que fascinavam seus interlocutores quando contavam uma história — a história *deles*. Nick Pileggi conhecia o universo da cultura ítalo-americana como ninguém e compreendia a importância de se contar uma história, tanto das pessoas que se tornaram bem-sucedidas e "assimiladas" quanto daquelas que ainda estavam presas no meio do caminho, que buscavam levar uma vida decente, mas de algum modo não conseguiam. Nick entendia cada faceta desse mundo perdido e nunca julgava alguém pelo que falava ou fazia. Sabia também que, se a proposta era contar a história *de verdade*, precisava achar a pessoa certa para fazê-lo.

Em Henry Hill, Nick encontrou alguém com conhecimento de causa, familiarizado com as minúcias daquela vida, preparado e disposto a contar sua história como um ato de sobrevivência. Nick não suportava mais, como ele dizia, "os delírios egoicos de bandidos analfabetos travestidos de generosos 'Poderosos Chefões'". Henry fazia parte daquilo, mas de certa forma também estava de fora; ele *queria* e até mesmo *precisava* lembrar de tudo em seus mínimos detalhes.

Quando li o livro pela primeira vez, não consegui largá-lo. Quando dei por mim, já estava fazendo anotações, visualizando movimentos, cortes, trilha sonora. Foi então que percebi: *preciso* fazer este filme. Para mim era um desdobramento evolutivo, em consonância com o que tentara fazer em *Caminhos Perigosos* (1973). A diferença é que, neste caso, não havia exatamente um personagem central, nenhum equivalente ao Charlie — o estilo de vida era tão rico e fascinante que não era preciso um protagonista, apenas alguém que nos guiasse pela trama. Vi então a possibilidade de transformar o próprio estilo de vida em personagem principal.

Entrei em contato com Nick e o convidei a escrever comigo o roteiro que haveria de se tornar *Os Bons Companheiros*. Acho que ele ficou um pouco surpreso, mas animado. Minha intenção era me ater o máximo possível aos fatos. A história incluía uma clara narrativa de ascensão e queda, mas não era isso que a tornava especial. Eram os lugares, os restaurantes e bares, a comida que eles comiam; as roupas, o estilo; os gestos, a linguagem corporal, a interação de uns com os outros; a naturalidade com a qual cometiam assassinatos. De um lado, tínhamos uma imersão nos detalhes que era, ao mesmo tempo, sensorial *e* documental; do outro, uma força propulsora que avançava com a energia e o entusiasmo dos personagens, com suas paranoias e temores. Nós nos divertimos muito ao juntar tudo isso. Nick é um dos melhores colaboradores que alguém pode ter — paciente, dedicado, atento aos detalhes e absolutamente concentrado no trabalho.

Sempre lembro da primeira vez que li *Os Bons Companheiros* e da empolgação que senti com o livro. Nick e eu nos tornamos bons amigos, fizemos um segundo filme juntos e, com sorte, faremos outros. Quero que ele saiba como nossa parceria é especial para mim.

Tudo começou com este livro, que você está prestes a ler. Se é a primeira vez, reserve algumas horas para a leitura. Pois você não vai conseguir parar.

Martin Scorsese
Março de 2011

GoodFellas
OS BONS COMPANHEIROS

PRÓLOGO

Na terça-feira, 22 de maio de 1980, um homem chamado Henry Hill fez o que para ele parecia a única coisa sensata a fazer: decidiu não mais existir. Estava no presídio do condado de Nassau enfrentando uma sentença de prisão perpétua por envolvimento numa gigantesca rede de tráfico de drogas. Os procuradores federais o questionavam sobre seu papel no roubo de 6 milhões de dólares da companhia aérea alemã Lufthansa, o mais bem-sucedido roubo de dinheiro da história dos Estados Unidos. A polícia da cidade de Nova York sucedeu os agentes federais para interrogá-lo a respeito dos dez assassinatos que se seguiram após o assalto à Lufthansa. O Departamento de Justiça queria questioná-lo acerca de sua conexão com um assassinato que também envolvia Michele Sindona, o banqueiro italiano condenado. A Força-Tarefa de Combate ao Crime Organizado queria saber sobre os jogadores de basquete do Boston College que ele havia subornado num esquema de manipulação de resultados nos jogos. Funcionários do Tesouro procuravam pelos caixotes de armas automáticas e minas terrestres que ele havia roubado de um arsenal em Connecticut. O gabinete do procurador federal do distrito do Brooklyn queria informações sobre um corpo encontrado num caminhão frigorífico que estava tão congelado que foram necessários dois dias para amolecê-lo para que o legista pudesse realizar a autópsia.

A prisão de Henry Hill apenas três semanas antes não chamou atenção da imprensa. Os jornais não dedicaram matérias de primeira página a ela e nem sequer foi mencionada nos noticiários da TV à noite. Sua prisão foi apenas uma entre as dezenas que a polícia fazia, em meio às apreensões multimilionárias que realizava anualmente e anunciadas com relativo estardalhaço em busca de destaque por parte da imprensa. Mas a detenção de Henry Hill foi uma conquista sem paralelo. Hill tinha crescido dentro da Máfia. Era só um mecânico, mas sabia de tudo. Ele sabia como ela funcionava. Sabia quem lubrificava a engrenagem. Sabia, mesmo, onde os corpos eram enterrados. Se ele falasse, a polícia sabia que Henry Hill lhes daria a chave para dezenas de indiciamentos e condenações. E mesmo se não falasse, Henry Hill sabia que seus próprios amigos o matariam da mesma forma que mataram quase todo mundo que estivera envolvido no roubo da Lufthansa. Na cadeia Henry soube da notícia: seu próprio protetor, Paul Vario, o septuagenário chefe mafioso em cuja casa Henry havia sido criado desde a infância, estava furioso com ele; e James "Jimmy, o Cavalheiro" Burke, o amigo mais íntimo de Henry, seu confidente e sócio, o homem com quem ele fazia suas armações e negociatas desde os treze anos, planejava matá-lo.

Mediante tudo isso, Henry tomou sua decisão: entrou para o Programa Federal de Proteção à Testemunha do Departamento de Justiça. Sua mulher, Karen, e suas filhas Judy, de quinze, e Ruth, de doze anos, também deixaram de existir junto com ele. Receberam novas identidades. Há que se dizer que foi um pouco mais fácil para Henry Hill deixar de existir do que deve ter sido para um cidadão comum, já que a real evidência da existência de Hill era muito imperceptível. Aparentemente sua casa pertencia a sua sogra. Seu carro era registrado no nome da esposa. Seu cartão do Seguro Social e sua carteira de habilitação — ele possuía várias — eram falsificados e os nomes, fictícios. Ele nunca votou e nunca pagou impostos. Ele nunca sequer fez uma viagem de avião usando um bilhete aéreo emitido em seu próprio nome. De fato, um dos únicos documentos que provavam sem sombra de dúvida que Henry Hill havia vivido — além de sua certidão de nascimento — era sua folha corrida contendo a série de prisões que acumulou desde quando era um jovem aprendiz da Máfia.

Um ano após a prisão de Henry Hill, fui procurado por seu advogado, que disse que Hill queria alguém para contar sua história. Àquela altura eu já havia escrito sobre figuras de destaque do crime organizado ao longo da maior parte da minha carreira de jornalista e desenvolvido um enorme tédio com os delírios egoicos de bandidos analfabetos travestidos de generosos "Poderosos Chefões". Além disso, eu nunca tinha ouvido falar em Henry Hill. No meu escritório há quatro caixas de fichas nas quais eu anotava compulsivamente os nomes e os inúmeros detalhes sobre cada elemento mais ou menos destacado dentro do crime organizado que encontrei na imprensa ou nos sumários dos processos nos tribunais. Quando fui pesquisar, descobri que tinha uma ficha com o sobrenome Hill datada de 1970 que o identificava erroneamente como um membro da família criminosa de Joseph Bonanno. Mesmo assim, a partir da montanha de informações a seu respeito que os federais haviam começado a juntar desde sua prisão um ano antes, e dada a importância que deram a ele como testemunha, ficou claro que valia a pena pelo menos me encontrar com Henry Hill.

Já que ele fazia parte do Programa Federal de Proteção à Testemunha, o encontro teve de acontecer num local onde sua segurança estivesse garantida. Fui instruído a me encontrar com dois agentes federais no balcão da Braniff no aeroporto LaGuardia. Quando cheguei lá, os dois homens tinham meu bilhete aéreo nas mãos. Eles me perguntaram se eu queria ir ao banheiro. Achei estranho que agentes federais me fizessem tal pergunta, mas eles explicaram que uma vez que me entregassem o bilhete eles não poderiam me perder de vista até que embarcássemos no avião. Não podiam correr o risco de me deixar ver o destino do voo e passar a alguém a informação do meu destino. Acabou que o avião que pegamos não foi o da Braniff e o primeiro local onde pousamos não era onde Henry Hill nos esperava. Foi preciso mais de um voo naquele dia para enfim chegar a uma cidade onde, fiquei sabendo depois, Hill e seus guarda-costas federais haviam chegado há apenas algumas horas antes.

Hill era um homem surpreendente. Não se parecia nem agia como a maioria dos delinquentes com os quais eu me deparara. Falava com clareza e sem erros de concordância. Sorria de vez em quando. Sabia bastante sobre o mundo no qual havia crescido, mas falava sobre ele com um estranho distanciamento e tinha um certo olhar de fora quando se tratava de pormenores. A maioria dos mafiosos que foram entrevistados para livros ao longo dos anos não era capaz de se descolar de suas experiências por um tempo suficiente para fazer uma análise real de suas vidas. Seguiam a trilha do mafioso tão cegamente que quase não conseguiam vislumbrar a paisagem ao longo do caminho. Henry Hill era só olhos. Era fascinado pelo mundo no qual crescera, e havia muito pouco sobre ele de que não se lembrasse.

Henry Hill era um gângster, um trapaceiro. Armava esquemas, participava de crimes e partia cabeças. Sabia como subornar e como enganar. Era um escroque trabalhando em horário integral, um articulado bandido do crime organizado, um personagem singular que agradaria tanto a sociólogos como a policiais. Nas ruas, ele e seus amigos chamavam-se uns aos outros de espertos. Pareceu-me que um livro sobre sua vida poderia fornecer um olhar de dentro a respeito de um mundo sobre o qual normalmente ouvimos falar, no máximo, apenas do lado de fora ou por meio do *capo di tutti capi*, o chefe dos chefes.

GoodFellas
OS BONS COMPANHEIROS

01

Henry Hill foi apresentado à vida na máfia quase que por acaso. Em 1955, quando tinha onze anos, ele perambulou até um sombrio e mal conservado ponto de táxi na Pine Street, 391, perto da Pitkin Avenue, em Brownsville, na região leste do Brooklyn, Nova York, procurando por um emprego de meio expediente depois da escola. O prédio de um pavimento que abrigava ao mesmo tempo ponto de táxi e escritório de distribuição ficava do outro lado da rua, bem em frente à casa em que ele morava com a mãe, o pai, quatro irmãs mais velhas e dois irmãos, e Henry, desde pequeno, sempre teve curiosidade pelo lugar. Antes de começar a trabalhar lá, Henry já tinha visto os Cadillacs e Lincolns pretos e compridos entrando suaves pelo quarteirão. Observara os rostos sem expressão dos visitantes do ponto de táxi, e sempre se lembrava dos seus casacos enormes e largos. Alguns dos visitantes eram tão pesados que os automóveis se elevavam levemente quando eles saíam de dentro deles. Viu anéis reluzentes, fivelas de cinto incrustadas de pedras preciosas e relógios de platina, finos como massa folhada, presos por grossas pulseiras de ouro.

Os homens no ponto de táxi eram completamente diferentes de qualquer um da vizinhança. Vestiam ternos de seda pela manhã e esticavam lenços nos para-lamas dos carros antes de se encostarem neles para conversar com alguém. Via-os estacionar seus carros em fila dupla e nunca serem multados, até quando paravam colados a um hidrante. No inverno, via os caminhões de limpeza da cidade limparem a neve do estacionamento do ponto de táxi antes de irem limpar o pátio da escola ou o terreno dos hospitais. No verão ficava ouvindo os jogos de cartas barulhentos a varar a noite, e sabia que ninguém — nem mesmo o sr. Mancuso, que morava no fim do quarteirão e resmungava sobre tudo — ousaria reclamar. E os homens no ponto de táxi eram ricos. Surgiam do nada com bolos de notas de vinte dólares roliços como bolas de beisebol, e nos dedos mindinhos ostentavam anéis de diamantes do tamanho de uma noz. A visão de toda aquela riqueza, poder e opulência era inebriante.

No início os pais de Henry ficaram felizes por seu filho jovem e cheio de energia ter arrumado um emprego do outro lado da rua. O pai de Henry, Henry Hill Senior, um eletricista que trabalhava duro em uma empresa de construção, sempre achou que os jovens deveriam trabalhar desde cedo para aprenderem a dar valor ao dinheiro que eles pediam sem trégua. Tinha sete filhos para sustentar com um salário de eletricista, portanto qualquer ajuda era bem-vinda. Desde os doze anos, quando veio da Irlanda para os Estados Unidos logo depois de perder o pai, Henry Hill Senior teve de sustentar sua mãe e três irmãos menores. Ele insistia em dizer que ao começar a trabalhar bem cedo os jovens aprendiam o valor do dinheiro. Os jovens norte-americanos, ao contrário das crianças de sua Irlanda natal, pareciam ficar vadiando ao longo da adolescência por muito mais tempo do que necessário.

A mãe de Henry, Carmela Costa Hill, também se alegrou por seu filho ter arrumando um emprego nas redondezas, mas por razões diferentes. Primeiro, sabia que o emprego do filho iria agradar ao pai. Segundo, tinha esperanças de que o trabalho após a escola tiraria seu filho jovem e brigão de dentro de casa tempo suficiente para mantê-lo longe das discussões incessantes com as irmãs. Além disso, com o jovem Henry trabalhando, ela teria mais tempo para ficar com Michael, seu filho caçula, que nascera com um problema na coluna e ficava restrito à cama e à cadeira de rodas. Carmela Hill ficou ainda mais satisfeita — quase em êxtase, na verdade — quando descobriu que os Vario, a família que era dona do ponto de táxi, vieram da mesma parte da Sicília onde ela havia nascido. Carmela Costa fora trazida para os Estados Unidos ainda pequena e casou-se com o jovem irlandês alto, belo e de cabelos negros que encontrara na vizinhança quando tinha dezessete anos, mas nunca perdera seus laços com o país onde nascera. Ela sempre manteve a culinária siciliana, por exemplo, ao fazer sua própria massa de macarrão e apresentando o molho de anchovas e lulas a seu jovem marido — depois de jogar fora sua garrafa de ketchup. Ela permanecia acreditando nos poderes divinos de certos santos do sul da Sicília, tais como São Pantaleão, o santo padroeiro das dores de dente. E como muitos membros de grupos de imigrantes, achava que pessoas que tivessem laços com sua velha terra natal de algum modo tinham laços com ela. A ideia de seu filho conseguir o primeiro emprego com *paesani*, os patrícios, tinha sido a resposta às preces de Carmela.

Não demorou, entretanto, para os pais de Henry começarem a mudar de ideia a respeito do trabalho do filho depois da escola. Após os primeiros dois meses, eles descobriram que o que tinha começado como um emprego de meio expediente acabou se transformando para ele numa compulsão em tempo integral. O jovem Henry estava sempre no ponto de táxi. Se sua mãe precisasse que ele fizesse algo para ela, ele estava no ponto de táxi. Ficava no ponto de táxi de manhã antes de ir à escola e à tarde quando saía dela. Seu pai perguntava-lhe sobre o dever de casa. "Eu faço no ponto de táxi", ele respondia. Sua mãe notou que ele não brincava mais com os amigos de sua idade. "A gente brinca no ponto de táxi", ele disse.

"Meu pai estava sempre com raiva. Ele nasceu com raiva. Tinha raiva de ter de trabalhar tanto para ganhar quase nada. Eletricistas, mesmo os sindicalizados, não ganhavam muito naquela época. Ele tinha raiva da sua casa de três quartos ser tão barulhenta, com minhas quatro irmãs, dois irmãos e eu. Costumava dizer aos berros que tudo o que ele queria era paz e silêncio, mas àquela altura a gente estava quieto como ratinhos e ele era o único que gritava, xingava e atirava a louça na parede. Ele sentia raiva por meu irmão Michael ter nascido paralítico da cintura para baixo. Mas sobretudo tinha raiva por eu viver no ponto de táxi. 'São uns vagabundos!', gritava, indignado. 'Você vai se meter em encrenca!', ele berrava. Mas eu simplesmente fingia que não sabia do que ele estava falando e dizia que eu só realizava umas tarefas depois da escola, e não apostas, e jurava que estava indo à escola quando na verdade não dava as caras lá por semanas. Mas ele nunca acreditou. Ele sabia o que acontecia de verdade ali no ponto de táxi, e de vez em quando, geralmente depois de ter enchido a cara, eu levava uma surra. Mas naquele tempo eu não ligava. Todo mundo tem de levar uma coça uma vez ou outra."

Nos idos de 1955 o Serviço de Táxi e Carros de Aluguel da Euclid Avenue, em Brownsville, na parte leste do Brooklyn, Nova York, era mais do que só uma central de táxis na vizinhança. Era um ponto de encontro de apostadores em corridas de cavalos, advogados, jogadores, *handicappers,* ex-jóqueis, violadores de condicional, operários da construção civil, dirigentes sindicais, políticos locais, motoristas de caminhão, agenciadores de apostas, mensageiros, agentes de fiança, garçons desempregados, agiotas, policiais de folga e até alguns matadores profissionais aposentados dos velhos tempos do Murder Inc.[1] Era também o quartel-general extraoficial de Paul Vario, uma estrela em ascensão de uma das cinco famílias do crime organizado e o homem responsável pela maioria dos negócios ilegais daquela área naquela época. Vario vivera toda sua vida entrando e saindo da cadeia. Em 1921, aos onze anos, cumpriu sete meses por vadiagem, e ao longo dos anos foi preso por agiotagem, invasão de domicílio, sonegação de impostos, suborno, prática de apostas ilegais, desacato e variadas agressões e contravenções. Conforme foi envelhecendo e ficando mais poderoso, a maioria das acusações contra ele foi retirada por conta das testemunhas não comparecerem ou pelo fato de juízes muito generosos optarem pelo pagamento de fianças no lugar de prendê-lo. (O juiz Dominic Rinaldi, da Suprema Corte do Brooklyn, por exemplo, uma vez impôs-lhe uma fiança de 250 dólares pelas acusações de suborno e associação criminosa para que ele não tivesse de cumprir uma pena de quinze anos.) Vario tentou manter um mínimo de decoro numa vizinhança conhecida pelo caos. Abominava a violência gratuita (o tipo que não era ordenada por ele), sobretudo por ser ruim para os negócios. Corpos jogados pelas ruas eram sempre fonte de problemas e deixavam a polícia chateada. Uma polícia que naquele tempo era tida como bastante complacente com a maioria dos assuntos ligados à Máfia.

Paul Vario era um homem grande, media um metro e oitenta de altura, pesava acima de 110 quilos, e parecia ainda maior do que era. Tinha os braços e peito sólidos como os de um lutador de sumô e andava arrastando-se como um gigante que tinha a certeza de que as pessoas e os fatos ficariam à sua espera. Não tinha medo de nada, era impossível de surpreender. Se o escapamento de um carro estourasse ou alguém chamasse seu nome, a cabeça de Paul Vario se viraria, mas bem devagar. Ele parecia inabalável. Propositadamente. Exalava o tipo de letargia que às vezes acompanha o poder absoluto. Não que Vario não conseguisse se mexer de pronto se quisesse. Henry uma vez o viu pegar um taco de beisebol de

---

[1] Nome dado pela imprensa norte-americana aos grupos de assassinos de aluguel do crime organizado dos anos 1930 aos 1940. Formavam o "braço armado" da Máfia americana e atuavam na região de Nova York. Era composto em sua maioria por gângsteres judeus e ítalo-americanos dos bairros de Brownsville, East New York e Ocean Hill, no distrito do Brooklyn. Acredita-se que o Murder Inc. foi responsável por assassinar entre quatrocentas e mil pessoas. [As notas são da Tradutora.]

dentro do carro e sair correndo atrás de um sujeito por cinco lances de escada para cobrar uma dívida de agiotagem. Mas Vario relutava em se esforçar muito. Aos doze anos Henry começou a fazer pequenas tarefas de rua para Paul Vario. Logo começou a ficar responsável pelos cigarros Chesterfield e pelo café — puro, sem leite ou açúcar — de Vario e pela entrega de seus recados. Henry entrava e saía do Impala preto de Paulie umas vinte vezes por dia quando faziam a rodada de reuniões pela cidade. Enquanto Vario esperava no volante Henry trazia os suplicantes e os parceiros até o carro para as conversas.

"Na rua 114, no lado leste do Harlem, onde os mais velhos suspeitavam da própria sombra, eles costumavam me olhar com seus olhos semicerrados toda vez que Paulie me trazia para dentro dos clubes noturnos. Eu era um menino e eles se comportavam como se eu fosse um tira. Finalmente, quando um deles perguntou a Paulie quem eu era, ele olhou para eles como se fossem malucos. 'Quem é ele?', dizia Paulie. 'É um primo. É da família.' Dali em diante até as múmias sorriam.

"Eu estava aprendendo coisas novas e ganhando dinheiro. Quando limpava o barco de Paulie, eu não apenas era pago, como podia passar o resto do dia pescando. Tudo o que tinha de fazer era manter Paulie e o resto do pessoal a bordo abastecidos de cerveja gelada e vinho. Paulie era o único na Sheepshead Bay cujo barco não tinha nome. Paulie nunca punha seu nome em nada. Nunca sequer tivera seu nome escrito na campainha da porta de casa. Nunca tivera telefone. Odiava telefones. Toda vez que era preso dava o endereço da mãe na Hemlock Street. Teve barcos durante toda sua vida e nunca pôs nome em nenhum deles. Dizia-me sempre: 'Nunca ponha seu nome em nada!'. Nunca pus.

"Eu sabia o que Paul queria antes mesmo dele. Sabia como estar presente e como desaparecer. Já estava em mim. Ninguém me ensinou nada. Ninguém nunca me disse: 'Faça isso', 'Não faça aquilo'. Eu simplesmente sabia. Aos doze anos eu já sabia. Lembro-me que, depois de alguns meses, Paul estava no ponto de táxi e uns caras das redondezas vieram para conversar. Levantei-me para ir embora. Não era preciso ninguém mandar. Havia outros caras por ali também, e todos nos levantamos para sair. Mas aí Paulie olhou para nós. Viu que eu estava indo. 'Tudo bem', ele disse, sorrindo para mim, 'você pode ficar.' Os outros rapazes seguiram andando. Dava para ver que tinham medo até de olhar ao redor, mas eu fiquei. Fiquei pelos próximos 25 anos."

Quando Henry começou a trabalhar no ponto de táxi Paul Vario dominava Brownsville, no Brooklyn, em Nova York, como um marajá urbano. Vario dominava quase todo jogo ilegal, agiotagem, controle de sindicatos e atividades de extorsão na área. Como membro preeminente da família do crime Lucchese, Vario era o responsável por manter a ordem entre alguns dos mais baderneiros homens da cidade. Abrandava ressentimentos, neutralizava antigas vinganças e resolvia contendas entre o teimoso e o estúpido. Usando seus quatro irmãos como emissários e sócios, Vario secretamente controlava vários negócios escusos na área, incluindo o ponto de táxi. Era dono da pizzaria Presto, um restaurante sombrio com balcão para pizzas na Pitkin Avenue, na esquina do ponto de táxi. Foi lá que Henry aprendeu a cozinhar; foi lá que aprendeu a fazer o controle financeiro para a banca de apostas que usava o porão da pizzaria como escritório de contabilidade. Vario também era dono da floricultura Fountainbleu, na Fulton Street, a cerca de seis quarteirões do ponto de táxi. Lá Henry aprendeu a amarrar as flores com arames, criando sofisticadas coroas funerárias que eram encomendadas para os membros dos sindicatos quando vinham a falecer.

O irmão mais velho de Vario, Lenny, era um dirigente do sindicato da construção e ex-contrabandista que teve a honra de uma vez ter sido preso junto com Lucky Luciano. Lenny, que era fã de óculos de sol que cobriam todo o rosto e unhas muito bem aparadas, era a conexão de Paul com os empreiteiros locais e gerentes de construtoras, todos eles subornados com dinheiro vivo ou funcionários fantasmas cuja função era a de garantir que seus canteiros de obras permanecessem livres de greves e incêndios. Paul Vario era o segundo mais velho. Tommy Vario, que era o terceiro mais velho da família, era também um representante do sindicato dos trabalhadores da construção e fora preso várias vezes por envolvimento com jogo ilegal. Tommy supervisionava as operações de Vario na jogatina e na agiotagem em dezenas de canteiros de obras. O próximo a seguir, Vito Vario, também conhecido como "Tuddy", era quem administrava o ponto de táxi onde Henry iria trabalhar pela primeira vez. Foi Tuddy Vario quem contratou Henry no dia em que o jovem entrou no lugar. Salvatore "Babe" Vario, o caçula dos irmãos, cuidava dos jogos de cartas e de dados em apartamentos, porões de escolas e nos fundos das garagens todas as noites e duas vezes ao dia nos fins de semana. Babe também era o responsável pelos acertos ou propinas dos policiais locais para que estes garantissem que a jogatina transcorresse em paz.

Todos os irmãos Vario eram casados e moravam na vizinhança, e todos tinham filhos, alguns da idade de Henry. Nos fins de semana os irmãos Vario e suas famílias normalmente se reuniam na casa da mãe (seu pai, um zelador de prédio, havia morrido quando eles eram pequenos), onde tardes barulhentas de jogos de cartas e um banquete contínuo de pratos de massa, vitela e frango emergia da cozinha da matriarca dos Vario. Para Henry não havia nada mais fascinante e divertido do que o barulho, os jogos e a comida daquelas tardes. Era uma procissão sem fim de amigos e parentes dos Vario que avançavam por sua vida, a maioria deles enchendo sua camisa de notas de dólar dobradas. Havia máquinas de fliperama no sótão e pombos no teto. Havia bandejas de *cannoli*, uma sobremesa italiana de massa folhada recheada de creme, distribuídas como presentes, e tonéis de batida de limão e sorvete.

"No primeiro dia que adentrei o ponto de táxi eu sabia que tinha encontrado meu lar — especialmente depois que eles descobriram que eu era meio siciliano. Ao recordar, vejo que tudo mudou quando eles ficaram sabendo de minha mãe. Eu não era apenas mais um garoto do bairro ajudando no ponto de táxi. De repente eu estava dentro das casas deles. Estava nas geladeiras deles. Estava realizando tarefas para as mulheres dos Vario e brincando com seus filhos. Eles me davam tudo o que eu queria.

"Mesmo antes de trabalhar no ponto de táxi eu tinha fascínio pelo lugar. Costumava observá-los da minha janela e sonhava ser um deles. Aos doze anos minha ambição era ser um gângster. Ser um mafioso. Para mim, ser um mafioso era melhor do que ser presidente dos Estados Unidos. Significava ter poder entre pessoas que não gozavam de poder algum. Significava ter regalias em meio a uma vizinhança operária que não tinha quaisquer privilégios. Ser mafioso era ser dono do mundo. Eu sonhava ser mafioso da mesma forma como os outros garotos sonhavam ser médicos, artistas de cinema, bombeiros ou jogadores de futebol americano."

De repente Henry descobriu que podia fazer o que quisesse. Não precisava mais esperar na fila pelo pão fresco na padaria italiana do bairro nas manhãs de domingo. O dono simplesmente atravessava o balcão e enfiava debaixo de seu braço os pães mais quentes e o mandava para casa. As pessoas não estacionavam mais na frente de sua garagem, apesar de seu pai nunca ter tido carro. Um dia os rapazes da vizinhança até ajudaram sua mãe a levar as compras do mercado para casa. Até onde Henry podia ver, não havia mundo melhor que aquele, com certeza nenhum em que ele já tivesse entrado.

Tuddy (Vito) Vario, que administrava o ponto de táxi, procurava por um garoto esperto e ágil havia semanas. Ele perdera sua perna esquerda na Guerra da Coreia, e mesmo adaptado à sua deficiência não podia mais se movimentar com tanta agilidade quanto desejava. Ele precisava de alguém que o ajudasse a limpar os táxis e as limusines de aluguel. Precisava de alguém que pudesse ir correndo até à pizzaria Presto para entregar as pizzas num piscar de olhos. Precisava de alguém que ele pudesse enviar ao seu minúsculo botequim que ficava a dois quarteirões para raspar todo o dinheiro da caixa registradora, e precisava de alguém esperto o suficiente para anotar rápida e corretamente os pedidos de sanduíche e ainda trazer o café quente e a cerveja gelada. Outros garotos, incluindo seu próprio filho, Vito Junior, tinham sido um fracasso. Faziam cera. Eram desanimados. Tinham a cabeça nas nuvens. Às vezes um deles anotava um pedido e desaparecia. Tuddy precisava de um garoto esperto que soubesse o que estava fazendo. Um garoto que quisesse correr atrás. Um garoto confiável.

Henry Hill era perfeito. Era rápido e esperto. Cumpria as ordens mais rápido que qualquer outro jamais tinha feito e anotava os pedidos corretamente. Limpava os táxis e os carros de luxo por um dólar cada (os carros eram usados para funerais locais, casamentos e para levar jogadores importantes até os jogos de cartas e de dados de Vario), e depois ele os limpava novamente de graça. Tuddy estava tão satisfeito com o compromisso e a diligência de Henry que após os primeiros dois meses de trabalho do garoto no ponto de táxi ele começou a ensiná-lo a manobrar os táxis e os outros carros ao redor do pátio. Foi um momento glorioso — Tuddy saindo do ponto de táxi carregando uma lista telefônica para que Henry pudesse enxergar acima do painel do automóvel, determinado de que o menino de doze anos estaria dirigindo carros ao final do dia. Na verdade demorou quatro dias, mas no fim da semana Henry estava manobrando os táxis e carros de aluguel entre o hidrante e as bombas de gasolina. Ao final de seis meses Henry Hill estava dando ré nos carros com precisão milimétrica e cantando pneus com desenvoltura pelo terreno enquanto seus colegas de escola assistiam com espanto e inveja por detrás da cerca de madeira detonada. Uma vez Henry avistou seu pai, que nunca aprendera a dirigir, espiando-o por trás da cerca. Aquela noite Henry esperou que o pai mencionasse suas habilidades na direção, mas o sr. Hill jantou em silêncio. Henry, claro, sabia que era melhor não falar sobre isso. Quanto menos se falasse sobre seu emprego no ponto de táxi, melhor.

"Eu era o garoto mais sortudo do mundo. Gente como meu pai não conseguia entender, mas eu fazia parte de algo. Eu pertencia. Era tratado como um adulto. Eu vivia algo mágico. Mafiosos puxavam seus chaveiros, jogavam suas chaves na minha direção e deixavam que eu estacionasse seus Cadillacs. Eu não conseguia enxergar por cima do volante e agora estacionava Cadillacs."

Aos doze anos, Henry Hill estava ganhando mais dinheiro do que conseguia gastar. No início convidava seus colegas de escola para andar a cavalo pelas pistas dos pântanos de Canarsie. Às vezes bancava suas entradas no parque de diversões Steeplechase, coroando o agrado com um salto de paraquedas de oitenta metros de altura. Entretanto, com o tempo Henry foi se entediando com seus colegas e cansou-se até de sua própria prodigalidade. Logo aprendeu que não havia corrida emocionante em cavalos suados nem parques de diversão que pudessem se comparar às aventuras que ele encontrara no ponto de táxi.

"Meu pai foi o tipo de homem que trabalhou duro a vida inteira e nunca teve a recompensa merecida. Quando eu era criança, ele costumava dizer que era um 'homem do subsolo', e isso me fazia ter vontade de chorar. Ele ajudara a organizar o sindicato dos eletricistas, o Local Three, e ganhou flores em seu enterro. Trabalhou em arranha-céus em Manhattan e em projetos residenciais no Queens, e nós nunca pudemos nos mudar da nossa casa ordinária de três quartos lotada com sete crianças, uma delas presa à cama por conta de um problema de coluna. Tínhamos dinheiro para comer, mas nunca para outras coisas. E diariamente eu via todo mundo, não apenas os mafiosos, ganhando dinheiro. A vida do meu velho não iria ser a minha vida. Não importava o quanto ele gritasse comigo, não importava quantas vezes eu apanhasse, eu não prestava atenção ao que ele dizia. Não creio que eu o tenha mesmo escutado. Estava muito ocupado aprendendo sobre recebimentos. Eu estava aprendendo a ganhar dinheiro.

"E todos os dias eu aprendia alguma coisa. Todos os dias eu ganhava um dólar aqui, outro ali. Ouvia os esquemas e via os caras se darem bem. Era natural. Eu estava bem no meio do ponto de táxi todos os dias. Coisas roubadas entravam e saíam daquele lugar o dia inteiro. Havia um caixote de torradeiras roubadas a serem revendidas, caxemiras pesadas saídas direto de um caminhão, pacotes de cigarro ilegais roubados de caminhoneiros com tantas infrações de trânsito que não podiam nem ir reclamar com os tiras. Logo eu estava entregando resultados de jogos em apartamentos e casas em toda a vizinhança onde os Vario tinham seus homens com máquinas de somar contabilizando a féria do dia. Pessoas costumavam alugar um dos quartos em seus apartamentos para os Vario a 150 dólares por semana com linha telefônica liberada. Era um bom negócio. Os mafiosos levavam apenas duas ou três horas no fim da tarde para fazer o somatório das apostas na fita da máquina de somar e marcar todos os ganhadores. Muitas vezes os lugares que Paulie e os caras da contabilidade alugavam pertenciam aos pais dos garotos com os quais eu ia à escola. No início eles ficavam surpresos de me verem entrar com um saco de compras cheio de filipetas. Achavam que eu vinha para brincar com seus filhos. Mas logo descobriram quem eu era. Eles viam que eu estava crescendo de um jeito diferente.

"Depois de ganhar meus primeiros e parcos dólares e ter coragem de ir às compras sem minha mãe, fui até à loja Benny Field's na Pitkin Avenue. Era lá que os mafiosos compravam suas roupas. Saí de lá vestindo um terno jaquetão azul-escuro listrado, com lapelas tão pontudas que era capaz de ser preso só por ostentá-las. Eu era um garoto. Estava muito orgulhoso. Quando cheguei em casa minha mãe me olhou de cima a baixo e gritou: 'Você está parecendo um gângster!'. Me senti melhor ainda."

Aos treze, Henry já estava trabalhando no ponto de táxi fazia um ano. Era um jovem bonito com um rosto luminoso, sincero, e um sorriso encantador. Seu cabelo preto e farto era penteado para trás. Seus olhos castanho-escuros eram tão penetrantes e vivos que brilhavam de excitação. Era escorregadio. Aprendera como desviar das violentas surras do pai e era um mestre em escapar dos seguranças das pistas de corrida, que insistiam que ele era muito menino para ficar circulando pela sede do clube, especialmente no horário escolar. De longe ele quase parecia uma miniatura dos homens que tanto admirava. Vestia-se como eles, tentava imitar seus gestos das ruas, comia os mesmos pratos que eles, como *scungilli* e lulas, que o deixavam com ânsias de vômito, e costumava beber litros de café preto puro e fervendo, apesar do sabor ser horrível e queimar tanto seus lábios que ele queria chorar. Era um mafioso sob medida, um jovem talhado para o crime. Mas também estava aprendendo sobre aquele mundo, e não havia um jovem aspirante a samurai ou monges budistas adolescentes que levassem mais a sério sua doutrinação ou aprendizado.

GoodFellas
OS BONS COMPANHEIROS

02

"Eu ficava pelo ponto de manhã à noite, e aprendia mais e mais a cada dia. Quando tinha por volta de treze anos, eu anotava apostas e vendia fogos de artifício. Costumava conseguir que os motoristas de táxi comprassem embalagens de cerveja de seis unidades para mim e depois vendia mais caro para os garotos no pátio da escola. Agia como um minirreceptador para alguns dos ladrões adolescentes. Prometia a eles o dinheiro e então vendia o rádio, o aparelho portátil ou a caixa de suéteres que eles roubavam para um dos caras do entorno do ponto de táxi.

"Antes de feriados com grandes vendas como a Páscoa e o Dia das Mães, em vez de ir à escola eu ia 'sacar dinheiro' com Johnny Mazzolla. Johnny, que morava do outro lado da rua, em frente ao ponto de táxi, era um apostador viciado em corridas de cavalos, e uma vez ou outra me levava com ele e comprávamos notas de vinte dólares falsificadas que ele conseguia de Beansie, um falsário de Ozone Park, por dez centavos de dólar. Íamos de loja em loja, de bairro em bairro. Johnny esperava no carro e eu entrava correndo nas lojas e comprava algo de um ou dois dólares com a nota falsa de vinte. Johnny me ensinou a amaciar as notas falsas com café frio e cinzas de cigarro na noite anterior e deixá-las secando do lado de fora. Me ensinou a fingir que estava com pressa quando fosse ao caixa. Também me ensinou a nunca ter mais de uma dessas notas comigo a cada vez. Dessa forma, se for pego, você pode fingir que alguém a passou para você. Ele estava certo. Funcionava. Fui pego algumas vezes, mas sempre podia cair em prantos para me safar. Eu era só um garoto. Começava a gritar, a chorar e a dizer que ia ter de falar para minha mãe o que tinha acontecido. Que ela iria me dar uma surra por ter perdido o dinheiro. Então eu corria para fora da loja o mais rápido que pudesse e a gente se mandava para outro bairro. Geralmente a gente ficava por uns dias num bairro — até as notas de vinte começarem a aparecer nos bancos locais e eles alertarem as lojas. Aí os caixas mantinham uma lista dos números de série das notas falsas ao lado da caixa registradora e tínhamos que trocar de bairro. Ao fim de um dia de 'sacarmos dinheiro' tínhamos tantas compras no valor de dois dólares em doces, cigarros, lâminas de barbear e sabonetes empilhados no banco de trás do carro que não conseguíamos enxergar o vidro traseiro.

"No Natal, Tuddy me ensinou a fazer buracos nos troncos de árvores-de-Natal que ele conseguira por uma ninharia, aí eu enchia os buracos com galhos avulsos. Enfiava tantos galhos naqueles buracos que até as mais compridas e espigadas pareciam cheias. Daí eu as vendia a preços exorbitantes, quase sempre à noite, e na maioria das vezes no entorno da estação de metrô da Euclid Avenue. Demorava um ou dois dias para os galhos ficarem frouxos e começarem a cair. As árvores costumavam se despedaçar mais rápido com o peso dos ornamentos.

"Estávamos sempre envolvidos em esquemas. Tudo era uma armação. Tuddy me arrumou um emprego de descarregar produtos numa loja de comida italiana sofisticada apenas para que eu pudesse passar os produtos mais caros do estabelecimento pelas janelas dos táxis de Tuddy, os quais ele deixava estrategicamente estacionados por perto. Não que Tuddy, Lenny ou Paul precisassem daquelas coisas — do azeite importado, do *prosciutto* ou do atum. Os Vario tinham dinheiro mais do que suficiente para comprar a loja uma centena de vezes. Era só porque as coisas roubadas eram sempre mais gostosas do que as compradas. Lembro-me que anos depois, quando eu estava me dando muito bem no ramo de cartões de crédito roubados, Paulie sempre me pedia um desses cartões toda vez que ele e sua mulher, Phyllis, iam se divertir na noite. Paulie chamava os cartões roubados de 'Cabritos', e sempre dizia que a bebida era mais gostosa paga com um *Cabrito*. O fato de um sujeito como Paul Vario, um *capo* na família criminosa Lucchese, considerar sair socialmente com a mulher e correr o risco de ser pego usando um cartão de crédito roubado pode surpreender algumas pessoas. Mas se você conhecesse mesmo os mafiosos saberia de imediato que para Paulie a melhor parte da noite vinha do fato de ele estar passando a perna em alguém. Não era a música ou o show que fossem ver, ou a comida — e ele amava comida — ou que ele estivesse saindo com Phyllis, a quem ele adorava. A real excitação da noite para Paulie, seu maior prazer, era o de estar roubando alguém e não ser pego.

"Depois de ficar seis meses no ponto de táxi, comecei a ajudar os Vario nos jogos de baralho e de dados que eles controlavam. Passava os dias com Bruno Facciolo arrumando as mesas de jogos de dados, que eram idênticas às de Las Vegas. Passava minhas noites levando os grandes jogadores de um lado para outro nas redondezas, tais como a loja de doces que ficava sob a ferrovia elevada da Liberty Avenue ou a delicatéssen de Al e Evelyn na Pitkin Avenue, até os apartamentos e lojas onde aconteciam os jogos naquela noite. Algumas vezes a jogatina era no porão da minha própria escola, a Junior High School 149, na Euclid Avenue. Babe Vario subornava o zelador da escola. Eu ficava vigiando os tiras, em especial os que andavam à paisana da delegacia do bairro ou do quartel-general, e que costumavam dar umas incertas nos jogos naquela época. Não tinha por que me preocupar com os tiras locais. Eles já estavam na folha de pagamento. Era tão comum que eu sempre conseguia identificar um policial à paisana. Normalmente usavam as camisas para fora das calças para cobrir suas armas e algemas. Toda vez usavam os mesmos Plymouths pretos imundos. Sabíamos até os números das placas. Tinham um jeito de caminhar por um quarteirão ou de dirigir um carro como se falassem: 'Não fode comigo, eu sou um tira!'. Eu tinha um radar para reconhecê-los. Eu sabia.

"Aqueles jogos eram fabulosos. Havia entre trinta e quarenta caras jogando. Tínhamos os caras do próspero distrito do vestuário, ou *garment center*. Homens de negócios. Donos de restaurantes. Agenciadores de apostas. Sindicalistas. Médicos. Dentistas. Isso foi muito antes de se ir com facilidade de avião até Las Vegas ou de carro até Atlantic City para passar a noite. Praticamente todos os mafiosos da cidade vinham para os jogos. Esses jogos, na verdade, eram conduzidos por profissionais, mas eram os Vario quem mexiam com o dinheiro. Eram os guardiões da contabilidade e da caixa registradora. Os caras que administravam a jogatina recebiam uma taxa padrão ou um percentual dependendo do negócio acertado. As pessoas que conduziam os jogos para Paulie eram o mesmo tipo de profissionais que conduziam os jogos em cassinos ou parques de diversões. Os jogos de cartas tinham carteadores profissionais e os jogos de dados tinham os *boxmen* e os *stickmen*, igualzinho como nos cassinos convencionais. Havia porteiros — geralmente os caras do ponto de táxi — que revistavam todo mundo que entrava para o jogo, e agiotas que trabalhavam para Paulie e ficavam com parte do movimento. Cada prêmio deixava de 5% a 6% para a casa, e um barman se incumbia de manter o fluxo das bebidas.

"Eu costumava fazer viagens até a delicatéssen de Al e Evelyn para comprar café e sanduíches, até que descobri que podia ganhar muito mais dinheiro se fizesse os sanduíches. Era muito mais trabalhoso, mas eu faturava um pouco mais. Estava fazendo isso havia apenas algumas semanas quando Al e Evelyn me pegaram na rua e me levaram até à loja. Queriam conversar comigo, disseram. Os negócios iam mal, desde que eu começara a fazer os sanduíches eles passaram a perder muito do negócio dos carteados. Fizeram-me uma proposta: se eu voltasse a comprar os sanduíches deles eles me dariam cinco centavos para cada dólar que eu gastasse. Parecia maravilhoso, mas eu não aceitei de imediato. Quis saborear aquela proposta. Estava sendo tratado como um adulto. 'Tá certo', disse Al, com Evelyn o olhando contrariada, 'sete centavos em cada dólar!'. 'Tá bom', falei, mas estava achando ótimo. Era meu primeiro suborno e eu tinha só treze anos.

"Foi uma época gloriosa. Os mafiosos estavam em toda parte. Era 1956, um pouco antes da Reunião de Apalachin,[1] antes dos mafiosos começarem a ter todo tipo de problemas e de Crazy Joey Gallo decidir enfrentar seu chefe, Joe Profaci, numa guerra declarada. Foi quando tomei conhecimento do mundo. Quando encontrei pela primeira vez Jimmy Burke. Ele costumava vir para os jogos de cartas. Não devia ter mais do que 24, 25 anos à época, mas já era uma lenda. Era ele atravessar a porta e todo mundo que trabalhava no lugar enlouquecia. Dava cem dólares para o porteiro só por ele ter aberto a porta. Enfiava notas de cem nos bolsos dos caras que operavam os jogos. O garçom ganhou cem paus só por não deixar os cubos de gelo derreterem. Ou seja, o sujeito era muito gente fina. Começou dando-me cinco dólares toda vez que eu lhe trazia um sanduíche ou uma cerveja. Duas cervejas, duas notas de cinco. Perdendo ou ganhando, o cara tinha dinheiro na mesa e o povo ganhava suas gorjetas. Depois de um tempo, quando ele passou a me conhecer um pouco melhor e ficou sabendo que eu trabalhava para Paul e os Vario, começou a me dar gorje-

---

[1] A Reunião de Apalachin foi um encontro histórico dos chefões da Máfia americana, que aconteceu na casa do mafioso Joseph "Joe, o Barbeiro" Barbara, na localidade de Apalachin, em Nova York, em 14 de novembro de 1957. Supostamente, o encontro aconteceu para discutirem vários assuntos, entre eles agiotagem, tráfico de drogas e jogo ilegal, bem como a divisão das operações ilegais controladas pelo falecido Albert Anastasia. Estima-se que cerca de cem mafiosos vindos de todas as partes dos EUA, Itália e Cuba compareceram ao encontro. Vito Genovese, agora chefe da família Genovese, convocou a reunião para que fosse oficialmente reconhecido como o *capo dei capi*.

tas de vinte dólares quando eu trazia seu sanduíche. Era uma avalanche de gorjetas. Vinte aqui. Vinte ali. Ele era diferente de qualquer um que eu já conhecera. Os Vario e a maioria dos italianos eram todos muito mãos de vaca. Davam um dólar de vez em quando, e ainda reclamavam. Odiavam dispensar as verdinhas. Jimmy era de outro mundo. Gostava de se mostrar. Era também um dos maiores ladrões de carga da cidade. Amava roubar. Digo, sentia prazer nisso. Amava descarregar ele próprio os caminhões roubados até que o suor escorresse de seu rosto. Deve ter roubado mais de cem caminhões por ano, a maioria deles entrando e saindo dos aeroportos. A maioria dos ladrões de carga levam consigo as carteiras de motorista do caminhoneiro como um aviso. O caminhoneiro sabe que você sabe onde ele mora e se ele cooperar demais com os tiras ou com a seguradora ele estará em apuros. Jimmy ganhou seu apelido 'Jimmy, o Cavalheiro' porque costumava pegar a carteira de motorista do caminhoneiro, como todo mundo fazia, só que enfiava uma nota de cinquenta dólares na carteira de dinheiro do cara antes de ir embora. Não dá para dizer quantos amigos ele fez no aeroporto por conta disso. As pessoas o amavam. Os caminhoneiros costumavam informar seu pessoal sobre grandes carregamentos. A coisa chegou a tal ponto que os tiras tiveram de convocar praticamente um exército para tentar detê-lo, mas não funcionou. Jimmy acabou transformando os tiras em parceiros. Jimmy era capaz de corromper um santo. Dizia que dar propina aos tiras era como alimentar os elefantes no zoológico. 'Tudo o que você precisa é de amendoins.'

"Jimmy era o tipo de sujeito que torcia para os bandidos nos filmes. Registrou seus dois filhos como Frank James Burke e Jesse James Burke. Era um cara corpulento e sabia como se movimentar. Parecia um lutador. Tinha o nariz quebrado e muitas mãos. Ao menor sinal de problema, ele estava ao seu lado num segundo. Agarrava um sujeito pela gravata e socava seu queixo contra a mesa antes de o cara saber que estava brigando. Se o infeliz tivesse sorte, Jimmy o deixava vivo. Era conhecido por ser incontrolável. Era capaz de te matar. Não havia dúvida — Jimmy era capaz de te atacar no mesmo instante em que estivesse apertando sua mão. Não tinha a menor importância para ele. Durante o jantar podia ser o sujeito mais gentil do mundo, mas era capaz de te desintegrar na hora da sobremesa. Era muito assustador e fazia tremer alguns camaradas bastante assustadores. Na verdade ninguém sabia muito bem como se portar com relação a ele, mas ele era mais inteligente que a maioria dos caras ao seu redor. Faturava alto. Jimmy sempre trazia dinheiro para Paulie e o bando, e isso, no fim, era o motivo pelo qual sua loucura era tolerada."

No aniversário de catorze anos de Henry, Tuddy e Lenny Vario deram-lhe de presente uma carteirinha do sindicato dos pedreiros. Até naquela época, em 1957, um emprego no sindicato dos trabalhadores da construção pagava bem (190 dólares por semana) e dava a seus membros o direito a assistência médica e a outros benefícios, tais como férias remuneradas e auxílio-doença. Era uma carteirinha de sindicato que a maioria dos trabalhadores braçais do bairro pagaria com prazer para ter — se porventura tivessem algum poder de compra. Henry ganhou-a, então podia ser incluído na folha de pagamento de uma firma de construção sem precisar ir trabalhar, e seu salário seria dividido entre os Vario. Ele também ganhou a carteirinha para facilitar nos recebimentos de apostas e de empréstimos trabalhando de dentro dos canteiros de obras. Durante meses, em vez de ir à escola, Henry fazia coletas em várias construções e depois levava tudo para o porão da pizzaria Presto, onde a contabilidade era realizada.

"Eu estava me saindo muito bem. Gostava de ir até os canteiros de obras. Todo mundo sabia quem eu era. Todos sabiam que eu estava com Paul. Às vezes, por eu ser um membro do sindicato, eles me deixavam molhar os tijolos novos com uma mangueira de incêndio. Adorava fazer isso. Era divertido. Gostava de ver como o tijolo mudava de cor. Aí um dia eu vim da pizzaria e meu pai me esperava com o cinto em uma mão e uma carta na outra. A carta era do inspetor de frequência da escola. Dizia que eu não ia à escola havia meses. Ou seja, eu vinha mentindo para os meus pais dizendo que ia todos os dias. Eu até levava os livros, como se fosse à vera, e os deixava no ponto de táxi. Nesse meio tempo, eu dizia a Tuddy que minhas férias de verão já haviam começado e que estava tudo certo com meus pais. Parte do meu problema naqueles dias era que eu estava tapeando todo mundo ao mesmo tempo.

"Tomei uma surra tão grande do meu pai naquela noite que no dia seguinte Tuddy e os rapazes quiseram saber o que havia acontecido comigo. Contei para eles. Disse até que temia ter de desistir do meu emprego de pedreiro. Tuddy me disse para eu não me preocupar, e então convocou alguns dos rapazes do ponto de táxi para ir dar uma volta comigo. Saímos de carro, e eu não conseguia perceber o que estava em andamento. Finalmente Tuddy parou o carro. Apontou para o carteiro entregando a correspondência do outro lado da rua. 'Aquele é o seu carteiro?', perguntou.

Fiz que sim com a cabeça. Então, do nada, os dois rapazes saíram do carro e agarraram o carteiro. Não dava para acreditar. Em plena luz do dia. Tuddy e alguns dos rapazes saíram e sequestraram meu carteiro. O cara gritava no banco de trás e estava ficando cinza. Tive vergonha de olhar para ele. Ninguém falou nada. Voltamos para a pizzaria e Tuddy perguntou se ele sabia quem eu era. Eu. O cara fez que sim com a cabeça. Tuddy perguntou se ele sabia onde eu morava. O cara fez que sim de novo. Então Tuddy disse que dali em diante toda a correspondência da escola deveria ser entregue na pizzaria, e se ele entregasse novamente alguma carta da escola na minha casa Tuddy iria matá-lo e enfiá-lo no forno da pizzaria.

"E assim foi. Nada de cartas de inspetores de frequência. Nada de cartas da escola. Na verdade, nada de cartas de ninguém. E, após algumas semanas, minha mãe teve de ir até a agência de correios para reclamar."

Henry quase nunca se preocupava em voltar para a escola. Não era mais necessário. Não era sequer relevante. Havia algo de ridículo em ficar sentado num banco escolar para ter aulas sobre a democracia americana no século XIX quando ele vivia num mundo da roubalheira siciliana do século XVIII.

"Uma noite eu estava na pizzaria e ouvi um barulho. Olhei pela janela e vi um sujeito subindo correndo pela Pitkin Avenue em direção à loja gritando a plenos pulmões 'Atiraram em mim!'. Foi a primeira vez que vi uma pessoa que levara um tiro. A princípio parecia que ele vinha do açougue com um pacote de carne crua embrulhado em barbante branco, mas quando se aproximou vi que era sua mão. Tinha levantado a mão para estancar o tiro da espingarda. Larry Bilello, o velho que era o cozinheiro na pizzaria e tinha cumprido pena de 25 anos por assassinar um policial, gritou para que eu fechasse a porta. Fiz o que ele mandou. Eu já sabia que Paulie não queria ninguém morrendo em seu estabelecimento. Em vez de deixá-lo entrar, peguei uma cadeira e a pus na rua para que ele pudesse se sentar para esperar pela ambulância. Tirei meu avental e o enrolei em sua mão para estancar o sangue. O cara sangrava tanto que meu avental ficou encharcado de sangue em poucos segundos. Entrei e peguei mais alguns aventais. Quando a ambulância chegou o cara estava quase morto. Após a confusão, Larry Bilello estava furioso. Disse que eu tinha sido um babaca. Que eu tinha sido estúpido. Que eu tinha desperdiçado oito aventais no cara, e me lembro de ter me sentido mal. Lembro-me de ter sentido que talvez ele estivesse certo.

"Por essa época um sujeito do Sul do país abriu um ponto de táxi na esquina, na Glenmore Avenue. Deu a ele o nome de Rebel Cab Company. O sujeito era um tremendo matuto, vindo do Alabama ou do Tennessee. Tinha servido ao Exército, e só porque se casara com uma garota das redondezas achava que tudo o que tinha a fazer era abrir seu negócio e competir com Tuddy. Ele baixou os preços. Trabalhava dia e noite. Promovia descontos para levar passageiros vindos das últimas estações de metrô e dos pontos de ônibus na Liberty Avenue a lugares distantes de Howard Beach e de Rockaways. Ou ele não sabia como as coisas funcionavam ou era muito burro. Tuddy mandou seu pessoal conversar com o sujeito. Eles disseram que ele era teimoso. Tuddy foi conversar com ele. Disse a ele que não havia espaço suficiente para duas empresas. Provavelmente até havia, mas por ora Tuddy não queria o cara por perto. Finalmente, depois de Tuddy passar o dia inteiro atirando coisas no ponto de táxi, mandou-me ir ao seu encontro lá depois da meia-noite. Eu não podia acreditar. Fiquei muito empolgado. Não conseguia pensar em mais nada o dia inteiro. Eu sabia que ele havia planejado algo para a Rebel Cab, só não sabia o quê.

"Quando cheguei ao ponto de táxi, Tuddy estava a minha espera. Tinha um tambor de vinte litros de gasolina no banco de trás do carro. Dirigimos pelo bairro por um tempo até que as luzes dos escritórios da Rebel Cab Company, na Glenmore Avenue, se apagaram. Então Tuddy me deu um martelo com um pedaço de pano enrolado em sua cabeça. Fez sinal para mim em direção ao meio-fio. Fui até o primeiro dos táxis da Rebel, apertei os olhos e dei uma martelada com força. Voou vidro para cima de mim. Fui até o próximo táxi e repeti o gesto. Nesse meio tempo Tuddy estava torcendo folhas de jornal e despejando gasolina sobre elas. Encharcou os papéis e os enfiou pelas janelas que eu havia acabado de quebrar.

"Assim que terminou, Tuddy pegou o vasilhame vazio e começou a pular pelo quarteirão como louco. Ninguém diria que Tuddy tinha perdido uma perna quando ele tinha de correr. Disse-me que seria burrice nós dois ficarmos parados ali no meio da rua com um tambor de gasolina vazio quando o fogo começasse. Deu-me um punhado de palitos de fósforo e me mandou esperar até que ele desse o sinal na esquina. Quando finalmente acenou, acendi o primeiro palito. Depois pus fogo em todo o restante da caixa de fósforos, do jeito que ele me ensinou. Joguei-a rápido pela janela quebrada do táxi para que a fumaça tóxica não voltasse para mim. Fui para o próximo táxi e acendi outra caixa de fósforos, depois acendi a terceira e a quarta. Foi quando eu estava perto do quarto táxi que senti a primeira explosão. Pude sentir o calor e uma explosão depois da outra, mas a essa altura eu já estava correndo tão rápido que nem tive a chance de olhar para trás. Na esquina pude ver Tuddy. Ele refletia as chamas alaranjadas. Acenava com o vasilhame como um treinador de corridas — como se eu precisasse de alguém que me mandasse correr."

Henry tinha dezesseis anos quando foi detido a primeira vez. Ele e o filho de Paul, Lenny, que tinha quinze, tinham recebido de Tuddy um cartão de crédito da Texaco para que fossem até o posto de gasolina na esquina da Pennsylvania Avenue com o Linden Boulevard para comprar um par de pneus de neve para o carro da mulher de Tuddy.

"Tuddy nem chegou antes para ver ser o cartão era roubado. Ele só me entregou o cartão e mandou que fôssemos até o posto de gasolina onde éramos conhecidos. Se soubesse que era um cartão roubado, eu ainda podia ter me dado bem. Se soubesse que o cartão era válido, eu o teria dado ao cara do posto de gasolina e dito: 'Toma, pega pra você a recompensa de cinquenta dólares por devolver o cartão e me dá a metade dela'. Mesmo que fosse roubado, eu teria levado vantagem com o cartão, mas aí Tuddy não teria nenhum pneu.

"Em vez disso, Lenny e eu dirigimos até o posto de gasolina e compramos os pneus. O cara teve de colocá-los nos aros, então pagamos por eles no cartão e demos uma volta de carro por cerca de uma hora. Quando voltamos os tiras já estavam lá. Estavam de tocaia, escondidos. Caminhei até o local e dois detetives deram o bote e disseram que eu estava preso. Lenny se mandou. Eles me algemaram e me levaram para a delegacia da Liberty Avenue.

"Na delegacia, eles me jogaram numa cela, e eu agia como um mafioso. 'Vou sair daqui em uma hora', falei para os tiras. 'Eu não fiz nada.' Um verdadeiro George Raft.[2] Tuddy e Lenny sempre me diziam para nunca falar com os tiras. Nunca dizer nada para eles. Num certo momento um dos policiais disse que queria que eu assinasse algo. Ele devia estar maluco. 'Não vou assinar nada', respondi. Tuddy e Lenny disseram que a única

---

2   Ator americano da década de 1930 que virou astro após estrelar o filme *Scarface – A Vergonha de uma Nação* (1932), de Howard Hawks. Chegou a ser considerado um dos três gângsteres mais populares do cinema, ao lado de Edward G. Robinson e James Cagney.

coisa que eu tinha que dizer a eles era meu nome, e a princípio eles não acreditaram que meu nome fosse Henry Hill. Tomei um tabefe de um deles só porque ele não acreditou que um garoto que estava andando com as pessoas que eu estava andando poderia ter um sobrenome como Hill.

"Em menos de uma hora, Louis Delenhauser surgiu na delegacia. 'Louie Chicana', o advogado. Lenny havia corrido até o ponto de táxi e dito que eu tinha sido preso por causa do cartão de crédito. Foi aí que eles enviaram Louie. Eles cuidaram de tudo. Depois da delegacia, os tiras me levaram até um juiz, e quando ele estipulou uma fiança de quinhentos dólares o dinheiro foi imediatamente providenciado e eu estava livre. Quando me virei para deixar o tribunal, pude ver que todos os Vario estavam de pé no fundo da sala. Paulie não estava lá porque estava cumprindo trinta dias de detenção por desacato durante uma audiência. Mas todos os outros estavam sorrindo, dando gargalhadas, me abraçando, me beijando e batendo nas minhas costas. Foi como uma formatura. Tuddy ficava gritando: 'Perdeu a virgindade!', 'Perdeu a virgindade!'. Era algo muito importante. Depois de sairmos do tribunal, Lenny, Big Lenny e Tuddy me levaram para o Vincent's Clam Bar, em Little Italy, para comer *scungilli* e beber vinho. Eles transformaram aquilo numa festa. Depois, quando voltamos para o ponto de táxi, todo mundo estava a minha espera e continuamos festejando.

"Dois meses depois, Louie Chicana me livrou da cadeia numa 'tentativa' de pequeno furto e eu consegui a suspensão da pena de seis meses de prisão. Pode ser que eu pudesse ter me dado melhor. Olhando para trás, certamente foi um jeito imbecil de começar uma folha corrida, mas naquele tempo não era nada de mais ter uma sentença suspensa no prontuário. E eu me senti muito grato por eles pagarem o advogado para mim, assim nem minha mãe, nem meu pai nunca saberiam do que aconteceu.

"Mas agora eu estava ficando nervoso. Meu pai estava ficando cada vez pior. Eu descobrira uma arma no porão e a levei até o outro lado da rua para mostrá-la a Tuddy e depois a pus de volta no lugar. Algumas vezes Tuddy me disse que queria a arma emprestada para uns amigos dele. Não quis emprestar, mas não queria dizer não a Tuddy. No fim, comecei a emprestar a arma para Tuddy e pegá-la de volta um ou dois dias depois. Depois eu a embrulhava exatamente do jeito que a encontrara e a punha de volta na prateleira de cima, atrás dos canos no porão. Um dia fui pegar a arma para Tuddy e vi que ela tinha sumido. Eu sabia que meu pai sabia o que eu estava fazendo. Ele não disse nada, mas eu sabia que ele sabia. Era como ficar à espera da cadeira elétrica.

"Eu tinha quase dezessete anos. Fui ao escritório de recrutamento e tentei me alistar. Achava que seria uma boa maneira de tirar meu pai da minha cola e evitar que Tuddy e Paul achassem que eu estava furioso com eles. Os caras no serviço de alistamento disseram que eu tinha de esperar até completar dezessete anos e depois meus pais ou um responsável poderia me alistar. Fui para casa e disse a meu pai que queria me alistar na tropa de paraquedistas. Falei que ele tinha de me inscrever. Ele sorriu, chamou minha mãe e a família inteira. Minha mãe ficou nervosa, mas meu pai ficou realmente feliz. Naquela tarde fui ao escritório de recrutamento da DeKalb Avenue e me alistei. No dia seguinte, fui até o ponto de táxi e disse a Tuddy o que tinha feito. Ele achou que eu tinha ficado maluco. Disse que ia chamar Paul. Agora surge Paulie, muito preocupado. Manda eu me sentar e ficamos a sós. Ele me encara e pergunta se havia algo errado, se havia algo que eu não estava contando a ele. 'Não', falei. 'Tem certeza?', perguntou. 'Claro', respondi. Então ele ficou quieto. Estávamos no quarto dos fundos do ponto de táxi cercados de mafiosos. Ele tem na rua dois carros lotados de atiradores. O lugar é seguro como um túmulo e ele começa a falar baixinho. Diz que se eu não quiser servir ele pode resolver isso com o escritório de alistamento. Pode pegar de volta a papelada.

"'Não, obrigado', disse. 'Eu quero mesmo cumprir o serviço militar.'"

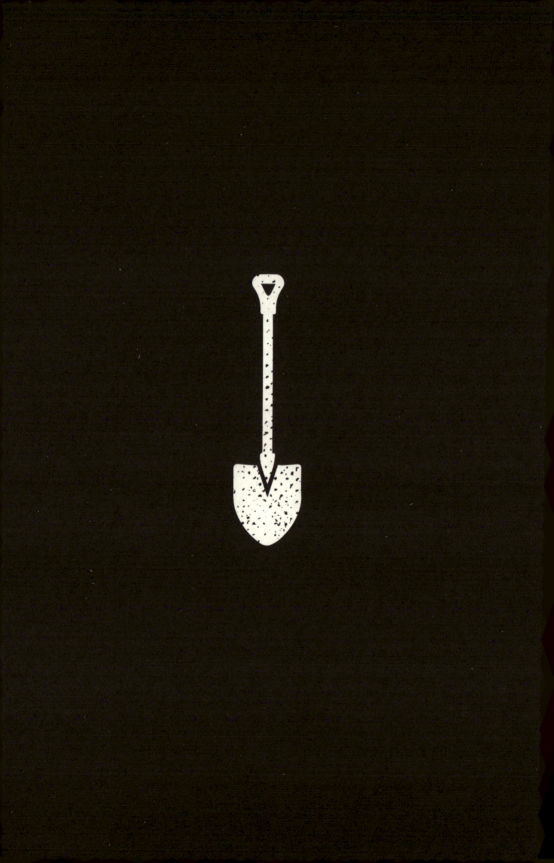

GoodFellas
OS BONS COMPANHEIROS

03

Quando Henry Hill nasceu no dia 11 de junho de 1943, Brownsville, a leste de Nova York, era uma região operária de dez quilômetros quadrados com uma ou outra fábrica e casas modestas onde viviam uma ou duas famílias. Estendia-se numa faixa de cemitérios-parques ao norte até os pântanos de água salgada e aterros sanitários de Canarsie e Jamaica Bay ao sul. No início dos anos 1920 os bondes elétricos e a linha elevada da Liberty Avenue transformaram o bairro num porto seguro para dezenas de milhares de imigrantes ítalo-americanos e judeus vindos do Leste Europeu que fugiam dos cortiços da Mulberry Street e do Lower East Side, em Manhattan. As ruas baixas, planas e ensolaradas só tinham a oferecer casas pequenas e quintais minúsculos, mas a primeira e a segunda gerações de italianos e judeus que queriam ferozmente possuir essas casas trabalhavam duro à noite como subempregados em confecções ilegais e fábricas espalhadas pelo local, depois de largarem seus empregos diurnos.

Além dos milhares de recém-chegados trabalhadores braçais, a área também atraía bandidos judeus, ações de extorsão ao modo da Mão Negra,[1] sequestradores da Camorra e mafiosos espertos. Em muitos sentidos, Brownsville era o lugar perfeito para a Máfia. Havia inclusive um ambiente histórico. Na virada do século, o jornal *New York Tribune* descreveu o lugar como um refúgio para assaltantes de estrada e assassinos e disse que sempre fora um "terreno fértil para movimentos radicais e para rebeldes". Com a Lei Seca, a proximidade da área com as rotas terrestres de bebidas alcoólicas de Long Island e as incontáveis enseadas para an-

---

[1] *Black Hand*, prática vinda da Itália que consistia na cobrança de dinheiro das populações mais pobres, uma espécie de milícia na comunidade.

corar barcaças ao longo de Jamaica Bay transformou-a no sonho dos ladrões de carga e no paraíso dos contrabandistas. Aqui foram firmadas as primeiras alianças multiétnicas de mafiosos da nação, que mais tarde possibilitariam o surgimento do crime organizado na América. As pequenas fábricas de roupas não ligadas ao sindicato que pontuavam a área tornaram-se propícias a extorsões e subornos, e as atividades nos bairros de Belmont, Jamaica e as corridas no Aqueduto ali por perto só aumentaram o interesse da Máfia pela área. Nos anos 1940, quando o campo de golfe Idlewild, medindo 2 mil hectares, começou sua transformação em aeroporto, empregando 30 mil pessoas, movimentando milhões de passageiros e bilhões de dólares em carga, o que agora é conhecido como aeroporto John F. Kennedy tornou-se uma das maiores fontes de renda para os criminosos locais.

Brownsville era o tipo de bairro que celebrava mafiosos bem-sucedidos da mesma forma que West Point celebrava generais vitoriosos.[2] Foi onde nasceu o Murder Inc.; a loja de doces Midnight Rose's na esquina das avenidas Livonia e Saratoga, onde os assassinos de aluguel da Murder Inc. costumavam esperar por suas missões, era considerado um monumento histórico durante a juventude de Henry. Johnny Torrio e Al Capone cresceram lá antes de irem para o Oeste e levarem metralhadoras com eles. Os heróis locais da infância de Henry eram bandidos como Benjamin "Bugsy" Siegel que uniu forças com Meyer Lansky para criar Las Vegas; Louis "Lepke" Buchalter[3] cujo bem estruturado sindicato de alfaiates controlava o distrito do vestuário; Frank Costello, um chefão com tamanha influência na política que os juízes o chamavam para agradecer-lhe por suas nomeações; Otto "Abbadabba" Berman, o gênio matemático e manipulador de resultados de corridas, que elaborou um sistema para fraudar os resultados do bolão de apostas no painel da corrida para que somente os números menos apostados pudessem vencer; Vito Genovese, o chantagista estiloso que era dono de duzentas limusines de aluguel, incluindo oitenta decoradas com coroas de flores no funeral de sua primeira esposa em 1931, e na matéria do *New York Times* identificado como "um jovem rico dono de restaurante e importador"; Gaetano "Três Dedos" Lucchese,

---

2   Conceituada Academia Federal de Educação Militar do Exército dos Estados Unidos, localizada em West Point, Nova York.
3   Mafioso norte-americano de origem judaica e chefe do Murder Inc. Foi o único dos grandes chefões da Máfia a receber a pena de morte após ser condenado.

que liderou a família mafiosa da qual os Vario faziam parte; e, claro, os membros lendários da Murder Inc.: o sempre elegante Harry "Pittsburgh Phil" Strauss, que orgulhava-se da forma como era capaz de atacar suas vítimas enfiando um picador de gelo em seus ouvidos dentro de cinemas sem chamar a atenção; Frank "Valentão" Abbandando, que apenas um ano antes de Henry nascer morrera na cadeira elétrica com um sorriso debochado à la Cagney;[4] e Vito "Socko" Gurino, um gigantesco assassino de aluguel que pesava em torno de 135 quilos, tinha um pescoço do tamanho de uma manilha e costumava praticar tiro ao alvo arrancando as cabeças das galinhas que corriam em seu quintal.

Era de conhecimento de todo mundo que Paul Vario liderava uma das mais duronas e violentas gangues da cidade. Em Brownsville, a taxa de homicídios era sempre alta, e nos anos 1960 e 1970 os bandidos dos Vario eram os responsáveis pelo serviço pesado na maioria dos casos de violência envolvendo os Lucchese. Havia sempre algumas cabeças a arrebentar durante os piquetes, comerciantes a serem coagidos a pagar os juros escorchantes de seus empréstimos, os independentes que eram postos na linha para obedecerem os limites territoriais, potenciais testemunhas a serem assassinadas e dedos-duros a serem enterrados. E sempre tinha os rapazes jovens e violentos do ponto de táxi, tais como Bruno Facciolo, Frank Manzo e Joey Russo, sempre prontos para sair e partir algumas cabeças quando Paul mandasse, e jovens atiradores como Jimmy Burke, Anthony Stabile e Tommy DeSimone ficavam felizes por darem cabo das mais violentas missões. Mas eles faziam esse tipo de serviço por fora; quase todos esses mafiosos trabalhavam, em algum nível, em um ou outro tipo de negócio. Eram pequenos empreendedores. Tinham transportadoras. Eram donos de restaurantes. Por exemplo, Jimmy Burke era um ladrão de cargas, mas também tinha uma parceria em várias fábricas de roupas no Queens que exploravam mão de obra subempregada e não protegida pelo sindicato. Bruno Facciolo era dono do Bruno's, um pequeno restaurante italiano de bairro com apenas dez mesas, e gabava-se de seu molho à bolonhesa. Frank Manzo, que era chamado de "Frankie the Wop",[5] tinha o restaurante Villa Capra em Cedarhurst e fora ativo no sindicato dos

---

[4] Ator de Hollywood da década de 1930, James Cagney ficou famoso por interpretar gângsteres cínicos e violentos.

[5] "Frankie, o Sem Documentos". *Wop* era o apelido dado a descendentes de italianos que não tinham documentos de identidade, abreviatura de *WithOut Papers*.

marceneiros até sua primeira condenação por um crime. E Joey Russo, um jovem atlético, era taxista e operário da construção civil.

Henry Hill, Jimmy Burke, Tommy DeSimone, Anthony Stabile, Tommy Stabile, Andy 'Gordo', Frankie Sem Documentos, Freddy Sem Nariz, Eddie Finelli, Pete Matador, Mike Franzese, Nicky Blanda, Bobby Dentista (tinha esse nome porque sempre arrancava os dentes de quem ele socava), Angelo Ruggierio, Clyde Brooks, Danny Rizzo, Angelo Sepe, Alex e Michael Corcione, Bruno Facciolo e o restante dos soldados de Paul Vario viviam sem limites. Sempre foram foras da lei. Eram os garotos da vizinhança que estavam sempre metidos em problemas. Quando jovens, eram invariavelmente identificados como durões pela polícia e levados à delegacia para surras costumeiras toda vez que um roubo em uma loja do bairro ou um assalto forçava os policiais do distrito policial a se movimentarem.

Conforme eles ficavam mais velhos, a maioria das surras arbitrárias dadas pelos policiais parou, mas raro era o momento em suas vidas em que não estivessem sob algum tipo de vigilância da polícia. Estavam sempre sob suspeita, detidos ou indiciados por um ou outro crime. Henry e seus colegas costumavam se reportar aos agentes de sursis e de liberdade condicional desde a adolescência. Eram presos e interrogados com tanta frequência por tantos crimes que restava muito pouco temor ou mistério acerca do interior de uma delegacia. Ficavam à vontade com o processo. Eles, melhor que muitos advogados, sabiam até que ponto os policiais podiam ir. Estavam intimamente familiarizados com as diferenças legais entre ser interrogado, fichado ou denunciado. Sabiam sobre audiências de fiança, grandes júris e indiciamentos. Se fossem presos por conta de uma briga de bar ou um esquema de 1 bilhão de dólares em drogas, eles sempre sabiam quais tiras os haviam prendido. Tinham de cabeça os telefones dos advogados e dos fiadores. Não era raro um dos policiais responsáveis por suas prisões telefonar para seus advogados, sabendo que essas pequenas delicadezas quase sempre renderiam a ele notas de cem dólares de gratificação.

Para Henry e seus amigos mafiosos era uma época dourada. Estava tudo cercado de proteção. Viviam num ambiente envolto no crime, e os que não faziam parte eram vistos como presas. Viver de outra forma era idiotice. Qualquer um que ficasse esperando por sua vez para vencer na vida estava abaixo da linha do desprezo. Aqueles que o fizessem — que seguiam as regras, ficavam presos a empregos de baixos salários, preocupados com as contas, guardando ninharias para os dias difíceis, mantinham-se em suas funções e fazendo um *xis* nos dias trabalhados nos calendários da cozinha como presidiários aguardando por sua libertação — só poderiam ser considerados como idiotas. Eram os tímidos, seguidores da lei, criaturas castradas pela submissão à aposentadoria e esperando sua vez para morrer. Para os mafiosos, "os que trabalhavam duro" já estavam mortos. Henry e seus colegas há muito haviam desistido da ideia da segurança e da relativa tranquilidade que vinham com a obediência à lei. Gabavam-se dos prazeres que advinham por desobedecê-la. A vida era vivida sem rede de proteção. Eles queriam dinheiro, queriam poder, e estavam dispostos a fazer o que fosse preciso para conseguir seus objetivos.

De berço, eles não estavam preparados de forma alguma para realizar seus desejos. Não eram as crianças mais inteligentes na vizinhança. Não nasceram ricos. Não eram nem os mais durões. De fato, faltava-lhes praticamente todos os talentos necessários que poderiam tê-los ajudado a satisfazer o apetite de seus sonhos, exceto um — seu talento para a violência. A violência era natural para eles. Era seu combustível. Quebrar o braço de um homem, partir suas costelas com um cano de chumbo de quatro centímetros de diâmetro, imprensar seus dedos na porta de um carro ou sem mais nem menos tirar sua vida era aceitável. Era rotina. Um exercício familiar. Seu desejo de atacar e o fato de as pessoas estarem cientes de sua brutalidade ostensiva eram a chave para seu poder. O senso comum de que eles tirariam uma vida sem pestanejar ironicamente dava-lhes vida. Distinguia-os de qualquer um. Eles o fariam. Poriam uma arma na boca de sua vítima e ficariam observando seus olhos enquanto puxavam o gatilho. Se fossem contrariados, desmentidos, insultados, frustrados de alguma forma ou até levemente incomodados, exigia-se o troco, e a violência era sua resposta.

Em Brownsville, os mafiosos eram mais do que aceitos — eram protegidos. Mesmo os membros legítimos da comunidade — os comerciantes, professores, técnicos de conserto de telefone, lixeiros, despachantes de ônibus, donas de casa e idosos tomando sol ao longo do Conduit Boulevard — todos pareciam ficar atentos para proteger seus bandidos locais. A maioria dos moradores, inclusive aqueles não ligados por laços sanguíneos ou por casamentos com mafiosos, certamente conheciam os malandros da área a maior parte de suas vidas. Foram juntos à escola. Uma grande maioria deles eram amigos de amigos. Havia uma aceitação familiar da vizinhança. Era impossível trair velhos amigos na área, até os velhos amigos que cresceram e viraram criminosos.

O extraordinário caráter insular dessas áreas controladas pela Máfia vinda do velho mundo — seja em Brownsville, no Lado Sul de Chicago ou em Federal Hill, em Providence, Rhode Island — sem dúvida ajudou a desenvolver a Máfia. Esses eram os bairros onde os mafiosos locais sentiam-se seguros, onde bandidos tornaram-se uma parte integral do tecido social, onde lojas de doce, casas funerárias e quitandas eram sempre fachadas para jogos de azar, onde se podia contrair empréstimos e fazer apostas, onde os moradores compravam grande quantidade de produtos direto das carrocerias de caminhões em vez de irem a lojas de departamentos no centro da cidade.

Havia outros benefícios secundários oferecidos aos que cresciam sob o guarda-chuva protetor da Máfia. Assaltos nas ruas, invasões, roubo de carteiras e estupros eram quase inexistentes nas áreas controladas pela Máfia. Muitos olhos observavam as ruas. A desconfiança natural da comunidade era tamanha que qualquer um que não fosse da região era imediatamente o centro das atenções de quarteirão a quarteirão e até mesmo de casa a casa. A leve mudança nos rituais diários da rua era o suficiente para disparar o alarme para todos os clubes noturnos da Máfia e locais que funcionavam como pontos de encontro. Um carro desconhecido surgindo num quarteirão, uma caminhonete lotada de trabalhadores que ninguém nunca tinha visto antes, lixeiros fazendo a coleta no dia errado — estes eram precisamente os tipos de sinais que acionavam alarmes silenciosos na vizinhança.

"O bairro todo estava constantemente em estado de alerta. Era supernatural. Estava-se sempre prestando atenção. No início do quarteirão. No fim do quarteirão. Não importava quão quieto ele parecia, ninguém deixava de ver ninguém. Uma vez, tarde da noite, logo depois do meu aniversário de dezessete anos, eu estava ajudando na pizzaria e sonhando com a brigada de paraquedistas quando vi dois dos capangas de Paulie afastarem suas xícaras de café e irem em direção à janela do balcão. Fui atrás.

"Do lado de fora a Pitkin Avenue estava quase vazia. Theresa Bivona, que morava no fim do quarteirão, ia para casa vindo do metrô da Euclid Avenue. Havia outras três ou quatro pessoas saídas do metrô, todas familiares, pessoas que conhecíamos ou pelo menos tínhamos visto antes, caminhando em direção às avenidas Blake ou Glenmore. E havia esse garoto negro usando um suéter e calça jeans que ninguém conhecia.

"De repente o garoto tinha todos os olhos voltados para ele. Caminhava muito devagar. Ia ao longo do meio-fio olhando os vidros dos carros. Fingia olhar as vitrines das lojas, mesmo estando fechadas. E as lojas — um açougue e uma lavanderia — não tinham nada que um garoto quisesse comprar.

"Então o cara começou a ir em direção ao fim do quarteirão. Não dava para saber se Theresa sabia que havia alguém quinze metros atrás dela. Do outro lado da rua o Branco's Bar parecia quieto, mas eu sabia que Petey Burns estava de olho. Ele costumava sentar-se num banco e se encostar na parede no fundo do bar e ficar olhando pela vitrine até fechar as portas por volta das duas da manhã. Eu sabia que tinha gente observando de dentro da boate de Pete Matador Abbanante, do outro lado da Crescent Street. Frank Sorace, um dos capangas de Paulie, que mais tarde foi assassinado, e Eddy Barberra, que agora cumpre vinte anos em Atlanta por assalto a banco, estavam dentro de um carro parado no meio-fio. Eu sabia que estavam armados, porque seu trabalho era levar para casa os grandes ganhadores da jogatina de Babe, evitando que fossem assaltados.

"Para o cara seguindo Theresa, a rua devia parecer vazia, porque ele nunca olhava ao redor. Aí ele começou a andar mais rápido. Ele realmente passou a correr em direção a Theresa quando ela começou a vasculhar a bolsa à procura de suas chaves. Assim que Theresa entrou o sujeito estava bem atrás dela. Foi muito rápido. Ele esticou a mão e segurou a porta antes que ela se fechasse. Foi quando Theresa e ele desapareceram.

"Quando cheguei ao prédio era tarde demais. O cara deve ter puxado uma faca e provavelmente a apontara contra o rosto de Theresa, mas eu não vi nada. Tudo que pude ver foram as costas. Havia pelo menos três toneladas de mafiosos apertados pelos corredores antes de eu conseguir chegar lá. Já tinham arrombado a porta da frente. Eram tantos deles que parecia que o corredor e as escadas eram feitos de borracha. Theresa se espremeu contra as caixas de correio. Tudo o que pude ver foi o alto da cabeça do cara e uma manga de seu suéter. Depois ele foi arrastado junto com os outros corpos em meio a braços e palavrões, até ser levado escada acima e sumir de vista.

"Recuei e saí da casa. Alguns dos caras esperavam do lado de fora. Atravessei a rua, virei-me e olhei para cima. Pude distinguir a pequena parede do telhado na frente do prédio — era feita de tijolos — e então vi o sujeito ser lançado no espaço. Ele ficou suspenso só por um segundo, agitando os braços como um helicóptero quebrado, e então despencou com força e se espatifou na rua."

Henry Hill foi para a divisão de paraquedismo poucos dias depois de seu aniversário de dezessete anos em 11 de junho de 1960, e foi uma boa hora para estar fora das ruas. O ambiente estava quente. A investigação iniciada pela Reunião de Apalachin em novembro de 1957 havia criado uma confusão. Após 25 anos afirmando-se que não havia tal coisa chamada Máfia, J. Edgar Hoover agora anunciava que o crime organizado custara ao povo mais de 22 bilhões de dólares por ano. O Senado norte-americano tinha dado início a sua própria investigação sobre o crime organizado e suas conexões com sindicatos e negócios, e tinha publicado os nomes de quase 5 mil bandidos do país inteiro, incluindo membros das cinco famílias criminosas da cidade de Nova York e suas posições hierárquicas. Henry viu um jornal com uma lista parcial de membros da família Lucchese, mas não conseguiu encontrar o nome de Paulie.

Henry Hill acabou por se apaixonar pelo Exército. Ficou baseado em Fort Bragg, na Carolina do Norte. Nunca estivera fora das ruas. Nunca tinha feito sequer um passeio de carro pelo interior. Não sabia nadar. Nunca tinha acampado e nunca tinha armado uma fogueira que não fosse criminosa. Os outros jovens do acampamento reclamavam e cacarejavam; para Henry, o Exército era como uma colônia de férias. Não havia quase nada de que ele não gostasse. Amava os rigores dos treinos. Amava a comida. Amava até saltar de aviões.

"Eu não tinha planejado, mas ganhei dinheiro no Exército. Acabei responsável pelo destacamento da cozinha e ganhei uma fortuna vendendo o excedente da comida. O Exército comprava em excesso. Era um desperdício. Eles sempre pediam 250 refeições para duzentos homens. Nos fins de semana apareciam apenas sessenta e mesmo assim eles continuavam pedindo 250. Eu tinha de fazer alguma coisa. Antes de eu chegar lá os caras simplesmente jogavam o excedente da comida fora. Não dava para acreditar. No início eu costumava surrupiar uma quantidade de bifes, talvez uns quinze quilos, e levava aos restaurantes e hotéis em Bennettsville e McColl, na Carolina do Sul. Eles adoravam. Logo estava vendendo tudo a eles. Ovos. Manteiga. Maionese. Ketchup. Até sal e pimenta. Para completar, além de vender comida a eles eu costumava beber de graça a noite inteira naquelas bibocas.

"Era tudo comigo. Não dava para acreditar como todo mundo ao meu redor era tão preguiçoso. Ninguém fazia nada. Comecei a fazer agiotagem. Os caras costumavam receber o pagamento duas vezes ao mês — dia primeiro e dia quinze. Sempre estavam duros antes do dia do pagamento. Conseguia receber dez paus por cada cinco que emprestava se o dia do pagamento caísse depois do fim de semana. Do contrário, recebia de volta nove por cada cinco. Comecei um carteado e jogos de dados e em seguida emprestava dinheiro aos perdedores. A melhor parte era no dia do pagamento, quando os caras faziam fila para receber os salários e eu ficava esperando no fim da fila para receber deles. Era lindo. Não tinha de correr atrás de ninguém.

"Mantive-me em contato com Paulie e Tuddy. Em algumas ocasiões eles até me enviavam o dinheiro quando eu precisava. Uma vez me meti numa briga de bar com um fazendeiro e acabei preso. Paulie teve que pagar minha fiança. Não podia pedir a meus pais — eles nunca entenderiam. Paulie entendia tudo. Depois de cerca de seis meses, quando consegui que um sargento fingisse que era eu num turno duplo de trabalho na cozinha, dirigi por oito horas e meia até Nova York. Foi maravilhoso. No minuto em que cheguei à pizzaria lembrei-me do quanto eu sentia saudades daquilo. Estava todo mundo ali. Trataram-me como um herói que voltava. Debocharam do meu uniforme, do meu corte de cabelo. Tuddy dizia que eu estava num exército de faz de conta — não tínhamos nem balas de verdade. Contei a eles da quantidade enorme de bebida que eu conseguia do clube dos oficiais e do uísque artesanal contrabandeado. Era incrível, disse a eles. Falei que voltaria mais vezes para casa com um carregamento ilegal de cigarros e fogos de artifício, que poderiam ser comprados nas ruas direto das carrocerias dos caminhões. Paulie sorria. Parecia orgulhoso. Antes de voltar ao quartel ele me disse que iria me dar um presente. Criou um suspense danado. Ele não costumava fazer esse tipo de coisa, então todo mundo apareceu. Ele tinha uma caixa toda embrulhada e me fez abri-la na frente de todos. Estavam todos muito quietos. Tirei o papel, e dentro da caixa havia um daqueles espelhos retrovisores enormes que motoristas de caminhão costumam usar para ter uma visão completa do que se aproxima pela traseira. O espelho media quase um metro de comprimento.

"'Põe no carro', disse Paulie. 'Vai te ajudar a manobrar.'"

GoodFellas
OS BONS COMPANHEIROS

04

Em 1963, Henry voltou às ruas. Suas viagens a Nova York tinham ficado mais frequentes, sobretudo depois que um novo comandante da companhia mudou a equipe da cozinha. O sargento cozinheiro que trabalhava com Henry fora transferido, fugindo com quase 1,5 mil dólares de Henry. Depois, faltando menos de seis meses para sua dispensa, Henry meteu-se numa briga de bar com três fuzileiros navais. Estava bêbado. Insistia em chamá-los de "cabeção" e "orelhão". Havia garrafas quebradas e pedaços de espelhos por todo o chão. Sangue escorria na frente de todas as camisas dos uniformes e nos aventais do bar. Quando o xerife de McColl finalmente chegou, o caos estava tão grande que ninguém percebeu quando Henry escapou cambaleando do bar e saiu dirigindo o carro do xerife. O comandante da companhia enviou o capelão do Fort Bragg, acompanhado de três membros da Polícia do Exército baseados no Brooklyn, até a Pitkin Avenue, para trazer Henry de volta. Por conta disso Henry Hill passou os últimos dois meses de sua carreira militar na prisão do Fort Bragg. Durante esse período perdeu o direito a seu salário e benefícios. Perdeu também seu posto de soldado de primeira classe. No mundo de Henry, claro, sair de uma prisão militar tinha quase tanto prestígio como sair de uma prisão federal.

"Quando saí do Exército, o filho de Paulie, Lenny, tinha cerca de dezesseis anos, mas aparentava ser cinco anos mais velho. Era um rapaz grandalhão como o pai. Tinha o pescoço e os ombros de um atacante de futebol americano. Era também o predileto de Paulie. Paulie gostava mais dele do que de seus dois filhos mais velhos, Paul Junior e Peter. Lenny Vario era inteligente. Paulie estava cumprindo seis meses por desacato quando eu saí do Exército, e Lenny simplesmente começou a se aproximar de mim. Ele trabalhava na pizzaria, mas também estava sempre brigando com os tios e com os irmãos. Com Paulie fora, seus tios e irmãos queriam bancar os chefões, mas Lenny, mesmo quando criança, costumava mandá-los se foder. E toda vez que Paulie ficava sabendo que Lenny tinha dado bronca em todo mundo, ele amava ainda mais o garoto. Paulie fazia tudo por aquele rapaz. Paulie sabia que Lenny iria longe. Lenny tinha coragem de assumir o comando de uma quadrilha. Podia gerir uma família inteira. Paulie avistava um grande futuro para Lenny.

"Então logo depois do Exército, com seu pai longe, Lenny tornou-se meu parceiro. Aonde eu ia ele ia junto. Eu era uns quatro anos mais velho que ele, mas éramos inseparáveis. Vinte e quatro horas por dia. Seus irmãos, que também eram meus amigos íntimos, ficaram felizes por eu tirar o irmão caçula de perto deles. Mas eu precisava de emprego. Não queria voltar a ser um garoto de recados e ficar fazendo coisas no ponto de táxi para Tuddy e o bando. Então Lenny virou meu bilhete premiado. Ninguém falou desse jeito, mas Paulie sabia que eu podia cuidar de Lenny, então tudo o que Lenny tivesse eu teria. Em seguida fiquei sabendo que Paulie conseguira um emprego para Lenny como pedreiro sindicalizado com um salário de 135 dólares por semana. Lenny tinha só dezesseis anos, e Paulie conseguira para ele um emprego de homem feito. Mas Lenny disse que não iria sem mim. Portanto agora eu tenho um emprego de pedreiro sindicalizado recebendo 135 dólares por semana. Tenho apenas vinte anos. Paulie, lembre-se, ainda está preso nesse período, mas ainda é capaz de conseguir para nós esses tipos de empregos que homens feitos do bairro não conseguiriam.

"Mais tarde descobri que Paulie havia obrigado Bobby Scola, o presidente do sindicato dos pedreiros, a forçar a barra sobre alguns empreiteiros para nos incluir nas suas folhas de pagamento. Bobby então nos transformou em aprendizes no sindicato e nos conseguiu carteirinhas. Eu havia me afastado de meu pai durante os anos no Exército, mas ele ficou muito feliz com meu emprego de pedreiro. Ele amava o trabalho na construção vinculado ao sindicato. Todos que ele conhecia estavam na construção. Muita gente da vizinhança trabalhava na área da construção. Era o que as pessoas faziam. Mas eu não queria ficar assentando tijolos pelo resto da minha vida.

"Ao me recordar, posso ver que dupla de meninos cretinos éramos Lenny e eu, mas à época o que fazíamos parecia bastante natural. Debochávamos do trabalho e de Bobby Scola. Foda-se ele. Estávamos com Paulie. Não fazíamos trabalho algum. Não aparecíamos no serviço com regularidade, nem para pegar os cheques dos nossos salários. Conhecíamos uns caras que trabalhavam de verdade e eles traziam nosso pagamento até o ponto de táxi ou até o restaurante Villa Capra, de Frankie the Wop, em Cedarhurst, onde íamos sempre. Descontávamos os cheques e na segunda-feira já tínhamos estourado todo o dinheiro farreando, comprando roupas ou jogando. Não pagávamos nem mesmo as contribuições sindicais. Por que deveríamos? Finalmente Bobby Scola implorou a Paulie para nos tirar das suas costas. Disse que estávamos criando problemas. Que havia uma certa agitação no trabalho e que os construtores estavam ficando preocupados.

"Paulie concordou. A princípio achei que ele sentia pena de Bobby Scola e por isso nos tirara de seus cuidados, mas logo cheguei a outra conclusão. Da noite para o dia, em vez de trabalharmos como pedreiros, Paulie nos pôs para trabalhar no Azores, um restaurante superchique de paredes brancas, vizinho de porta do hotel Lido Beach, em Rockaways, a cerca de uma hora da cidade. Naquele tempo era um lugar extremamente sofisticado para se comer no verão, frequentado por ricos homens de negócios e representantes de sindicatos, a maioria do distrito do vestuário e da indústria da construção. A um simples telefonema de Paulie, Lenny conseguiu um emprego de barman — ele não tinha nem idade suficiente para estar num bar, que dirá trabalhar nele — e eles conseguiram um smoking para mim e me transformaram no maître d'hôtel, um garoto de 21 anos que não sabia a diferença entre nada e coisa alguma.

"Naquela época o Azores pertencia secretamente a Thomas Lucchese, o chefão de toda a família. Ele costumava parar lá toda as noites antes de ir para casa, e por isso que Paulie conseguiu o emprego para Lenny. Não fora por se sentir culpado por Bobby Scola e seus problemas com o sindicato. Ele queria que Lenny conhecesse o chefão. E Lucchese tinha que amar a gente. Claro, ele era tratado de maneira impecável. Apontava na porta e seu drinque já estava sendo preparado. Seu copo de coquetel era tão lustrado que algumas vezes se quebrava enquanto Lenny dava o polimento. O canto do bar onde Lucchese gostava de ficar era sempre mantido vazio e brilhante. Para nós não importava se haviam duzentas pessoas no local; todos tinham de esperar. Pouquíssimas pessoas ali sabiam quem ele era, mas não tinha importância. Nós sabíamos. Ele era o chefão. Os jornais o chamavam de Gaetano Lucchese 'Três Dedos', mas ninguém o chamava assim. Nas ruas ele era conhecido como Tommy Brown. Tinha por volta de sessenta anos à época, e sempre entrava sozinho. Seu motorista costumava esperá-lo do lado de fora.

"Tommy Brown era o dono de todo o distrito do vestuário. Ele controlava os aeroportos. Johnny Dio, que administrava a maioria das extorsões do sindicato nos aeroportos Kennedy e LaGuardia, trabalhava para ele. Era o dono da cidade. Controlava os líderes distritais. Nomeava juízes. Seu filho foi indicado para a academia militar de West Point pelo congressista do Leste do Harlem Vito Marcantonio, e sua filha formou-se em Vassar. Mais tarde ela casou-se com o filho de Carlo Gambino. Autoridades e homens muito ricos da indústria da moda se despencavam em seus carros até o Azores apenas na esperança de que ele estivesse lá e eles pudessem puxar seu saco. Era uma oportunidade que tinham de fazer um aceno de cabeça ou dizer alô. E quando esses endinheirados viram que eu falava com ele diretamente, começaram a puxar meu saco também. Tornaram-se bastante afáveis. Sorriam, davam-me seus cartões de visita e diziam que se eu precisasse de qualquer coisa de mulher, de casacos a bolsas, passando por chapéus ou vestidos finos, era só ligar. Aí enfiavam na minha mão uma nota novinha de vinte ou cinquenta dólares que de tão bem dobradas pareciam que iam fazer sangrar a palma da minha mão. Este era Tommy Brown. Sem qualquer esforço podia fazer com que os mais gananciosos tubarões da indústria têxtil da cidade distribuíssem dinheiro a estranhos.

"Começamos a trabalhar no Azores em meados de maio. Tínhamos um apartamento do outro lado da rua. Por um tempo vivemos na casa de Paulie em Island Park, que ficava a cerca de quinze minutos dali, mas nosso próprio canto era mais divertido. O Azores era nosso. Fechava às dez da noite, e depois íamos à piscina. Chamávamos nossos amigos para comer e beber de graça. Era como nosso clube privativo. Foi meu primeiro gostinho da boa vida. Nunca tinha comido tantos coquetéis de camarão. Depois do trabalho íamos de um clube noturno a outro. Vi como os ricos viviam. Vi a turma de Five Towns, de Lawrence e Cedarhurst, quase todos abastados homens de negócios e profissionais liberais cheios do dinheiro, esposas que se pareciam com Monique Van Vooren, e casas grandes como hotéis espalhadas ao longo da margem sul, lanchas do tamanho da minha casa ancoradas em seus quintais, que era nada mais nada menos que o Oceano Atlântico.

"O dono oficial do Azores, o sujeito que administrava o lugar, chamava-se Tommy Morton. Homens como Morton eram laranjas dos mafiosos, que não podiam ter seus nomes nos alvarás de venda de bebidas alcoólicas. Os laranjas às vezes investiam um pouco do próprio dinheiro nesses estabelecimentos e essencialmente tinham os mafiosos como sócios ocultos. Morton, por exemplo, era amigo de Paulie. Conhecia muitas pessoas. Deve ter sido laranja de uma quantidade de mafiosos. Mas ele também tinha de dar um certo montante de dinheiro toda semana a seus sócios, e eles não ligavam se o negócio era bom ou ruim. É assim que funciona com um sócio mafioso. Ele recebe o dinheiro de qualquer maneira. Não fez negócio? Foda-se, pague-me. Sofreu um incêndio? Foda-se, pague-me. O lugar foi atingido por um raio e a Terceira Guerra Mundial começou no salão? Foda-se, pague-me.

"Em outras palavras, Tommy Morton só começou a ver algum dinheiro depois de ter pago aos mafiosos, eles eram a prioridade. Eis uma das razões pela qual Morton odiava tanto Lenny e eu. Primeiro, ele não precisava de dois garotos metidos a espertos como nós para arruinar seu negócio. Ele tinha de pagar duzentos dólares por semana para cada um de nós, e por essa grana poderia ter contratado um maître d'hôtel e um barman de verdade. Além disso, estávamos roubando-o descaradamente. Tudo o que roubávamos ou distribuíamos vinha do bolso dele. Eu sabia que o deixávamos louco, mas ele não podia fazer nada com relação a isso.

"Mas lá pelo fim do verão estávamos entediados. Foi durante o feriado prolongado do Dia do Trabalho, no começo de setembro. Um fim de semana difícil. Decidimos ir embora. Lenny e eu não víamos Lucchese havia quase um mês. Todos estavam de férias, exceto nós. Mas sabíamos que nosso futuro estava garantido. Lucchese dissera que teria algo para nós no distrito do vestuário depois do verão.

"Infelizmente, Tommy Morton tinha esse velho cozinheiro alemão. Se isso fosse possível, acho que esse cara nos odiava mais do que o próprio Tommy. Vivia nos dando arroz e frango todas as noites como se fôssemos funcionários comuns. Deve ter sentido, ou alguém disse a ele, o quanto Morton nos odiava, então ele resolveu que faria um acerto de contas. Enfim, na quinta à tarde, antes do feriado do Dia do Trabalho, estávamos chegando atrasados para trabalhar. O cozinheiro começou a gritar conosco e a nos xingar no instante em que entramos pela porta. Gritou conosco no salão. Havia pessoas por ali. Clientes que chegaram cedo para o jantar. Fiquei louco. Senti como se ele estivesse me insultando. Aquele babaca desgraçado. Não pude suportar. Corri na direção do cara e o agarrei pelo pescoço. Lenny veio atrás e nós dois levantamos o sujeito pelos braços e pernas. O carregamos até à cozinha e começamos a enfiá-lo no forno. Devia estar a uns 230 graus centígrados. Não íamos enfiá-lo lá dentro, mas ele não estava certo disso. Gritou, pulou e se contorceu até o soltarmos. No momento em que caiu no chão, ele praticamente decolou, saindo correndo para fora do lugar. Partiu em disparada e nunca mais voltou. Então Lenny e eu saímos e também não voltamos mais.

"Paulie ficou furioso. Tommy Morton deve ter falado para ele o que tínhamos feito. Paulie reagiu como se o tivéssemos envergonhado perante Lucchese. Ficou tão furioso que obrigou-me a pôr fogo no carro de Lenny. Era um Bonneville 1965 amarelo conversível. Lenny amava aquele carro, mas Paulie me fez incendiá-lo. Ele destruiu o carro do próprio filho. Mandou Tuddy trazer o carro até o 'buraco'. O buraco era um ferro-velho com compactador em Ozone Park que pertencia a Jerry Asaro e seu filho, Vincent. Eles faziam parte da quadrilha dos Bonanno. Aí Paulie me segurou e disse, 'Você vai queimar o carro'. Foi uma loucura. Ele mesmo havia dado o carro a Lenny. Então enquanto ele e Tuddy observavam-me de dentro do carro, despejei dois litros de gasolina no banco da frente e acendi um palito de fósforo. Vi-o queimar até o fim.

"O verão havia terminado, mas eu já estava envolvido em milhões de coisas. Não se passava um dia sem que alguém viesse com um esquema. Tínhamos uma garota na vizinhança que trabalhava para a empresa que lidava com cartões de crédito da MasterCharge. Ela costumava nos trazer memorandos internos sobre checagens de segurança e de crédito. Também comprávamos muitos cartões de pessoas que trabalhavam nos correios, mas depois as empresas começaram a enviar cartas aos clientes perguntando se eles já haviam recebido seus cartões. Mas ter alguém de dentro do banco era o que havia de melhor. Tínhamos uma garota que costumava conseguir para nós segundas vias de cartões, então ficávamos sabendo o montante de crédito autorizado. Antes de um cartão ser envelopado para envio pelo correio, eu tinha uma segunda via. Se um cartão tivesse uma linha de crédito de quinhentos dólares, por exemplo, íamos às lojas onde éramos conhecidos ou aos nossos estabelecimentos próprios. Eu costumava emitir dez recibos de autorização de crédito. Os caras que conhecíamos nas lojas ligavam solicitando autorização para um aparelho estereofônico de 390 dólares, uma TV de 450, um relógio de pulso de 470 — e por aí vai. A pessoa à espera do cartão nunca o recebia, e geralmente tínhamos por volta de um mês até que seu roubo fosse informado. Eu tentava fazer todas as compras mais caras assim que recebia o cartão. Os caras das lojas não ligavam, desde que fossem pagos. Eles apenas levavam os recibos de autorização ao banco e os depositavam como dinheiro.

"Hoje em dia eles têm armadilhas no sistema de computadores para evitar esse tipo de coisa, mas naquele tempo eu estava ganhando muito dinheiro. Se quisesse, podia levantar até 10 mil dólares em mercadorias num dia. Até lojas que não conhecíamos eram fáceis de trabalhar. Há centenas de produtos em cada loja, e a gente sempre tinha no bolso nossa carteira de motorista falsa e uma carteira de identidade de reserva. Costumávamos conseguir RGs falsos através de Tony, o Padeiro, em Ozone Park. Ele era padeiro de verdade. Tinha uma padaria que fabricava pães. Mas ele também fabricava carteiras de motoristas falsas para você enquanto você esperava. Tinha de todos os tipos. Era inacreditável o quanto ele era bom naquilo. De alguma maneira ele conseguira o código de Albany, de forma que até um policial rodoviário não teria como dizer que era um documento falso. Cobrava cinquenta dólares pelo pacote, que incluía uma carteira de motorista, cartão do seguro social e título de eleitor.

"Quando esgotava o limite dos cartões, eu os vendia para o povo 'abaixo do limite', que pegavam o cartão quase estourado e saíam comprando coisas de baixo valor e que não iam além do limite autorizado. Por exemplo, alguns cartões a loja ligava apenas para pedir autorização se o item a ser comprado fosse acima de cinquenta ou cem dólares. Os compradores 'abaixo do limite' sempre faziam compras abaixo desses valores. Iam a lojas de departamentos ou shopping centers e saíam comprando a tarde toda mercadorias de até 45 dólares nos cartões cujo limite era de cinquenta dólares. Dava para comprar liquidificadores, rádios, cigarros, lâminas de barbear — o tipo de coisa fácil de vender pela metade do preço — e em duas horas fazer uma boa féria. Stacks Edwards, um negro alto e magro que andava com o bando, era um mestre em 'abaixo do limite'. Passava um dia inteiro num shopping center com uma van até lotá-la. Aí ele movimentava um exército de pessoas que iam vender suas bugigangas em fábricas, ou ele levava os produtos para pequenos armarinhos no Harlem, ou a lugares em New Jersey, que compravam todo o seu estoque.

"Foi Jimmy Burke que me introduziu no negócio dos cigarros. Fiquei sabendo a respeito quando estive na Carolina do Norte. Naquela época um pacote de cigarros custava 2,10 dólares no Sul, enquanto o mesmo pacote custava aqui 3,75 dólares só por causa dos impostos de Nova York. Um dia Jimmy veio até o ponto de táxi com o carro abarrotado de cigarros. Deu-me cem pacotes e falou que eu devia tentar vendê-los. Não estava muito seguro, mas ele disse que eu devia tentar. Pus os pacotes no porta-malas do meu carro e dirigi até uma obra ali perto. Vendi todos os pacotes em menos de dez minutos. Os peões economizavam mais ou menos um dólar em cada pacote. Para eles era bom negócio. Mas vi que em dez minutos eu pude lucrar 25 centavos de dólar em cada pacote. Naquela noite fui até à casa de Jimmy, paguei pelos cem pacotes que ele me dera e pedi mais trezentos. Peguei quantos couberam dentro do porta-malas. No dia seguinte, vendi-os novamente em dez minutos. Pensei: 'Que maravilha', e voltei para pegar mais trezentos para pôr dentro do porta-malas e mais duzentos que acomodei no banco de trás. Isso dava um total de 125 paus por duas horas de trabalho.

"Um dia Jimmy apareceu no ponto de táxi com um garoto bem magro vestido num terno de mafioso e com um bigodinho fino. Era Tommy DeSimone. Era um daqueles garotos que aparentava ser mais jovem do que era justamente por tentar parecer mais velho. Jimmy era amigo da família de Tommy havia anos, e queria que eu tomasse conta de Tommy e ensinasse a ele tudo sobre o negócio de cigarros — ou seja, ajudá-lo a ganhar uns trocados. Com Tommy me auxiliando, logo estávamos ganhando trezentos, quatrocentos dólares por dia. Vendíamos centenas de pacotes em canteiros de obras e fábricas de roupas. Vendíamos nas garagens dos caminhões do Serviço de Limpeza, nos terminais de metrôs e garagens de ônibus. Isso era por volta de 1965, e a cidade deixava correr frouxo. Costumávamos vendê-los nas ruas e dávamos alguns pacotes de presente para os tiras para eles nos deixarem em paz.

"Logo estávamos nós importando os cigarros. Pegávamos uma ponte aérea até Washington, distrito de Columbia, íamos de táxi até a locadora de caminhões, usávamos carteira de motorista e RG falsos para conseguir alugar um e depois dirigíamos até um dos atacadistas de cigarros na Carolina do Norte. Costumávamos enchê-lo com 8 mil ou 10 mil pacotes e dirigíamos rumo ao norte. Mas, conforme mais gente passou a fazer esse negócio, as coisas começaram a ficar difíceis. No início alguns foram presos, mas naquela época usavam apenas de intimidação. Os tiras eram fiscais da receita e sequer andavam armados. Mas aí passaram a confiscar os caminhões e as locadoras pararam de alugá-los para nós. Usávamos todo tipo de truques para conseguir os caminhões, de suborno ao envio de pessoas da região para fazer as locações. Acabamos com metade das locadoras U-Haul em Washington, D.C. Faliram. Vinnie Beans era dono da Capo Trucking Company, no Bronx, então começamos a alugar seus caminhões. Ele não sabia o que iríamos fazer com eles, então tudo correu bem até ele dar por falta de doze caminhões. Quando descobriu que tinham sido apreendidos pelo estado, cortou nosso suprimento. Se não estivéssemos com Paulie, pode acreditar, estaríamos mortos. Enfim, tivemos de comprar nossos próprios caminhões — o negócio era mesmo muito bom. Tommy e eu compramos um caminhão-baú e Jimmy Burke trouxe uma carreta. Por um tempo estávamos todos nos dando muito bem, mas aí de novo muito mais gente entrou para o negócio. Toda a gangue de Colombo, de Bensonhurst, Brooklyn, começou a inundar o mercado. Deixou de ser lucrativo. Mas nesse momento eu já estava envolvido com outras coisas.

"Comecei a roubar carros, por exemplo. Não teria valido à pena se eu não tivesse conhecido Eddy Rigaud, que era representante de importação e exportação da Sea-Land Service, no Haiti. Rigaud tinha uma pequena loja no Queens, onde vendia produtos haitianos, e de alguma forma era relacionado com pessoas muito influentes no Haiti. Lembro-me de um domingo ter lido uma grande matéria na revista do *New York Times* sobre sua família. Nosso negócio era: eu roubaria na cidade os carros que ele precisasse e ele os tiraria do país.

"Era um trabalho simples. Tinha garotos trabalhando para mim. Garotos da vizinhança. Os amigos deles. Garotos espertos e que sabiam das coisas. Roubavam os carros e recebiam cem dólares por cada um, aí eu juntava de dez a doze unidades. Eu os tirava das ruas, os escondia nos fundos dos estacionamentos e conseguia para eles números de série de carros que estavam prestes a virar sucata. Se eu desse a Eddy Rigaud os números de identificação para os carros à tarde, eu teria a papelada para a exportação dos carros no dia seguinte. Depois eu mandava todos os carros para o porto. A papelada ia junto. Os carros eram inspecionados para checar se tinham pneus sobressalentes e nenhuma avaria, como estavam descritos na papelada do despacho. Eram todos carros novos — pequenos Fords e outros carros compactos, carros econômicos, porque no Haiti o litro da gasolina custava cinquenta centavos de dólar naquela época. Eu ganhava 750 dólares por carro. Custava-me apenas algumas horas de trabalho, e aí a cada cinco ou seis semanas eu voava até Porto Príncipe para pegar meu dinheiro. Também não era tão mau porque eu sempre ia para lá com cédulas falsas de dinheiro e cheques de viagem e cartões de crédito roubados.

"E o tempo todo eu ia para cima e para baixo com Paulie. Levava-o de carro aqui e acolá. Pegava-o por volta das dez da manhã e não o levava para casa antes de ele comer o fígado acebolado ou o filé com batatas às três da madrugada. Paulie nunca parou de se mexer, nem eu. Havia cem esquemas por dia e mil coisas para cuidar. Paulie era como o chefão de toda a área, e supervisionava os caras que tomavam conta do dia a dia dos clubes de apostas, puxadores de carros, bancas de jogos, sindicatos, ladrões de cargas, receptadores, agiotas. Esses caras operavam com o consentimento de Paulie, como uma franquia, e uma parcela de tudo o que eles faturavam tinha de ir para ele, ele ficava com uma parte e destinava o restante para a esfera superior. Era um tributo. Como na velha Itália, exceto que eles faziam isso na América.

"Mas para um sujeito que se movimentava dia e noite e administrava tantas coisas como ele, Paulie não falava com muita gente. Se houvesse um problema com os jogos de loteria, por exemplo, a contenda era levada a Steve DePasquale, que controlava esse jogo para Paul. Depois, de manhã, quando Paulie encontrava-se com Steve, ele contava a Paul qual era o problema e Paul diria a Steve o que fazer. A maioria do tempo Paul apenas ouvia o que Steve falava, porque Steve realmente sabia mais sobre o negócio dos números do que Paul. Depois mandava Steve resolver. Se houvesse alguma reclamação nos jogos de dados ele falava com seu irmão Babe. Assuntos de sindicato eram encaminhados aos homens ligados aos sindicatos, de acordo com a especificidade de cada um e a natureza da contenda. Tudo era reduzido ao mínimo denominador comum. Tudo era resolvido homem a homem. Paulie não acreditava em conferências. Não queria ninguém ouvindo o que ele dizia, muito menos alguém ouvindo o que diziam a ele.

"Os caras que se reportavam às pessoas que se reportavam a Paulie iam dos trapaceiros comuns a homens de negócios estabelecidos. Eram os caras da rua. Eles mantinham tudo funcionando. Conseguiam os esquemas. Mantinham a engrenagem perfeita e azeitada. E Paulie administrava tudo em sua cabeça. Não tinha um assistente. Não fazia nenhuma anotação. Nunca escreveu nada, e jamais dava um telefonema a não ser de uma cabine telefônica, e aí marcava o compromisso, mas só para mais tarde. Havia centenas de caras que dependiam de Paulie para viver, mas ele nunca pagava a eles um centavo sequer. Os caras que trabalhavam para Paulie tinham que ganhar seu próprio dinheiro. Tudo o que recebiam de Paulie era proteção contra os outros caras que tentavam roubá-los. Era assim, basicamente. É isso que o FBI nunca poderá entender — que o que Paulie e a organização oferecem é proteção aos caras que não podem recorrer aos tiras. São tipo a delegacia de polícia para mafiosos. Por exemplo, digamos que eu esteja com um roubo de carga no valor de 50 mil dólares e quando vou fazer minha entrega, em vez de receber o pagamento eu seja assaltado. O que devo fazer? Ir à polícia? Lógico que não. Sair dando tiros? Eu sou ladrão de cargas, não um caubói. Não. O único jeito de garantir não ser roubado por ninguém é estar ligado a um membro da Máfia como Paulie. Alguém que seja um homem de honra. Um representante da família do crime. Um soldado. Aí se alguém te foder estará fodendo com ele, e aí é fim de jogo para esse sujeito. Adeus. Ele está morto, com a mercadoria que roubou de você enfiada goela abaixo, junto a muitas outras coisas. Claro que problemas podem surgir quando os caras que te roubarem também estiverem associados com mafiosos. Aí tem de haver uma reunião para um acordo entre os seus mafiosos e os mafiosos deles. O que quase sempre acontece depois é que os mafiosos dividem entre si o que você roubou e mandam para casa você e o sujeito que te roubou, ambos de mãos abanando. E se reclamar, você é um cara morto.

"A outra razão pela qual você deve estar ligado com alguém como Paulie é que assim você tira os tiras da sua cola. Mafiosos como Paulie têm subornado os tiras por tantos anos que devem, aposto, ter enviado mais filhos de policiais à universidade que quaisquer outros. São como uma bolsa-Máfia. Paulie ou Babe, que lidava com a maioria deles para Paul, vinham se incumbindo dos tiras desde o tempo em que eram recrutas no patrulhamento das ruas. Conforme eles subiam de patente, Babe continuava a cuidar deles. Quando precisavam de ajuda em algum caso particular, quando precisavam de alguma informação, Babe conseguia para eles. Era uma via de duas mãos. E quando eles aceitavam dinheiro de Babe, sabiam que era seguro. Desenvolveram uma confiança, os tiras corruptos e os mafiosos. O que também ocorria com todos os outros. Políticos — não todos os políticos, mas muitos deles — precisavam de ajuda aqui e ali. Conseguiam de graça escritórios para sediarem suas campanhas, tinham os ônibus e sistemas de som de que precisavam, membros dos sindicatos quando requisitados, e ainda advogados a auxiliá-los na fiscalização da contagem de votos. Você acha que os políticos não são gratos? Acha que não se lembram dos amigos? E, lembre-se, não é Paul Vario fazendo tudo isso. Muitos poucos se encontraram com Paul Vario. De jeito algum. Era arranjado por homens de negócios ligados a Paul. Por advogados em débito com Paulie. Por empreiteiros, donos de transportadoras, sindicalistas, donos de frigoríficos, contadores e funcionários públicos municipais — todo tipo de pessoas de destaque e totalmente respeitáveis. Mas por trás disso tem sempre um mafioso como Paulie esperando por seu pagamento.

"Eu era só um cara das ruas e até eu vivia bem. Fazia de tudo. Roubava e criava esquemas o tempo todo. Enquanto estava envolvido com os cigarros eu também emprestava dinheiro, agenciava algumas apostas e estava à frente dos carros roubados que eram levados para o Haiti. Tuddy me deu uma boa grana para pôr fogo em alguns supermercados e restaurantes. Ele e os donos faturavam a indenização do dinheiro do seguro. Eu havia aprendido como usar Sterno, um álcool gelatinoso vendido em lata, e papel higiênico e como moldá-los ao longo das vigas. Dava para acender com um palito de fósforo. Sem problema. Mas com um fogo feito com gasolina ou querosene não dá para riscar um palito por causa da fumaça tóxica. O truque comum para começar um incêndio é pôr um cigarro aceso em cima de uma caixa de fósforos, então quando o cigarro queimar por completo e atingir a caixa de fósforos a centelha iniciará o incêndio no cômodo. Até lá você já terá ido embora há tempos.

"Causei muita dor às pessoas. Estava sempre metido em confusão. Eu não ligava. Eu tinha dez ou doze caras me dando cobertura. Íamos a algum lugar em Rockaways ou em Five Towns e começávamos a comer e beber. Os lugares eram normalmente ligados a atividades ilegais. Ou seja, tinha um agenciador de apostas dando expediente no lugar, ou o dono também atuava como agiota, ou mercadorias roubadas eram vendidas no porão. Ou seja, não íamos a restaurantes de boa reputação como o Schrafft's. Íamos a lugares caros com paredes vermelhas e carpetes que cobriam todo o chão — cassinos melhorados, nós os chamávamos —, lugares onde eles tinham alguma grana investida. Talvez tivesse garotas e alguma jogatina. Os donos ou gerentes sempre nos conheciam. Gastávamos um dinheiro. Nos divertíamos de verdade. Tínhamos crédito. Pendurávamos nossas despesas em toda parte. Dávamos boas gorjetas aos garçons e aos maîtres. Por que não? Éramos bons nisso. Jogávamos mais dinheiro fora numa noite do que dentistas e suas esposas conseguiriam gastar num congresso em uma semana.

"Depois, após algumas semanas, quando o pendura já ia a alguns milhares de dólares, aparecia o dono. Ele tentava ser gentil. Tentava ser educado. Mas não importava quanto ele queria ser simpático, nós sempre transformávamos numa guerra. 'Seu escroto!', gritávamos. 'Depois de toda a grana que a gente trouxe pra você! Você tem coragem de me envergonhar na frente dos meus amigos? Me chamar de caloteiro? Seu babaca, você está morto. Seu viado dos infernos...' E daí por diante. Xingava, atirava um copo ou um prato no chão e fazia de tudo para dar um ataque. Ou seja, mesmo que no fundo você soubesse que estava errado, você estava pronto para acabar com o pobre coitado. Nessa hora alguém te tirava dali, mas você saía ameaçando quebrar as duas pernas dele.

"Agora o sujeito estava em apuros. Sabia quem nós éramos. Sabia que podíamos quebrar suas pernas e não podia fazer nada a esse respeito. Não podia falar com os tiras pois já tinha outros probleminhas com eles, e eles iriam arrancar mais dinheiro ainda além do que ele já lhes dava. Além disso, ele sabia que os tiras estavam nas nossas mãos. Se fizesse muito alarde seu negócio viraria cinzas. Não lhe restava nada a não ser ir até Paulie. Ele não iria direto a ele. Procuraria alguém que falasse com Paulie. Frankie the Wop. Steve DePasquale. Bruno Facciolo.

"Se o sujeito for bem relacionado o encontro com Paulie acontece. Deixa eu te dizer, Paulie é só coração. Se compadece. Vocifera que não sabe o que fazer conosco. Nos chama de garotos psicopatas. Diz ao sujeito que não se cansa de conversar conosco mas nós nunca lhe damos ouvidos. Que tem muitos problemas conosco. Causamos problemas na cidade inteira. Aí o cara já sabe que está na hora de dizer que seria bom se ele nos tirasse da cola dele. Uma coisa leva à outra, e logo Paulie está na folha de pagamento do sujeito custando a ele uns cem ou duzentos dólares por semana. Além disso, nossa dívida no bar é perdoada. Fácil assim.

"Agora o sujeito consegue que Paulie vire seu sócio. Qualquer problema vai até Paulie. Problema com os tiras? Pode ir ao Paulie. Problema com entregas? Chame o Paulie. E, claro, é uma via de mão dupla. Paulie pode incluir pessoas em sua folha de pagamento para antecipar uma liberdade condicional, pode liberar a compra de bebidas alcoólicas e de comida a amigos. E ainda tem o seguro. Quem controla o ramo de seguros? É um negócio bem vultoso e envolve sempre os políticos, e os políticos que estão mais próximos de Paulie ficam com as comissões dos corretores. Mais a manutenção. Quem limpa o estabelecimento? Ou seja, um mafioso pode ganhar dinheiro em qualquer parte do negócio.

"E se ele quiser destruir o negócio pode ganhar mais dinheiro ainda. Empréstimos bancários, por exemplo. Um estabelecimento está no ramo, digamos, há vinte, trinta anos. Tem uma conta no banco. Tem sempre um funcionário do banco responsável por empréstimos que pode vir e te conceder um empréstimo para algumas melhorias. Você, claro, se puder, pega o dinheiro e esquece das melhorias, já que sua intenção é mesmo a de detonar o lugar.

"Além disso, se o lugar tem uma linha de crédito, você como novo sócio pode ligar para os fornecedores e solicitar o envio das mercadorias. Pode ligar para outros novos distribuidores e pedir que mandem caminhões lotados de produtos, uma vez que o estabelecimento tem uma boa avaliação de crédito. Atacadistas estão sempre à procura de negócios. Não querem dispensá-lo. Os vendedores querem fazer a venda. Então você começa a fazer pedidos. Encomenda caixas de uísque e vinho. Encomenda móveis. Encomenda sabonetes, toalhas, copos, abajures e comida, muita comida. Bifes. Duzentos filés de peixe. Caixas de lagostas frescas, caranguejo e camarão. Tanta coisa entrando pela porta que parece que é Natal.

"E assim que os produtos entram por uma porta, você sai com eles por outra. Vende as coisas com desconto para outros estabelecimentos, mas já que você não tinha a menor intenção de pagar por elas, o preço que conseguir já é lucro. Alguns caras usam o dinheiro para abrir novos estabelecimentos. Você simplesmente faz o negócio falir. Destrói ele. E, no fim, pode até mesmo atear fogo nele para conseguir uma parte do seguro se não conseguir lucro suficiente. E aí Paulie aparece como sócio. Nada de nomes. Nada de assinaturas em papéis. Paulie não precisava de papel. Naquela época, nos anos 1960, afora destruir negócios, sei que Paulie tinha participação em duas, três dezenas de estabelecimentos. Cem dólares aqui, duzentos ou trezentos acolá. Ele estava se dando muito bem. Lembro-me de uma vez ele me contar que tinha um milhão e meio em dinheiro vivo escondido em algum lugar. Ele sempre tentava me convencer a economizar um dinheirinho, mas eu não conseguia. Ele dizia que guardava suas economias num cofre. Eu dizia que nunca teria de economizar porque eu sempre iria ganhar dinheiro.

"E não estava sozinho. Todo mundo que eu conhecia estava envolvido com trapaças financeiras, e quase ninguém nunca fora pego. É isso o que as pessoas de fora não entendem. Quando você está envolvido em diferentes esquemas, todo mundo que conhece está fazendo isso e ninguém está sendo pego, exceto por acaso, você começa a captar a mensagem de que talvez isso não seja tão perigoso. E havia milhões de esquemas diferentes. Você não tinha de vender coisas roubadas ou assaltar ninguém. Um dos caras da vizinhança era o gerente de um supermercado local, uma daquelas filiais de redes gigantes, com dez fileiras de caixas e baixíssima margem de lucro. Ele era sempre muito sério, e ninguém o achava capaz de fazer nada errado até a semana em que ele entrou de férias e o escritório central enviou marceneiros para instalar novos caixas. Os marceneiros chegaram ao supermercado com suas plantas baixas e planilhas e acharam que estavam no lugar errado. Parecia que o mercado tinha onze caixas em vez de dez. Não demorou para o escritório central entender que alguém havia criado seu próprio caixa de pagamentos e que tudo que era registrado no décimo primeiro caixa ia para o bolso de alguém. Quando nosso parceiro voltou das férias, a polícia estava à sua espera, mas ele virou um herói local. Foi demitido, mas por se fingir de bobo e negar tudo não ficou um dia preso. Além disso, ficar à toa e viver de expedientes significa fazer apostas. Não se passa um dia sem que se aposte nisso ou naquilo. Quando tinha um palpite, eu costumava apostar mil dólares na diferença de pontos entre as duas equipes de um jogo de basquete, e eu não apostava num único jogo. Eu tinha a chance de ter 10 mil dólares percorrendo o vasto mundo dos esportes das tardes de sábado. Jimmy apostava 30 mil, 40 mil dólares no futebol americano. Estávamos nas pistas, jogando dados em Vegas, jogando cartas e apostando no que se movesse. Não havia nada mais excitante no mundo, especialmente quando se tinha alguma vantagem.

"E havia caras, como Rich Perry, que podiam lhe dar essa vantagem. Era um gênio. Muito antes de alguém pensar nisso, Perry tinha dezenas de pessoas no país inteiro monitorando esportes universitários para ele. Ele sabia em que condição o campo estava, as contusões dos jogadores-chave, se o zagueiro tinha bebido, todo tipo de coisa que dava a ele alguma vantagem ao fazer a aposta. Costumava encontrar informações em jornais de universidades de cidades pequenas que nunca chegaram à grande imprensa, e tinha gente ligando para ele na hora em que ele estava pronto para apostar.

"Ele era o cérebro que sabia como aumentar as chances em apostas nos cavalos da Superfecta, então por um tempo estávamos nos dando tão bem que em vez de alardearmos que estávamos ganhando o tempo todo, tivemos de contratar os comissionados, só para receber nossas apostas vencedoras. Havia tanto dinheiro envolvido que alguns caras — aqueles que tinham ficha policial e não queriam ser vistos como os ganhadores — tinham até tiras conhecidos deles indo receber as apostas em seu lugar.

"Nas corridas da Superfecta — que desde então foram banidas — um apostador tinha de acertar os quatro primeiros vencedores da corrida na ordem exata. Perry descobriu que se conseguisse que dois ou três dos jóqueis recuassem ou encurralassem seus cavalos, poderíamos eliminar da corrida dois ou três dos oito cavalos. Então poderíamos apostar inúmeras das combinações restantes por um custo mínimo. Por exemplo, custava 5.040 dólares comprar os 1.680 bilhetes de três dólares para cobrir todas as combinações possíveis dos cavalos vencedores numa corrida de oito cavalos. Considerando que na média a Superfecta pagava cerca de 3 mil dólares, não havia lucro algum. Eliminando dois ou três cavalos da corrida, podíamos quase garantir para nós um bilhete vencedor pois matematicamente agora havia apenas 360 combinações vencedoras diferentes, e elas custavam para nós apenas 1.080 dólares por bilhete. Quando tínhamos um jóquei que havíamos subornado competindo, apostávamos entre 25 mil e 50 mil dólares na corrida.

"Normalmente tínhamos acesso aos jóqueis através de 'águias' que viviam em torno dos treinadores e jóqueis. Às vezes eram esposas, namoradas, ex-jóqueis, treinadores aposentados — pessoas que sabiam mesmo como funcionava o universo das corridas de cavalos. Chegávamos até às águias convivendo com elas, pegando suas apostas, emprestando-lhes dinheiro a juros, conseguindo para elas bons negócios em televisores e roupas de grife. Você ficaria surpreso de ver como era fácil.

"Os computadores responsáveis pelas apostas fora das pistas em algum momento descobriram que havia algo errado com os pagamentos da Superfecta, e iniciou-se uma investigação em que quase todo o bando foi preso. Os federais alegaram que houve lucro de mais de 3 milhões de dólares, mas era exagero. Houve um julgamento envolvendo cerca de duas dezenas de jóqueis, treinadores e mafiosos. Bruno Facciolo e o filho de Paulie, Peter, escaparam, mas Richie Perry foi condenado. Pegou seis meses."

GoodFellas
OS BONS COMPANHEIROS

05

Em 1965, Henry Hill estava com 22 anos, solteiro e feliz com sua vida. Os dias eram longos e ele gostava da ação permanente. Golpes e esquemas consumiam todos os momentos ativos. Eram a moeda de todas as conversas e forneciam o combustível para a excitação do dia. No mundo de Henry, dar um golpe e se dar bem significava estar vivo. Entretanto ele nunca se preocupou em juntar dinheiro. De fato, até onde Henry sabia, nenhum dos jovens de sua idade poupavam nada do que ganhavam. Em questão de horas a situação financeira de Henry passava dramaticamente de azul para vermelha. Logo depois de faturar algo, ele podia ter em mãos tantos maços grossos de notas novinhas que tinha de enfiá-las na cintura quando seus bolsos ficavam cheios. Dias depois estava precisando de dinheiro. A velocidade com a qual ele e a maioria de seus amigos eram capazes de dissipar seu capital era de tirar o fôlego. Henry jogava dinheiro fora. Quando ia aos bares e restaurantes finos de Long Beach, de Five Towns e Rockaways, cobria os garçons e barmen de gorjetas em espécie.

Henry gastava seu dinheiro até ao ponto de não ter mas nada nos bolsos, depois pegava emprestado com seus parceiros até faturar alto de novo. Ele sabia que um novo ganho ilegal não demoraria mais de uma semana para acontecer. Havia sempre pelo menos uma dezena de negócios escusos a caminho. Afora os caprichos pessoais, suas despesas eram quase inexistentes. Não tinha dependentes. Não pagava impostos. Não tinha sequer um número de seguro social verdadeiro. Não tinha prêmios de seguro a pagar. Nunca pagou suas contas. Não tinha conta em banco, cartões de crédito, avaliações de crédito nem talões de cheques, a não ser os falsificados que ele comprava de Tony, o Padeiro. Continuava mantendo a maioria de suas roupas na casa dos pais, apesar de quase nunca dormir lá. Henry preferia passar suas noites numa das casas de Vario, num sofá em um dos esconderijos do bando, ou mesmo num quarto de algum dos motéis do aeroporto ou de Rockaway, onde seus cupinchas eram gerentes. Nunca acordava de pijama. Com sorte, conseguia tirar os sapatos antes de cair duro todas as noites. Como acontecia com a maioria dos mafiosos, os eventos dos seus dias ocorriam tão ao acaso, que ele nunca sabia onde estaria ao fim do dia. Podia passar todas as suas dezoito horas regulamentares do dia na pizzaria ou no ponto de táxi perto da Pitkin Avenue, ou ir parar em Connecticut com Paulie para resolver um assunto ligado a apostas, ou na Carolina do Norte com Jimmy comprando um carregamento de cigarros, ou em Las Vegas com o bando gastando a grana não esperada que tenha ganho durante seu dia totalmente imprevisível.

Havia garotas que custavam dinheiro, e havia outras que não. As da vizinhança, garçonetes de bar, professoras, atendentes de lanchonete, mulheres divorciadas, secretárias, esteticistas, aeromoças, enfermeiras e donas de casa estavam sempre por perto em troca de um dia nas corridas, uma noite nas boates ou uma manhã de ressaca num motel. Algumas delas gostavam de dançar. Algumas gostavam de beber. Henry estava muito satisfeito com sua solteirice, pegando o que vinha do jeito que vinha. Sua vida era absolutamente sem amarras.

HENRY: Eu estava no ponto de táxi quando Paulie Junior entrou correndo. Ele vinha tentando havia semanas sair com sua namorada Diane e enfim ela concordou, mas ela só sairia com ele se um outro casal fosse junto. Junior entra em desespero. Precisa de um amigo para ir com ele. Estou no meio de uma transação de cigarros, tenho alguns suéteres roubados na mala do carro, tenho um encontro marcado com Tuddy por volta das onze da noite para mais um negócio, e agora Junior precisa de mim como acompanhante. Ele diz que tem um encontro para nós dois na Villa Capra, de Frankie the Wop. A Villa era um grande ponto de encontro da nossa turma na época. Quando cheguei lá para fazer o favor a Junior, estava com tanta pressa para me encontrar com Tuddy que não via a hora de cair fora.

KAREN: Não o suportei. Achei-o muito antipático. Diane tinha uma queda por Paul, mas ela e eu éramos judias, e ela nunca tinha saído com um italiano antes. Ela queria ir com calma. Paul parecia ser legal, mas ela queria que o primeiro encontro deles fosse com um outro casal. Logo ela descobriu que Paul era casado. Obrigou-me a ir junto. Mas acabou que Henry, o cara com quem eu tive de sair, era péssimo. Era óbvio que ele não queria estar ali. Apenas não parava quieto. Ficava apressando todo mundo. Pediu a conta antes de comermos a sobremesa. Quando chegou a hora de irmos para casa ele me empurrou para dentro do carro e depois me puxou de dentro dele. Foi ridículo. Mas Diane e Paul nos fizeram prometer encontrá-los outra vez na noite da próxima sexta-feira. Concordamos. Claro, quando chegou a noite de sexta-feira, Henry não apareceu. Naquela noite jantei com Diane e Paul. Éramos um trio em vez de dois casais. Depois obriguei Paul a ir comigo procurá-lo.

HENRY: Estou caminhando pela rua perto da pizzaria quando Paul para o carro e Karen sai batendo a porta. Foi impactante. Ela estava mesmo possessa. Veio correndo e gritando na minha direção, e ninguém conseguiu segurá-la. "Ninguém faz isso comigo!", gritava ela na rua. Fez um escândalo. Pus minhas mãos em sua boca para acalmá-la. Disse a ela que não tinha ido porque tinha certeza de que ela não apareceria. Que iria compensá-la. Que achava que Diane e Paul queriam sair sem nós. Enfim, quando ela parou de gritar, marcamos um encontro. Dessa vez eu fui.

KAREN: Ele me levou a um restaurante chinês no shopping Greenacres, em Long Island. Dessa vez ele estava bem simpático. Era um cara impressionante. Parecia muito mais velho do que era, e também parecia saber mais do que os outros garotos com os quais eu havia saído. Quando perguntei o que fazia, me disse que era pedreiro, e até me mostrou sua carteira do sindicato. Que havia trabalhado como gerente no Azores, o qual eu já sabia ser um lugar excelente em Lido Beach. Tivemos um jantar agradável e tranquilo. Depois entramos no carro dele, que era novinho em folha, e fomos a alguns clubes noturnos em Long Island para ouvir música. Dançamos. Todo mundo o conhecia. Quando eu entrava nesses lugares com Henry, todo mundo vinha a nosso encontro. Ele me apresentava a todo mundo. Todo mundo queria ser gentil com ele. Ele sabia como lidar com tudo. Era muito diferente dos outros rapazes com quem eu havia saído. Todos pareciam meninos. Costumavam me levar ao cinema, ao boliche, o tipo de coisa que você faz quando tem dezoito anos e seu namorado tem 22.

HENRY: Karen era muito divertida. E muito animada. Gostava de ir aos lugares e era muito bonita. Tinha olhos cor de violeta, igual a Elizabeth Taylor — ou pelo menos era o que as pessoas diziam. Começamos a ir a alguns clubes que eu conhecia. Íamos ao Club 52/52, em Long Beach, perto do Rumors Disco, de Philly Basile. Íamos a pianos-bares que eu conhecia. Lugares onde tinha estado com Paulie. Lugares cujos donos, barmen e gerentes eu conhecia e que me conheciam. A primeira vez que fui pegá-la na casa dos seus pais para uma noite no Palm Shore Club, fui todo arrumado. Quis causar uma boa impressão. Me sentia ótimo, mas assim que ela abriu a porta, em vez de ficar feliz em me ver, deu um grito. Seus olhos saltaram das órbitas como num filme de terror. Olhei ao redor. Não dava para entender o que estava acontecendo. Então ela apontou para o meu pescoço. "Põe pra trás! Põe pra trás!", ela disse, bastante apavorada. Quando baixei os olhos vi que ela apontava para meu pingente. Eu tinha uma corrente de ouro que minha mãe me dera e pendurada havia uma pequena cruz de ouro.

KAREN: Ele veio conhecer meus pais. Eles sabiam que eu estava saindo com ele e não estavam gostando nada do fato de ele não ser judeu. Eu disse a eles que ele era meio judeu. Que a mãe dele era judia. Eles não gostaram muito, mas o que podiam fazer? Então ele chega para encontrá-los pela primeira vez. A campainha toca. Estou bastante empolgada. Minha avó está aqui. Ela é super ortodoxa. Quando ela morreu, trouxeram a Torá até sua casa. Eu já estava um pouco nervosa. Cheguei à porta e lá estava ele de calça preta de seda, camisa branca aberta até à barriga e um blazer azul-claro. Mas a primeira coisa que vejo é essa enorme cruz de ouro. Pendurada no pescoço. Ia do pescoço até a altura das costelas. Fechei a porta deixando uma pequena fresta, de modo que ninguém pudesse vê-lo, e disse a ele para virar a cruz para trás do pescoço para que ninguém da minha família visse. Ele fez o que pedi e entrou, mas aí eu já estava suando frio. É que eles não simpatizavam com o fato de ele ser só meio judeu. E a família dele também não estava gostando nada da situação. Ele tinha uma irmã, Elizabeth, que estava estudando para ser freira e não simpatizava nem um pouco comigo. Um dia, quando fui à casa dele, ela abriu a porta para mim. Estava cheia de bobes no cabelo. Ela ficou meio paralisada, não esperava que eu aparecesse. Nunca tinha visto alguém tão zangado.

HENRY: Uma vez ela me levou ao country club que os pais dela frequentavam. O lugar tinha seu próprio campo de golfe de nove buracos, quadras de tênis, piscina e toda aquela gente rica circulando por ali e saltando de trampolins, quicando bolas de tênis e nadando com suas toucas de borracha e óculos de mergulho. Eu nunca tinha visto tanta gente rica dando pulos a troco de nada. Aí, olhando ao redor, percebi que não tinha uma única coisa que aquelas pessoas faziam que eu soubesse fazer. Nada. Eu não sabia mergulhar. Não sabia nadar. Não sabia jogar tênis. Não sabia jogar golfe. Não sabia fazer porra nenhuma.

KAREN: Comecei a ir a lugares com Henry a que nunca tinha ido antes. Tinha dezoito anos. Estava deslumbrada. Fomos ao Empire Room ouvir Shirley Bassey. Fomos ao Copa. Os garotos que eu conhecia foram lá uma vez, talvez, na sua formatura. Henry ia lá sempre. Era conhecido lá. Conhecia todo mundo. Sempre se sentava perto do palco, e uma noite Sammy Davis Jr. nos mandou champanhe. Nas noites de casa cheia, quando as pessoas do lado de fora não conseguiam entrar, os porteiros costumavam deixar Henry e nosso grupo entrar pela cozinha, cheia de cozinheiros chineses, aí subíamos até o segundo andar e nos sentávamos imediatamente. Não havia nada igual. Eu não achava nada daquilo estranho — imagina, um garoto de 22 anos com tais contatos. Eu não sabia de nada. Achava apenas que ele conhecia aquelas pessoas.

HENRY: Saíamos todas as noites. Karen trabalhava como auxiliar de dentista durante o dia, mas toda noite estávamos juntos. Quer dizer, ficamos mesmo grudados. Adorava estar com ela. Acho que amava a ideia de ela não ser da vizinhança. De que estava acostumada com coisas sofisticadas. Do fato de ser uma garota de muita classe. Começamos a ir a casamentos. Alguns dos garotos Vario estavam se casando naquela época, e isso meio que nos aproximou ainda mais. Da forma como fui criado, se você levasse uma garota a um casamento, a coisa era séria. Logo começamos a passar os fins de semana fora só nós dois. Karen costumava dizer aos pais que estava indo para Fire Island com algumas amigas, e seus pais a deixavam na estação de Valley Stream. Aí eu a pegava lá.

KAREN: Assim que eu comecei a namorar sério com Henry, esse cara do outro lado da rua chamado Steve começou a se aproximar. Eu o conhecia há anos mas nunca me interessei a seu respeito. Depois, num fim de tarde, logo após eu voltar do trabalho, o sujeito estava perto da minha casa e me perguntou se eu podia ajudá-lo a pegar algo ali perto. Não me lembro do que se tratava ou aonde iríamos. Seria para ajudá-lo a fazer alguma coisa, nada importante. Era o cara do outro lado da rua. Falei a minha mãe aonde estávamos indo. Na verdade eu quis ir porque gostava do carro dele. Ele tinha um Corvette. Foi muito gentil, que nem sempre, até nos aproximarmos da pista de corridas de Belmont, a cerca de cinco quilômetros de casa. Aí ele encostou o carro. Começou a me abraçar. Fiquei surpresa. Também fiquei irritada. Mandei ele parar. Ele se recusou. Ele me disse que eu tinha crescido. Aquelas besteiras de sempre. Levantei a mão e bati com força na cara dele. Ele ficou surpreso. Dei outro tapa. Ele ficou uma fera. Ligou o carro e dirigiu até a rodovia Hempstead. De repente freou com tanta violência que eu quase atravessei o para-brisa do carro. Esticou-se na minha direção, abriu a porta do carona, me jogou para fora do carro e acelerou indo embora. Um jato de cascalho e poeira me atingiu. Foi terrível. Devia ser por volta de seis e meia, sete da noite. Fiquei aterrorizada. Ele que tinha sido um cretino, mas eu fiquei envergonhada. Tive medo de ligar para casa. Sabia que minha mãe ficaria brava, que começaria a me passar sermão pelo telefone enquanto eu ainda tirava cascalho do cabelo. Eu não iria suportar ser repreendida. Então, em vez disso, liguei para Henry. Disse a ele o que tinha acontecido e onde eu estava. Ele veio, me resgatou em minutos e me levou de carro para casa.

HENRY: Fiquei louco. Queria matar o sujeito. No caminho de volta para sua casa ela me contou o que havia acontecido, e fui me enfurecendo ainda mais. Assim que chegamos ela correu para dentro. Olho do outro lado da rua. Vejo o Corvette estacionado em frente. A casa estava cheia de riquinhos filhos da puta. Eram três irmãos. Todos os três tinham Corvettes. Eu tinha uma pistola calibre .22 automática. Tirei do porta-luvas uma caixa de balas. Enquanto olhava o carro do babaca, comecei a carregar a arma. Estava tão furioso que só queria atirar no cara e depois pensar a respeito. Atravessei a rua e toquei a campainha. Nenhuma resposta. Toquei de novo. Nada. Minha arma estava no bolso da calça. Aí contornei a entrada da garagem em direção ao quintal dos fundos. Steve e seus irmãos estavam lá. Steve veio em minha direção. Deve ter achado que iríamos conversar. O tipo de acerto de homem para homem. Quando chegou perto, agarrei-o pelos cabelos com a mão direita e puxei seu rosto para baixo bem devagar. Ao mesmo tempo tirei a arma do bolso esquerdo e comecei a golpeá-la no rosto do cara. Ele gritou: "Ele está armado! Ele está armado!". Senti-o estremecer. Enfiei o cano dentro da sua boca e fiquei sacudindo-o como um sino de chamar para o jantar. Os irmãos ficaram tão assustados que não conseguiam se mover. Babacas. Juro que atiraria neles caso se aproximassem. Alguém de dentro da casa disse que tinha chamado os tiras. Antes da polícia chegar, bati mais em Steve. Creio que por ele ter gritado sobre a arma acabou me impedindo de matá-lo. Dei mais algumas coronhadas na cabeça dele e deixei-o chorando na entrada da garagem. Ele se mijou todo.

Atravessei a rua e voltei para Karen. Estava de pé na porta de casa. Dei a arma a ela e mandei que a escondesse. Ela a colocou dentro da caixa de leite. Depois estacionei o carro mais adiante no quarteirão e joguei a caixa de balas embaixo dele. Quando voltei a pé para a casa de Karen, havia catorze viaturas de polícia do condado de Nassau do lado de fora. Os tiras estavam procurando por uma arma. Disse a eles que eu não tinha arma. Falei que o sujeito estava maluco. Os tiras fizeram uma revista em mim e no meu carro de alto a baixo. Nenhuma arma. Depois me acompanharam do condado de Nassau até os limites do Brooklyn. Quando saímos com o carro da calçada fiquei com medo de eles verem as balas, mas não viram.

KAREN: Ele veio até minha porta. Deu para ver que tinha pressa. Ele disse: "Esconda ela". Ele tinha algo na mão. Peguei e olhei. Era uma arma. Era pequena, pesada e cinza. Não pude acreditar. Ela estava gelada. Dava nervoso só de segurá-la. A situação estava tão tensa que fiquei meio sem saber o que fazer. Não queria trazer a arma para dentro de casa porque minha mãe ficava de olho em tudo. Ela a encontraria. Então guardei-a dentro da caixa de leite que ficava do lado de fora da porta. Em poucos minutos Henry voltou a pé. A polícia estava a sua espera. Já tinham falado com Steve e outras pessoas do outro lado da rua. Aquilo era o maior acontecimento que já tínhamos visto no quarteirão. Fiquei bastante entusiasmada. Adorei o que Henry tinha feito por mim. Fez-me sentir importante. Aí, quando os policiais perguntaram a ele se tinha uma arma, ele ficou bem tranquilo. Disse apenas que o cara do outro lado da rua era maluco. Os policiais já sabiam o que o sujeito tinha feito comigo, e Henry foi tão enfático de que não tinha arma alguma que quando eles retornaram a Steve ele disse que talvez fosse um "objeto metálico". Finalmente os policiais disseram que iriam acompanhar Henry para fora da vizinhança para se certificarem de que não haveria mais problemas.

HENRY: A essa altura eu já estava cansado de viver me escondendo. Fazia três meses que estava saindo com Karen todos os dias e ainda não podia ir à casa dela quando sua avó estava lá. Além disso, sua mãe vivia nos dizendo que não tínhamos nada a ver um com o outro. Meus pais iam pelo mesmo caminho. Era como se fôssemos nós contra todos. Aí aconteceu o problema com o cara do outro lado da rua, então decidi que deveríamos fugir. Se nos casássemos, todo mundo teria de aceitar. Finalmente, depois de algumas tentativas frustradas, decidimos ir de carro até Maryland e nos casar. Desse jeito. Precisávamos de uma testemunha, então consegui que Lenny nos acompanhasse. Quando chegamos a Maryland entabulamos conversa com uns rapazes num carro ao lado do nosso enquanto esperávamos o sinal abrir. Eles nos disseram que a fila de espera em Maryland era de três dias, mas que podíamos nos casar já na Carolina do Norte. Então acabamos indo para Walden, na Carolina do Norte. Fizemos nossos exames médicos e de sangue e fomos direto até o juiz de paz. A essa altura, nossa testemunha, Lenny, estava desmaiado num sono profundo no banco de trás, então a mulher do juiz de paz acabou virando nossa testemunha.

KAREN: Henry e eu voltamos e contamos aos nossos pais. Primeiro eles ficaram chocados, mas em meia hora pareciam já se acostumar. Estávamos casados, não havia nada que eles pudessem fazer. Não eram o tipo de pessoas que expulsavam os filhos de casa. E eu não era o tipo de jovem noiva que sabia o que fazer. Não sabia fritar um ovo. Éramos duas crianças. Eles sugeriram que morássemos com eles. Meus pais arrumaram o andar de cima da casa para nós, e começamos a morar lá. Nunca ocorreu a Henry providenciar um lugar nosso para vivermos.

Na verdade, ele gostava de morar na casa de meus pais. Gostava de minha família. Gostava da comida da minha mãe. Brincava com ela. Era muito carinhoso com ela. Eu percebia que ele gostava de verdade de ser parte da família. E aos poucos minha mãe e meu pai começaram a gostar dele. Tinham três filhas e, agora, de uma forma torta, finalmente ganharam um filho. Ele foi muito sincero com relação ao problema religioso e disse que iria se converter. Começou a se inteirar sobre a religião. Ia trabalhar todos os dias. Todos pensávamos que era pedreiro. Tinha uma carteira do sindicato e tudo mais. Como podíamos saber? Nunca me ocorreu que era estranho que suas mãos fossem tão lisas para um operário da construção civil. Por volta de agosto Henry estava já tão adiantado no aprendizado religioso que tivemos um lindo casamento judeu. Até minha avó ficou quase feliz.

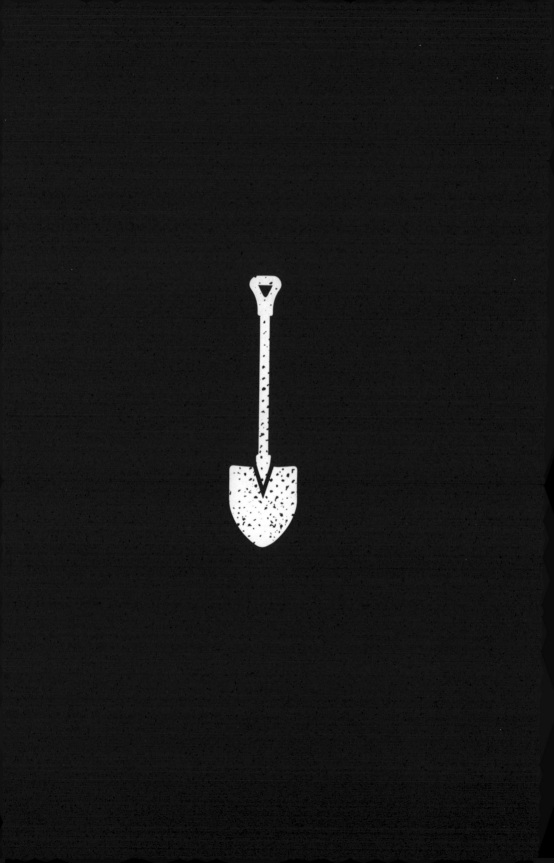

GoodFellas
OS BONS COMPANHEIROS

06

Demorou um tempo até Karen descobrir o tipo de trabalho em que o marido estava metido. Sabia que ele era agressivo, sabia que ele poderia ser durão. Já o vira enfrentar sozinho três homens com uma chave de roda na saída do Rat Fink Room, Manhattan, onde o comediante Jackie Kannon se apresentava. Os três eram, na verdade, jogadores de futebol americano de New Jersey. Ela sabia que alguns de seus amigos tinham sido presos. E sabia que ele às vezes andava armado. Mas lá no início dos anos 1960, antes de *O Poderoso Chefão*, de Mario Puzo, jogar luz nos códigos desse estilo de vida, antes de Joseph Valachi abrir o bico,[1] e antes do Subcomitê Permanente de Investigações do senador John McClellan fazer uma lista com nomes e fotos de mais de 5 mil membros do crime organizado, os mafiosos ainda eram um fenômeno desconhecido daqueles fora de seu pequeno mundo. Certamente Karen Freid Hill, de Lawrence, Long Island, não tinha motivos para crer que iria acabar bem no meio de um filme B. Tudo o que sabia era que o principal rendimento do marido vinha do emprego como pedreiro e de um cargo subalterno no sindicato. Havia manhãs em que ela o levava de carro até vários serviços e via-o sumir na construção. Ele trazia para casa 135 dólares por semana. Era o mesmo valor da parcela semanal que pagavam pelos móveis de quarto. Ele tinha um carro novo. Mas ela também sabia que ele havia acertado no jogo e ganho cerca de 2 mil dólares um pouco antes de se casarem. Todos os amigos dele tinham emprego. Eram peões de obra e motoristas de caminhão; tinham pequenos restaurantes, trabalhavam no distrito do vestuário ou no aeroporto.

[1] Ítalo-americano, foi o primeiro membro da Máfia a reconhecer publicamente a existência da organização criminosa.

KAREN: Às vezes penso que se minha mãe não tivesse brigado tanto eu não teria insistido em ser tão cega. Mas ela estava tão disposta em nos separar como eu estava determinada a não dar o braço a torcer. Seria tão teimosa como ela. Não iria desistir dele. Não ia dar razão a ela. Não iria deixá-la ganhar. Arrumava desculpas sobre ele. E conforme eu arrumava essas desculpas, descobria que estava dando-as para mim mesma. Se ele chegasse tarde eu sempre dizia que estava com os rapazes. Se não ligasse em determinado horário, dizia à minha mãe que ele tinha ligado mais cedo. E depois de um tempo a vida se normalizou. Sei que parece loucura, mas tudo aconteceu tão lentamente, dia após dia, que aí você segue junto e vai mudando até sem perceber.

Conversei com pessoas desde aquela época, e creio que devo ter tido uma predisposição àquela vida desde o início. Sei que existem mulheres que cairiam fora no minuto em que os namorados dessem uma arma para elas esconderem. "Uma arma!", devem ter gritado. "Argh! Quem precisa de você? Cai fora!" Isso é o que muitas garotas, muitas das minhas próprias amigas teriam dito na hora em que o sujeito pusesse uma arma em suas mãos. Mas eu tenho de admitir a verdade — aquilo me excitou.

A primeira vez que percebi o quão diferentes seus amigos eram de como eu havia sido criada veio quando Helene, a mulher de Bobby DeSimone, um dos amigos de Henry, estava promovendo uma reunião para venda de produtos. Estávamos casados havia poucos meses, e eu ainda não tinha conhecido muitos dos seus amigos e suas esposas. Helene estava vendendo objetos decorativos de cobre e madeira para pôr nas paredes. Eu não conhecia ninguém que vendesse coisas para amigos na sua própria casa. Henry disse que me deixaria lá, passaria um tempo com os amigos e me pegaria mais tarde. A casa de Bobby e Helene ficava em Ozone Park. Não era uma maravilha. Uma construção de um pavimento com dois quartos. Todo mundo se conhecia; eu era a novata do grupo, e elas eram muito, muito gentis. Realmente fizeram-me sentir à vontade, parte da turma. Mas depois, quando começaram a conversar, fiquei chocada com o que ouvia. Uma mulher, lembro-me, falava da espera de três anos pelo marido que estava preso. Não pude acreditar. Meu Deus! Três anos! Pensei que nunca conseguiria esperar tanto tempo.

Foi a primeira vez que participei de uma conversa onde mulheres falavam de prisão. Elas tornavam a prisão muito real. Conheciam as boas cadeias e as ruins. Nunca falavam do que os maridos haviam feito para terem sido presos. Isso não era sequer parte da conversa. O que elas discutiam era como os promotores e os policiais mentiam. Como as pessoas perseguiam seus maridos. Como seus maridos fizeram coisas que todo mundo estava fazendo mas tiveram a má sorte de serem pegos. Em seguida, falavam das viagens de ônibus para irem visitá-los e o que vestiam nessas longas viagens, de como os filhos eram levados e como era difícil equilibrar o orçamento com seus maridos presos.

Conforme falavam, eu comecei a observá-las com mais atenção e vi que eram feias. Algumas delas eram desleixadas de verdade. Vi que tinham uma pele ruim. Era óbvio que umas não se cuidavam. Ou seja, não tinham boa aparência. Algumas tinham dentes podres. Ou faltavam alguns. Você nunca veria bocas assim no lugar onde eu me criei. Também não se vestiam bem. Suas roupas eram fora de moda e baratas. Muitos terninhos de poliéster e malha. Depois, quando conheci seus filhos, fiquei chocada com o trabalho que aquelas crianças davam a elas. As crianças estavam sempre metidas em encrenca. Sempre envolvidas em brigas. Não iam à escola. Sumiam de casa. As mulheres davam surras de cabos de vassoura e cintos de couro nas crianças, mas elas nem ligavam. Todas aquelas mulheres pareciam sempre prontas para bater. Eram todas muito preocupadas e tensas. Os filhos menores viviam imundos o tempo todo. Pareciam sujos mesmo depois do banho. Era essa a aparência.

Se prestasse atenção no que falavam, via que nunca ouvira tanta tristeza. Uma dessas reuniões poderia render uma novela melodramática que ficaria no ar por anos. Na primeira noite que estive com elas, a maioria das conversas era sobre uma amiga chamada Carmen. Ela não estava ali. Carmen tinha quarenta anos e seu marido estava cumprindo pena. Era seu terceiro marido. Ela tinha três filhos, um de cada marido, e os meninos eram um terror. Para conseguir pagar suas contas, Carmen vendia cartões de crédito roubados e coisas também roubadas. Apenas uma semana antes da reunião, o mais velho de Carmen, um adolescente, estava jogando cartas com outro garoto quando começou uma discussão sobre uma aposta de dez dólares. Seu filho perdeu o controle, puxou uma arma do bolso e disparou. O outro garoto morreu e o filho de Carmen foi preso. Quando a mãe de Carmen, a avó do garoto, soube que seu neto havia sido preso por assassinato, morreu na hora, deixando Carmen com marido e filho na prisão e a mãe no necrotério.

Quando Henry veio me pegar eu estava em choque. Ao chegarmos em casa, falei para ele que estava transtornada. Ele estava tranquilo. Disse que muito poucas pessoas iam para a cadeia. Que não havia nada com que se preocupar. Falava do dinheiro e como centenas dos seus amigos estavam fazendo coisas que podiam ser contra a lei, mas continuavam ganhando dinheiro e nenhum deles estava sendo pego. Coisas roubadas. Jogos ilegais. Cigarros. Ninguém tinha ido para a cadeia por coisas desse tipo. Além disso, ele conhecia os advogados certos. Os tribunais. Os juízes. Os fiadores. Eu queria acreditar nele. Fazia aquilo soar tão fácil, e eu amava a ideia daquele dinheiro todo.

Aí um dia você lê uma matéria no jornal sobre pessoas que você conhece e não consegue juntar os nomes que está lendo às pessoas que você conhece. Aqueles não eram indivíduos que você imaginava que os jornais fossem escrever a respeito. Vi uma matéria há uns anos atrás no *Daily News* sobre Frankie Manzo, amigo de Paulie. O jornal trocou o nome dele e escreveu Francesco Manza, e disse que ele era um soldado do crime organizado. O Frankie Manzo que eu conhecia vestia-se e agia como um trabalhador. Era dono do restaurante Villa Capra, em Cedarhurst, e eu o via carregando caixas de alimentos para a cozinha, tirando os carros da frente do restaurante, limpando as migalhas das mesas e trabalhando dia e noite na sua própria cozinha.

Para mim, nenhum daqueles homens parecia magnata. Nenhum deles tinha tudo na vida. Sempre faltava algo. Ou seja, se tinham lindos carros novos e boas roupas, suas casas eram em áreas pobres ou suas mulheres eram horrorosas. Tommy DeSimone sempre dirigia um carro novíssimo e vestia roupas caras, e ele e Angela viviam numa casa minúscula num bairro péssimo. Lembro-me de pensar: se estes são os gângsteres sobre os quais os jornais escrevem, algo deve estar errado. Sabia que Henry e seus amigos não eram santos, mas se isso era a Cosa Nostra, com certeza não era o que eu imaginava.

Foi depois que Henry e eu nos casamos pela segunda vez que eu tornei-me de verdade parte do seu mundo. Fizemos um casamento italiano à moda antiga, exceto que com uma cerimônia judaica e um rabino. Quatro dos irmãos Vario estavam presentes, bem como suas mulheres e filhos. Foi a primeira vez que fui apresentada a todos ao mesmo tempo. Foi uma loucura. Os cinco irmãos Vario tinham pelo menos dois filhos cada, e por uma inacreditável razão cada um deles deu os nomes de Peter ou Paul a dois de seus filhos. Devia ter uma dezena de Peters e Pauls no casamento. Além disso, três dos irmãos Vario eram casados com jovens chamadas Marie, e todos tinham filhas chamadas Marie. Quando Henry terminou de me apresentar a todo mundo eu pensei que estivesse bêbada.

Só Paul Vario não foi ao casamento. Vi que Paulie era como um pai para Henry, muito mais que seu verdadeiro pai, que ele quase nunca via e com quem quase nunca falava. Henry estava com Paulie quase todos os dias. Quando perguntei onde estava Paulie, Henry disse apenas que ele não conseguiu vir. Mais tarde descobri que ele estava cumprindo sessenta dias por desacato após se recusar a depor diante de um grande júri do condado de Nassau que julgava uma rede de apostas ilegais em Long Island. Descobri depois de um tempo que Paul e seus filhos Peter e Paul Junior estavam sempre cumprindo trinta ou sessenta dias por desacato. Era comum. Não parecia incomodá-los. Eles aceitavam ir para a prisão por um curto espaço de tempo. Cumpriam sua pena no presídio do condado de Nassau, onde eram bastante conhecidos e onde subornavam tanta gente que acabavam, vez ou outra, sendo indiciados por subornar todo o presídio. Lembro-me que o diretor do presídio e mais de uma dezena de guardas foram indiciados. Uma tremenda confusão. Saiu em todos os jornais. Mas aí eu sabia o que estava acontecendo. Sabia que não era normal, não do jeito que eu havia sido criada, mas também não me parecia errado. Eu fazia parte daquele ambiente e apenas ia junto.

Tenho de dizer que os amigos de Henry trabalhavam bastante e eram empreendedores. Paulie era dono da floricultura na Fulton Avenue e do ferro-velho na Flatlands Avenue. Tuddy Vario tinha o ponto de táxi. Lenny tinha o restaurante. Todos trabalhavam em algum lugar. Ninguém ficava à toa. No mínimo, todo mundo estava sempre correndo atrás. Nunca vi ninguém armado. Mais tarde descobri que na maioria das vezes eram as esposas que carregavam as armas.

Eu sabia que Jimmy Burke contrabandeava cigarros, mas até isso não parecia um crime. Era mais como se fosse um empreendimento de Jimmy. Estava se virando para ganhar um dinheiro extra e o fazia contrabandeando cigarros. Mickey, esposa de Jimmy, Phyllis Vario, todo mundo fazia isso parecer bastante natural. Qualquer um que quisesse faturar uns trocados a mais tinha que se virar para conseguir. Não dava para ficar esperando cair de mão beijada. Esse era o comportamento geral. As outras mulheres aceitavam essa transação com cigarros, a venda de produtos roubados e até mesmo o roubo de cargas como sendo normais para qualquer sujeito ambicioso que quisesse ganhar um bom dinheiro. Era quase como se eu devesse me orgulhar de ter o tipo de marido que estava disposto a sair e arriscar o pescoço para conseguir algum dinheiro extra para nós.

HENRY: Então fui preso. Foi uma prisão muito besta. Não era para acontecer, mas nenhuma delas deveria. Elas ocorrem mais por conta da sua própria burrice do que pela esperteza dos tiras. Éramos cerca de vinte no porão de Jimmy Burke, onde eram feitos jogos de dados. Estávamos esperando Tommy DeSimone chegar de Washington, D.C., com um caminhão lotado de cigarros. Era terça-feira, o dia em que normalmente recebemos nossas remessas e lotamos nossos carros e vans. Aí, às sextas, entre onze e meia e duas da tarde, fazíamos nossas vendas. Durante toda a manhã eu ia aos canteiros de obras, ao meio-dia ou uma da tarde, aos aterros sanitários e fábricas, e às duas já tinha faturado meus 1 mil, 1,5 mil dólares do dia.

Quando Tommy chegou, vimos que trouxera apenas marcas caras. Tinha Chesterfield, Camel e Lucky Strike, mas nada do que a gente chamava de genéricas, as marcas menos cotadas como Raleigh, L&M e Marlboro. Jimmy me pediu para ir até Baltimore pegar as genéricas. Disse que se eu saísse naquele instante chegaria a tempo de conseguir um carregamento assim que os depósitos abrissem e estar de volta a tempo de vender minha parte antes do meio-dia. Eu tinha muitos fregueses que queriam marcas baratas, então concordei. Lenny, que me ajudava no carregamento, quis ir junto. Eu tinha cerca de seiscentos dólares do jogo de dados. Jimmy deu-me as chaves de um dos seus carros e Lenny e eu partimos.

Chegamos a Baltimore por volta da meia-noite. Os armazéns onde pegaríamos os cigarros só abririam às seis da manhã. Eu tinha estado lá antes e sabia que havia uma porção de boates de striptease ao longo da Baltimore Street. Lenny nunca tinha ido a Baltimore. Começamos a entrar nas espeluncas. Ouvimos um pouco de jazz. Numa das bibocas, umas vadias começaram a pedir que lhes pagássemos bebidas. Demos a elas refrigerantes de nove dólares e elas ficaram nos provocando. Por volta das duas ou três da manhã estávamos detonados. Acho que gastamos uns 150 dólares com essas duas garotas. Era óbvio que tinham gostado de nós. Diziam que o patrão delas estava vigiando, então não podiam sair com a gente, mas se esperássemos do lado de fora, nos fundos, elas se encontrariam conosco assim que estivessem liberadas. Lenny ficou excitadíssimo. Eu fiquei excitadíssimo. Fomos até os fundos e esperamos. Esperamos por uma hora. Por duas horas. Aí olhamos um para o outro e caímos na gargalhada. Não conseguíamos parar de rir. Fomos feitos de otários. Éramos dois paspalhos. Aí fomos de carro até os locais de coleta dos cigarros e esperamos abrir.

A próxima coisa de que me lembro é de alguém nos acordando às oito da manhã. Tínhamos perdido a hora. Agora estávamos duas horas atrasados tentando chegar ao destino às onze. Levamos quinhentos pacotes para o carro e não havia lugar no porta-malas. Tivemos de tirar o banco de trás e deixá-lo no atacadista. Dividimos três pacotes igualmente e pusemos um lençol sobre eles para que parecesse um banco traseiro. Começamos a viagem de volta. Conseguíamos chegar a 130, 150 quilômetros por hora em alguns trechos. Senti que se eu conseguisse recuperar quinze minutos aqui, dez ali daria para terminar a viagem a tempo.

Viemos bem até a Saída 14 da autoestrada, em Jersey City. Avistei o radar de velocidade e pisei fundo no freio. Tarde demais. Vi uma das viaturas sair do acostamento em direção a nós. Quando freei, os cigarros na parte de trás do carro foram arremessados para todo lado. Conforme o tira ia se aproximando, Lenny foi tentando rearrumar o lençol, mas não tinha muito jeito. O guarda pediu minha carteira de habilitação e documento do veículo. Disse a ele que o carro pertencia a um amigo meu. Continuei procurando pelo documento do carro, mas não conseguia achá-lo. O sujeito foi ficando impaciente e quis saber o nome do meu amigo. Eu não sabia em que nome o carro estava registrado, então nem isso eu pude informar. Era um Pontiac 1965 estalando de novo, e ele não acreditou que alguém tinha emprestado um carro desses a mim e eu nem soubesse o seu nome. Tentei enrolar, e finalmente dei o nome de um sujeito em cujo nome achei que o carro poderia estar, e mal falei o nome encontrei o documento, que claro, estava em nome de outra pessoa.

Agora o cara ficou desconfiado. Finalmente olhou para o interior da parte de trás do carro e viu os cigarros todos espalhados.

Chamou um carro de apoio e nos prenderam. Agora eu estava em apuros. Ia ter a honra de fazer o filho predileto de Paul Vario ir em cana pela primeira vez. Podia ouvir o barulho daqui. Disse aos tiras que nem conhecia Lenny. Que o havia encontrado na estrada e ele me pediu carona. Não funcionou. Prenderam nós dois. Lenny sabia o que fazer. Tinha sido treinado. Não falou nada além de seu nome. Não assinou nem perguntou nada. Chamei Jimmy, e ele providenciou o advogado e os fiadores.

Por volta das duas da tarde fomos levados à frente de um juiz local e cada um teve sua fiança estabelecida em 1,5 mil dólares. Nossos advogados e fiadores não tinham chegado, então nos levaram para o andar de cima. Recebemos nossos sacos de dormir e ficamos presos junto a uma porção de outros caras. Tínhamos alguns cigarros, demos aos caras e apenas nos sentamos e esperamos. Em mais ou menos uma hora ouvimos um guarda gritar: "Hill e Vario! Peguem suas coisas!". Estávamos livres, mas agora não eram os cigarros que me preocupavam. Estava preocupado com Paulie. E com Karen.

KAREN: Ele ligou e disse que tinha tido um pequeno problema. Acabou que ele e Lenny haviam sido presos pelo transporte de cigarros contrabandeados. Não era um crime sério, mas ele foi preso. Eu ainda achava que ele era pedreiro. Claro, eu sabia que ele estava fazendo algumas coisas que não eram totalmente certas. Quer dizer, alguns dos meus amigos e parentes costumavam comprar os tais cigarros. Ninguém reclamava, acredite. Lembro-me que uma vez Henry e seus amigos apareceram com algumas camisas italianas de tricô importadas. Tinham caixas delas. Havia quatro modelos diferentes em vinte cores, e todos nós passamos a nos vestir com camisas italianas de tricô por mais ou menos um ano e meio. Era algo em que todos os amigos de Henry, todas as suas respectivas namoradas, esposas e filhos estavam envolvidos. Éramos um grupo grande e todos gostávamos de sair apenas entre nós. Não havia ninguém de fora. Ninguém que não estivesse envolvido era jamais convidado a ir a lugar algum ou participar de qualquer coisa. E por fazermos todos parte daquela vida, logo aquele mundo começou a parecer normal. Festas de aniversário. Aniversários de casamento. Férias. Saíamos todos juntos e éramos sempre a mesma turma. Jimmy e Mickey e, depois, seus filhos. Paul e Phyllis. Tuddy e Marie. Marty

Krugman e Fran. Frequentávamos as casas uns dos outros. As mulheres jogavam cartas. Os homens tratavam de seus negócios.

Mas fiquei arrasada com sua prisão. Envergonhada. Nunca falei com minha mãe sobre isso. Mas ninguém mais na turma parecia se importar. A possibilidade de ser preso era algo concreto para qualquer um que vivia de tramoias. Nossos maridos não eram neurocirurgiões. Não eram banqueiros ou corretores da bolsa de valores. Eram trabalhadores braçais, e a única forma de conseguirem um dinheiro extra, dinheiro em quantidade, era indo à luta e dando seus jeitos, e isso significava tomar alguns atalhos.

Mickey Burke, Phyllis e muitas das outras mulheres viviam dizendo que aquilo era uma piada. Que nada iria acontecer. Que era apenas parte do negócio. Jimmy estava cuidando de tudo. Que tinha amigos até mesmo em Jersey City. Eu ia ver. Veria o quanto tinha sido boba de me preocupar com algo tão insignificante. Em vez de me preocupar eu devia estar me divertindo. Toda vez que eu perguntava a Henry como estava o andamento do seu caso, ele me respondia que Jimmy estava cuidando de tudo. Finalmente, um dia — ele devia estar em casa há algumas horas — ele me pergunta se eu me lembrava do incidente de Jersey. "O que aconteceu?", perguntei, bastante apreensiva, como uma Bette Davis encaminhando o marido para a cadeira elétrica. "Recebi uma multa de cinquenta dólares", ele disse. E gargalhou.

Recordando aquele tempo, eu era mesmo muito ingênua, mas também não queria pensar muito no que estava acontecendo. Não queria que minha mãe estivesse certa. Ela tinha estado em cima de mim desde que fugimos para nos casar. Ela sentia que Henry era ruim para mim, e quando soube que eu estava grávida de alguns meses teve um ataque. De manhã, à tarde e à noite eu ouvia histórias de que ele bebia muito, se metia com gente que não prestava, chegava tarde em casa e que não era um homem sério como meu pai. Ela não gostava da ideia de eu manter meu emprego de auxiliar de dentista depois de casada. Insistia que Henry me obrigou a manter o emprego por causa do dinheiro. Ficava me provocando todos os dias, e todos os dias eu o defendia dela. Nunca lhe daria a satisfação de estar certa, mas ela vigiava tudo o que ele fazia, e quando ele saía ela enumerava as coisas que ele fazia e de que ela não gostava: dormia até tarde; chegava em casa muito tarde; se metia em jogatina; bebia.

Estávamos casados havia pouco mais de um mês quando uma noite ele não voltou para casa. Já tinha voltado para casa depois da meia-noite algumas vezes, mas dessa vez já tinha passado muito da meia-noite e ele ainda não havia chegado. Não tinha sequer telefonado. Eu esperava por ele em nosso quarto no andar de cima. Minha mãe, como um tubarão farejando sangue, começou a me cercar. Estava deitada lá embaixo, mas aparentemente ficou acordada para ver a que horas Henry chegaria. Aposto que ficava acordada todas as noites para ver a que horas ele chegava. Quando deu uma da manhã, ela estava desperta. Às duas, bateu à minha porta. Às três, estávamos todos na sala de estar esperando por Henry.

A casa de meus pais tinha uma grande porta de entrada, e minha mãe, meu pai e eu ficamos sentados num semicírculo bem em frente a ela. "Onde ele está?", ela perguntou. "Seu pai nunca ficaria fora até essa hora sem dar um telefonema", disse. Meu pai era um santo. Nunca dizia uma palavra. Nos quarenta anos de casados, meu pai jamais passara a noite inteira fora de casa. Na verdade, ele raramente saía sem dizer à minha mãe aonde estava indo. Nunca perdeu o trem que deveria pegar, e quando ia de carro para o trabalho nunca se atrasava mais do que cinco ou dez minutos para chegar em casa. Aí passava parte da noite explicando como o trânsito estava ruim e como foi difícil chegar.

Ela continuava a ladainha. Ele não era judeu — o que podia eu esperar? Por volta das quatro da manhã, ela começou a gritar que estávamos mantendo meu pai de pé acordado. Que bom que ele não tinha de ir trabalhar de manhã. E a coisa foi seguindo num crescendo. Pensei que iria morrer.

Devia ser mais ou menos seis e meia da manhã quando ouvi o barulho de um carro parando. Estávamos todos sentados quietos na sala. Fomos sacudidos. Dei um pulo e olhei na janela. Não era o carro dele, mas o vi no banco de trás. Vi que o filho de Paulie, Peter Vario, estava na direção e que um dos filhos de Lenny Vario também estava no carro. Minha mãe já tinha aberto a porta da frente, e assim que ele pisou na calçada ela o interpelou. "Onde você estava? O que estava fazendo? Por que não telefonou? Estávamos todos mortos de preocupação! Um homem casado não fica fora de casa desse jeito!" Ela gritava com ele tão rápido e tão alto que eu não disse uma palavra. Só fiquei ali, de pé. Tinha dezenove anos e ele, 22, mas éramos muito crianças.

Lembro que ele parou, olhou para ela, olhou para mim e então, sem dizer uma palavra, voltou para o carro e partiu. Minha mãe ficou ali, parada. Ele tinha ido embora. Comecei a chorar. "Gente normal não vive dessa forma," ela falou.

HENRY: Estava tão bêbado aquela noite que tudo de que me lembro foi de sair do carro e ver a mãe da Karen de pé na varanda gritando comigo. Então estar casado é isso?, pensei, e me joguei de volta no carro. Fui dormir na casa de Lenny. Estava começando a entender que Karen e eu tínhamos de nos mudar. Esperei até mais tarde e liguei para Karen. Falei a verdade para ela. Tinha ido à despedida de solteiro do filho de Lenny, Peter. Levamos Petey para beber. Estávamos bebendo desde o início da tarde. Fomos ao Jilly's, ao Golden Torch, ao Rat Fink Room assistir ao comediante Jackie Kannon. Não contei a ela a respeito das prostitutas da Primeira Avenida, mas contei de nossa ida a um banho turco às duas da manhã para curar o porre e mesmo assim continuar tão bêbado a ponto de não conseguir dirigir até em casa.

Fomos jantar fora. Quando estacionei em casa para pegá-la ela correu porta afora antes que sua mãe pudesse ver que eu estava ali. Ter sua mãe como uma inimiga comum nos deixou mais próximos. Foi como nosso primeiro encontro.

KAREN: Alguns casamentos eram piores que outros. Alguns eram até bons. Jimmy e Mickey Burke foram bem-sucedidos. Bem como Paul e Phyllis. Mas nenhuma de nós sabia em que nossos maridos estavam metidos. Não estávamos casadas com homens convencionais. Quando partia para comprar os cigarros, por exemplo, eu sabia que a cada viagem ele ficaria fora alguns dias. Eu via a forma como todos os outros homens e suas mulheres viviam. Sabia que ele não estaria em casa todas as noites. Mesmo quando ficávamos juntos, eu sabia que nas noites de sexta ele ficaria fora com os amigos ou jogando cartas. Sexta-feira era sempre a noite do carteado. Mais tarde descobri que era também a noite das namoradas. Todos os que tinham uma namorada saíam com elas na noite de sexta.

Ninguém saía com suas esposas nas noites de sexta. As esposas saíam nas noites de sábado. Assim não havia o risco de um deles encontrar sem querer com a esposa de alguém quando estivesse com sua namorada. Num sábado Henry me levou ao Copa. Estávamos indo para nossa mesa quando vimos Patsy Fusco, gordo como um porco, sentado com sua namorada. Fiquei muito irritada. Eu conhecia sua mulher. Era minha amiga. Devia manter minha boca fechada? Não queria estar nessa situação. Então vi que Henry estava indo cumprimentar Patsy. Não pude acreditar. Ele ia me pôr numa saia justa. Me recusei a ir. Fiquei ali, parada entre as mesas no salão, e não arredaria pé, pelo menos em direção a Patsy. Henry ficou surpreso, mas percebeu que eu estava falando sério, então fez apenas um cumprimento de cabeça para Patsy e fomos para nossa mesa. São as pequenas coisas que revelam muito. Creio que por uma fração de segundo Henry ia falar com Patsy porque se esquecera de que estava comigo. Ele esqueceu que não era sexta-feira.

GoodFellas
OS BONS COMPANHEIROS

07

No começo dos anos 1950, o campo de golfe Idlewild, no Queens, foi convertido num gigantesco aeroporto de vinte quilômetros quadrados. Em poucos meses os criminosos locais do leste de Nova York, South Ozone Park, Howard Beach, Maspeth e de Rockaways conheciam cada rua secundária, área de carga, escritório de despacho, plataforma de carregamento e portão sem vigilância nas instalações. O aeroporto era uma extensa área aberta, o equivalente em tamanho à distância, na ilha de Manhattan, entre o Battery Park e a Times Square. Chegou para dar emprego a mais de 50 mil pessoas, tinha espaço de estacionamento para mais de 10 mil carros e uma folha de pagamento de mais de meio bilhão de dólares por ano. Mafiosos que mal sabiam ler aprenderam sobre conhecimentos de embarque, listas de expedição e faturas comerciais. Descobriram que as informações sobre cargas valiosas estavam disponíveis em mais de uma centena de arquivos sem qualquer vigilância, acessados por despachantes no prédio da Alfândega norte-americana. Era uma estrutura de dois andares administrada de forma caótica e sem nenhuma segurança, localizada a pouco mais de um quilômetro e meio dos terminais principais. Lá, agentes de cargas, operadores, escriturários e funcionários da Alfândega lidavam diariamente com o excesso de burocracia exigida para despachos internacionais. Havia mais de quarenta despachantes empregando uns duzentos operadores, muitos deles trabalhadores em meio expediente, então não era difícil pegar das prateleiras dados sobre encomendas ou copiar informações envolvendo cargas valiosas e passá-las a quem tivesse interesse.

No início dos anos 1960, quando um total avaliado em 30 bilhões de dólares em carga circulava pelo aeroporto Kennedy, o desafio de aliviar as companhias aéreas de suas cargas e as transportadoras de seus caminhões havia se tornado o passatempo principal para os mafiosos locais. Jimmy Burke era o rei. Peles, diamantes, títulos negociáveis e até mesmo armas eram furtados ou roubados do aeroporto por Burke e seu bando o tempo todo.

A informação era canalizada para Jimmy de cada canto do aeroporto. Operadores de carga que deviam a agiotas sabiam que poderiam quitar seus compromissos com uma dica sobre uma carga valiosa. O motorista de um caminhão da Eastern Airlines em débito com um dos corretores de apostas de Jimmy aceitou "deixar cair sem querer" alguns malotes do correio ao longo da estrada, num trajeto que ia da área de carga do avião até a agência dos correios. Acabou que os malotes continham 2 milhões de dólares em espécie, ordens de pagamento e ações. O aeroporto também era um lugar ideal para se usar cartões de crédito roubados na compra de passagens aéreas de milhares de dólares, que depois podiam ser trocadas por dinheiro com reembolso total ou vendidas com 50% de desconto para quem quisesse comprar. Os clientes eram geralmente homens de negócios e celebridades do mundo do entretenimento cujos custos de viagem eram altos. O empresário de Frank Sinatra Jr., Tino Barzie, era um dos melhores clientes do bando. Barzie, cujo nome verdadeiro é Dante Barzottini, comprou mais de 50 mil dólares em passagens pela metade do preço e depois usava-as para levar pelo país inteiro Sinatra e um grupo de oito pessoas que o acompanhavam. Barzie acabou preso e condenado.

Incidentes envolvendo furtos eram ocorrências diárias no aeroporto, e aqueles desavisados que denunciavam o acontecido eram rotineiramente assassinados, quase sempre poucos dias depois de irem à polícia. Policiais corruptos que faziam parte da folha de pagamento de Jimmy Burke o informavam acerca de informantes e potenciais testemunhas. Os corpos, às vezes doze por ano, eram encontrados estrangulados, amarrados e crivados de tiros dentro das malas de carros roubados e abandonados nos estacionamentos de longa permanência que circundavam o aeroporto. Junto a Henry Hill, Tommy DeSimone, Angelo Sepe, Skinny Bobby Amelia, Stanley Diamond, Joey Allegro e Jimmy Santos, um ex-policial que cumprira pena por assalto à mão armada e decidiu juntar-se aos bandidos, Jimmy Burke elevou o roubo ao aeroporto a uma forma de arte.

De vez em quando um bandido sabichão descobre um campo em particular no qual ele se destaque e se delicie. Para Jimmy Burke era roubo de cargas. Ver Jimmy Burke rasgando as caixas de papelão de um caminhão recém-roubado era como observar um menino guloso no Natal. Ele ia destruindo as caixas roubadas até que sua sede de possuir e tocar cada um dos itens roubados fosse saciada. Depois vasculhava dentro dos caixotes, batia em suas laterais, cheirava o ar dentro deles, erguia-os nos braços e começava a descarregá-los dos caminhões, mesmo que sempre contratasse caras da vizinhança para o trabalho pesado. Quando Jimmy estava descarregando um caminhão havia quase que um contentamento santo brilhando em seu rosto banhado de suor. Henry sempre achou que seu amigo Jimmy nunca fora tão feliz como quando ao descarregar um caminhão recém-roubado.

Além de seu talento nato para ganhar dinheiro, Jimmy Burke era também um dos homens mais temidos dentro do crime organizado da cidade. Tinha a reputação de violento que remontava aos seus primeiros anos na prisão, quando dizia-se que ele havia cometido assassinatos para chefões da Máfia que estavam presos com ele à época. Seu temperamento explosivo aterrorizava alguns dos homens mais aterrorizantes da cidade, e as histórias a seu respeito faziam tremer até mesmos seus amigos. Ele parecia possuir uma estranha combinação de generosidade e um furor por homicídios. Uma vez disseram que Jimmy dera 5 mil dólares à mãe idosa e pobre de um jovem marginal. Diziam que o filho da mulher devia o dinheiro a ela mas recusava-se a pagar. Parece que Jimmy ficou tão irritado com esta falta de consideração com a maternidade que deu os 5 mil à mulher pela manhã, alegando que vinha do seu filho, e depois matou o rapaz antes do entardecer. Em 1962, quando Jimmy e Mickey decidiram se casar, ele descobriu que Mickey estava sendo importunada por um antigo namorado que ficava telefonando, chamando por ela na rua aos gritos e dando voltas em torno de sua casa com o carro durante horas a fio. No dia em que Jimmy e Mickey Burke se casaram a polícia encontrou os restos mortais do outrora namorado de sua esposa. O corpo havia sido cortado em diversos pedaços e espalhado por todo o interior de seu carro.

Mas foi o talento de Jimmy para ganhar dinheiro que com certeza deu a ele um lugar no coração dos chefões da Máfia. Ele era tão extraordinário que, num gesto sem precedentes, a família mafiosa Colombo no Brooklyn e a família Lucchese no Queens negociaram para dividir seus serviços. A noção de duas famílias italianas reunirem-se para negociar os serviços de um irlandês só fez contribuir para a lenda de Burke.

Entretanto, nenhum de seus amigos nunca soube muita coisa a seu respeito. Na verdade, nem mesmo Jimmy sabia muito sobre si. Nunca soube quando nem onde nasceu e nunca soube quem foram seus verdadeiros pais. De acordo com os registros da Manhattan Foundling Home, ele nasceu em 5 de julho de 1931, filho de uma mulher chamada Conway. Aos dois anos foi considerado uma criança abandonada e inserido no programa de adoção da Igreja Católica Romana. Nos próximos onze anos trocou de lares adotivos dezenas de vezes, onde, psiquiatras do serviço social mais tarde revelariam, fora espancado, abusado sexualmente, mimado, enganado, negligenciado, xingado, trancado em armários e até bem tratado por tantos casais de pais temporários que teve uma enorme dificuldade para se lembrar de mais do que alguns dos seus nomes e rostos.

No verão de 1944, aos treze anos, Jimmy estava num carro com seu mais recente casal de pais adotivos. Quando começou a fazer pirraça no banco de trás, seu pai adotivo, um homem rígido e com temperamento explosivo, virou-se para estapeá-lo. O carro repentinamente perdeu o rumo, bateu e matou o homem na hora. A mãe adotiva de Jimmy culpou-o pela morte do marido e passou a bater nele com frequência, mas o órgão de assistência à infância carente recusou-se a mandar Jimmy para outro lar adotivo. Jimmy passou a fugir e a se meter em confusão. Dois meses após o acidente, Jimmy foi preso por delinquência juvenil. Foi acusado de promover desordem num parque de recreação no Queens. A acusação mais tarde foi retirada, mas no ano seguinte, com catorze anos, foi acusado de invadir uma casa perto de seu lar adotivo e roubar 1,2 mil dólares em dinheiro. Foi levado para o reformatório Mount Loretto, uma prisão para menores sem recuperação, em Staten Island. O objetivo era dar aos jovens a mesma sensação de isolamento como Alcatraz dava em adultos incontroláveis. Na realidade, cumprir pena em Mount Loretto era quase uma honraria para os garotos com os quais Jimmy Burke tinha começado a conviver.

Em setembro de 1949, após incontáveis surras e prisões feitas pela polícia e depois de inúmeras privações em várias prisões para menores, incluindo Elmira, Jimmy foi preso por tentar dar um golpe de 3 mil dólares com cheques falsificados num banco no Queens. Por conta de sua pouca idade e aparência inocente Jimmy costumava ser usado como um "portador" por Dominick Cerami, um bandido de Bensonhurst, no Brooklyn, que liderava uma gangue de especialistas em sacar cheques em bancos.

Em uma sala do segundo andar da 75ª Delegacia no Queens, detetives algemaram as mãos de Jimmy para trás e começaram a socá-lo no estômago na tentativa de obrigá-lo a implicar Cerami no esquema. Jimmy aguentou a surra e recusou-se a falar. Pegou cinco anos em Auburn por falsificação bancária. Tinha dezoito anos. Foi sua primeira vez numa prisão para adultos. No dia que entrou em Auburn, uma gigantesca fortaleza de pedra e portões de ferro localizada numa faixa de gelo no interior do estado de Nova York, Jimmy foi saudado por mais de uma dezena dos mais violentos presos. Estavam à espera de sua chegada na área de recepção da prisão. Dois dos homens se aproximaram dele. Eram amigos de Dominick Cerami, e estavam gratos pelo que ele havia feito por Cerami. Disseram-lhe que se tivesse qualquer problema em Auburn era só falar com eles. Jimmy Burke encontrara a Máfia. "O que você tem de entender a respeito de Jimmy é que ele amava roubar. Era sua vida. Acho que se você oferecesse a ele bilhões de dólares para não roubar, ele recusaria e depois tentaria arrumar um jeito de roubar esse dinheiro de você. Era a única coisa de que ele gostava. O que o mantinha vivo. Quando criança roubava sua comida. Roubava bêbados. Vivera todos esses anos nas ruas até ser pego e levado ao orfanato. Depois foi para outro lar adotivo ou para um reformatório até fugir de novo. Costumava dormir em carros estacionados. Era um menino. Conhecia alguns lugares atrás do Aqueduto onde podia dormir e se lavar. Entre os dezesseis e 22 anos Jimmy só estivera fora da prisão num total de 86 dias. Passou a infância atrás das grades, foragido e roubando. Acabou que as grades não o incomodavam. Para ele não faziam a menor diferença. Ele nem mesmo as via. Ele era resistente.

"Em 1970 Jimmy dominava o roubo de cargas no aeroporto Kennedy. Claro que ele tinha o consentimento de Paulie, mas era Jimmy quem decidia o que e quais carregamentos e caminhões valiam a pena roubar. Era Jimmy que escolhia a equipe para cada serviço, que listava as receptações e onde seriam descarregadas.

"Você tem que entender que nós crescemos perto do aeroporto. Tínhamos amigos, parentes, todo mundo que conhecíamos trabalhava no aeroporto. Para nós, e especialmente para caras como Jimmy, o aeroporto era melhor que o Citibank. Toda vez que Jimmy precisava de dinheiro ele ia ao aeroporto. Ele sempre sabia o que estava chegando e o que estava sendo enviado. Era como a loja de departamentos do bairro. Entre roubo de carga e de caminhões, o aeroporto Kennedy era um tremendo gerador de riqueza e de empregos. Tínhamos gente trabalhando nas companhias aéreas, na Alfândega, tínhamos equipes de limpeza e trabalhadores da manutenção, guardas de segurança, garçons e garçonetes nos restaurantes e motoristas e despachantes trabalhando para as empresas de transportes ligadas às companhias aéreas. Era tudo nosso.

"Às vezes um gerente de transportadora ou chefe de seção suspeitava que um de seus empregados estava nos dando informações e tentava demiti-lo. Se isso acontecesse, falávamos com Paulie, que falava com Johnny Dio, que controlava os sindicatos, e o cara sempre continuava no emprego. O sindicato formalizava uma queixa. Ameaçava uma paralisação. Ameaçava encerrar as atividades da transportadora. Logo, logo as transportadoras entenderam o recado e deixaram que as companhias de seguros arcassem com o prejuízo."

Em 1966, aos 23 anos, Henry Hill fez seu primeiro sequestro e roubo de carga. Não foi realmente um sequestro, já que os caminhões estavam guardados em uma garagem e não trafegando pela estrada quando foram assaltados, mesmo assim foi um crime grave. Jimmy Burke convidou Henry para participar do crime. Jimmy ficara sabendo de três caminhões de carga lotados de aparelhos domésticos que estavam sendo guardados durante o fim de semana em uma das garagens de caminhões de carga do lado de fora do aeroporto. Ele também tinha um comprador, um amigo de Tuddy Vario, que iria pagar 5 mil dólares por caminhão.

Como era de hábito, Jimmy tinha ótimos informantes. A garagem tinha pouquíssima segurança, e nas noites de sextas-feiras havia apenas um vigia idoso de plantão. Sua função era apenas evitar vandalismo da garotada. Na noite do roubo Henry não teve a menor dificuldade em fazer com que o vigia abrisse o portão. Apenas disse ao homem que havia deixado o cheque do salário em um dos caminhões. No momento em que o portão se abriu, Henry esticou o dedo nas costas do homem. Depois amarrou-o a uma cadeira dentro de um galpão. Jimmy sabia onde as chaves eram guardadas e onde os caminhões estavam estacionados. Em poucos minutos Henry, Jimmy e Tommy DeSimone estavam dirigindo os caminhões pelas estradas de Canarsie a caminho da Flatlands Avenue, onde Tuddy e os receptadores estavam à espera. Simples assim. Foram os 5 mil dólares mais fáceis que Henry jamais havia ganho. Em uma hora, ele, Jimmy e Tommy estavam a caminho de Vegas para o fim de semana. Naquele mesmo dia, mais cedo, Jimmy havia feito reservas para os três com nomes falsos.

"A maioria das cargas roubadas já estava vendida antes de ser roubada. Eram roubos de encomenda. Sabíamos o que queríamos e para onde a carga iria antes de fazer o serviço. Costumávamos fazer de dois a três serviços por semana. Às vezes fazíamos dois por dia se precisássemos muito de dinheiro. Acordávamos de manhã e íamos até o Robert's, no Lefferts Boulevard, em South Ozone Park, um bar onde Jimmy tinha seus contatos. O Robert's era perfeito. Havia três mesas de carteado, uma mesa oficial para jogo de dados e corretores de apostas e agiotas em número suficiente para suprir todo o movimento da cidade. Havia garçonetes que bebiam Sambuca pela manhã. Tinha o 'Stacks' Edwards, um negro especialista em roubar cartões de crédito que queria fazer parte da '*May-fia*' — como ele chamava a Máfia. Tocava blues em seu violão aos fins de semana. Era um ponto de encontro para motoristas de caminhão, operadores de frete, despachantes de cargas e funcionários do aeroporto viciados na jogatina e que eram capazes de detonar os salários que recebiam na sexta-feira antes do amanhecer de sábado. Mas uma dica sobre grandes cargas poderia compensar muitos salários e resgatar muitos IOUS.[1] O Robert's também era bem conveniente. Ficava ao lado da rodovia Van Wyck e a poucos minutos da área de cargas do Kennedy, da Pista de Corridas do Aqueduto, do novo escritório de Paulie Vario num trailer na Flatlands Avenue, do ferro-velho Bargain e dos tribunais do condado do Queens, onde conseguíamos nossos adiamentos de sentença.

"Os clientes eram sempre comerciantes varejistas legais à procura de mercadoria roubada. Havia também um gigantesco exército de receptadores, que compravam nossas cargas e depois as vendiam para donos de lojas, ou a mercadoria roubada ia diretamente para as traseiras de seus caminhões, para os portões de fábrica ou para uma imensa lista de clientes que vendiam eles mesmos o roubo no varejo para seus parentes ou para as pessoas com as quais trabalhavam. Éramos uma indústria de grande porte.

"Muitos de nossos serviços eram chamados de 'de acordo' — em vez de assaltos — o que significava que o motorista fazia parte da armação. Por exemplo, você tem o motorista que deixa o aeroporto com uma carga de seda no valor de 200 mil dólares. Um valor mediano, mas de boa qualidade. Em algum ponto ao longo da estrada ele faz uma parada para tomar

---

[1] Sigla em inglês para *"I owe you"*, "Eu devo a você", uma espécie de promissória reconhecendo um débito.

um café e sem querer deixa as chaves na ignição. Quando termina o café ele descobre que o caminhão sumiu, então comunica logo o roubo à polícia. Os caras 'de acordo' eram os sujeitos que nós sempre tínhamos de pedir a Johnny Dio para proteger quando seus patrões tentavam demiti-los.

"Os caras armados, que ficavam responsáveis pelo roubo das cargas, recebiam um valor fixo. Ganhavam uns 2 mil apenas para enfiar uma arma na cara do motorista, fosse o roubo valioso ou insignificante, estivesse o caminhão cheio ou vazio. Eles eram como bandidos de aluguel. Não entravam no rateio do butim. Na verdade, até Jimmy, que contratava a maioria dos caras que praticavam os assaltos, não entrava na partilha da venda final dos produtos roubados. Na maioria das vezes, vendíamos a carga fatiada para compradores variados, atacadistas, distribuidores e donos de lojas de artigos populares, que conheciam o mercado e pontos de escoamento onde podiam conseguir preços próximos aos do varejo.

"Num roubo de cargas padrão nós sabíamos o número do caminhão, o que estava levando, quem o dirigia, aonde estava indo e como desabilitar os equipamentos de segurança, tais como os alarmes de fechaduras triplas e as sirenes. Normalmente seguíamos o motorista até ele parar num semáforo. Nos certificávamos de que ele não estava sendo seguido por algum comboio de apoio. Usávamos dois carros, um à frente dele e um atrás. No semáforo um dos caras — geralmente Tommy, Joey Allegro ou Stanley Diamond — enfiava uma arma na cara do motorista e o levava para nosso carro enquanto outros guiavam o caminhão até o local do descarregamento. Tommy sempre levava sua arma dentro de um saco de papel marrom. Ao caminhar pela rua parecia que trazia para você um sanduíche e não um .38.

"A primeira coisa que Jimmy fazia com o motorista era pegar sua carteira de motorista ou fingir que copiava seu nome e endereço. Fazia questão de mostrar que sabíamos onde ele morava e que iríamos pegá-lo se ele ajudasse a polícia a nos identificar. Aí, após deixar o sujeito se borrando de medo, ele sorria, mandava-o relaxar e aí enfiava a nota de cinquenta dólares na carteira do cara. Nunca nenhum motorista foi até os tribunais para testemunhar contra ele. Houve alguns poucos que morreram por tentar.

"Um roubo de cargas normal, incluindo descarregar o caminhão, levava algumas horas. Jimmy sempre tinha a informação do local de descarga com antecedência. Costumava ser num depósito legal ou numa transportadora. O sujeito responsável pelo depósito depois fingia que não sabia o que estava se passando. Jimmy só chegava com a mercadoria e descarregava. Ele pagava os funcionários do depósito 1,5 mil dólares por descarga, e às vezes tínhamos de ficar lá armazenando a mercadoria durante a madrugada. Alguns donos de depósitos recebiam de nós 5 mil dólares por semana. É muito dinheiro. Tínhamos nossos descarregadores, que recebiam em torno de cem dólares por dia. Eram caras das redondezas que nós conhecíamos e confiávamos, e trabalhavam como burros de carga. Quando o caminhão ficava vazio nós o abandonávamos e dizíamos ao cara que ficou tomando conta do motorista para soltá-lo. Os motoristas, via de regra, eram deixados em algum ponto da rodovia em Connecticut.

"Entrei para o roubo de cargas porque tinha fregueses que queriam a mercadoria. Eu era um bom vendedor. Desde o início Jimmy me disse que eu deveria começar a usar algumas das mesmas pessoas que compravam meus cigarros para que comprassem um pouco da carga roubada. Mas eu já mirava os grandes compradores. Eu conhecia um atacadista dono de uma rede de drogarias em Long Island. Ele ficava com quase tudo que eu tinha. Lâminas de barbear. Perfumes. Cosméticos. Tinha um cara na fábrica de lâminas de barbear da marca Schick, em Connecticut, que contrabandeava caixas de lâminas para mim para que eu as revendesse com 20% de desconto no atacado. Quando o negócio ia bem, eu faturava entre setecentos e mil dólares por semana só em lâminas de barbear. Eu tinha um negociante de peles que comprava caminhões delas a um bom preço. Vison. Castor. Raposa. Eu tinha Vinnie Romano, que liderava um sindicato no mercado de peixes de Fulton e comprava todo o camarão congelado e lagostas que eu trazia, e sempre abastecíamos os bares e restaurantes com bebida roubada a um custo abaixo de metade do preço.

"Era de tirar o fôlego. Nenhum de nós tinha visto tantas oportunidades de se ganhar dinheiro antes. As mercadorias chegavam diariamente. Às vezes eu ia até a casa de Jimmy e ela mais parecia uma loja de departamentos. O porão de Robert ficava tão abarrotado com produtos que mal tinha espaço para se jogar cartas. Operadores de fretes e carregadores costumavam nos trazer as mercadorias todos os dias, mas mesmo assim achávamos que tínhamos de sair e assaltar uns caminhões por conta própria. Para nós, ficar apenas esperando pelos carregamentos parecia um desperdício.

"E por que não? Roubos de cargas eram tão públicos que nós costumávamos entregar a mercadoria a receptadores a céu aberto. Um dos lugares onde eu costumava ir com Jimmy e Paulie era o Bamboo Lounge, um clube noturno sofisticado no Rockaway Boulevard, muito próximo ao aeroporto. O dono era Sonny Bamboo, mas sua mãe tomava conta da caixa registradora. Um tanto velhinha, ficava no caixa de manhã à noite. O nome verdadeiro de Sonny Bamboo era Angelo McConnach, e era cunhado de Paulie. O lugar era decorado para parecer uma boate como dos filmes, com banquetas de acolchoamento de zebra, bancos de bar e palmeiras em vasos espalhadas por toda parte. Não importava a hora em que você chegasse, sempre parecia que era madrugada. A boate de Sonny Bamboo era uma espécie de supermercado para os produtos roubados do aeroporto. Era tão bem protegida por políticos e por toda a polícia que ninguém ousava nem fingir que não era o que realmente era. Era como uma Bolsa de mercadorias para produtos roubados. Do lado de fora ficavam os carrões estacionados em fila dupla e lá dentro os caras gritavam, bebiam e anunciavam o que preferiam comprar ou precisavam que fosse roubado. Receptadores vindos de toda parte da cidade costumavam aparecer pela manhã. Charlie Flip controlava a maioria dos negócios e costumava comprar e vender vários 'iglus', uns contêineres de metal para transporte das mercadorias roubadas. Havia corretores de seguros, caminhoneiros, representantes de sindicatos, atacadistas, donos de lojas populares, todos os que queriam lucrar com um bom negócio.

"Era como um livre mercado. Havia uma longa lista de itens com grande demanda, e você ainda podia conseguir preços melhores se tivesse a carga certa. Essa era outra razão para se ir à luta e assaltar um caminhão em vez de esperar por alguém que roubasse a carga para você. Roupas, frutos do mar, tecidos e cigarros ficavam no topo da lista. Depois vinha café, discos e fitas cassete, bebidas, televisores e rádios, utensílios de cozinha, carne, sapatos, brinquedos, joias e relógios, e assim por diante, até esvaziarem-se os caminhões. Quando ações e títulos roubados estavam no auge, costumávamos ter uns camaradas de Wall Street em toda parte comprando ações ao portador. Eles as vendiam no exterior, onde os bancos não sabiam que eram roubadas, e depois usavam as ações legais como garantia em empréstimos aqui no país. Uma vez que as ações roubadas fossem aceitas como garantia, ninguém nunca mais checava de novo seus números de série. Estamos falando de milhões de dólares em garantias para sempre. Mas nesses negócios fomos roubados. Naquela época não fazíamos a menor ideia do funcionamento de garantias de empréstimos no exterior. Os banqueiros nos ludibriaram. Ganhávamos uma miséria por cada dólar lavado."

Durante os anos 1960 e início dos anos 1970, o roubo de carga era um negócio gigante. Quase ninguém ia preso. As companhias aéreas prefeririam subestimar suas perdas e receber o dinheiro do seguro a terem de assumir o custo, atrasos e inconveniência por um seguro adicional. As transportadoras diziam que eram impotentes para enfrentar o sindicato, e o sindicato insistia que as companhias aéreas eram as responsáveis porque se recusavam a gastar mais para salvaguardar seus motoristas. Para piorar a situação, os legisladores do estado de Nova York nunca se debruçaram sobre o assunto para enquadrar o crime de roubo de cargas. Quando eram pegos, esses assaltantes tinham de ser enquadrados em outros crimes, tais como sequestro, assalto, posse de arma ou posse de mercadoria roubada. E poucas dessas acusações iam adiante.

De acordo com um estudo dos anos 1960 do Comitê Misto Legislativo contra o Crime no estado de Nova York, ao menos 99,5% das prisões por roubo de cargas resultaram nas condenações sendo rejeitadas, ou nos acusados recebendo pequenas multas, ou tendo as penas suspensas. Durante um ano, o comitê listou 6,4 mil prisões por posse criminosa de produtos roubados e descobriu que havia apenas 904 indiciamentos, 225 condenações e apenas trinta pedidos de prisão pelo estado. Um estudo de caso do comitê acerca de oito acusados presos à época pela posse de mais de 100 mil dólares em roupas femininas roubadas observou que cada acusado recebeu uma multa de 2,5 mil dólares e foi posto em liberdade condicional pelo juiz da Suprema Corte de Nova York Albert H. Bosch. Todos os homens faziam parte do bando que frequentava o Robert's Lounge e trabalhavam para Jimmy Burke e Paul Vario. Durante os cinco anos seguintes, enquanto os oito homens continuavam em liberdade condicional, foram presos mais dezessete vezes sob uma variedade de acusações, incluindo assalto, posse de objetos roubados e invasão de domicílio. Mas mesmo assim, e apesar do fato de agentes de reinserção social terem recomendado que fossem iniciadas audiências por violação de condicional, o juiz Bosch manteve a liberdade condicional para os homens. Posteriormente ele disse que não podia tomar uma decisão definitiva com relação à violação da condicional até que a culpa ou a inocência dos acusados fosse determinada.

Afinal, Henry foi interrogado tantas vezes pela polícia e tornou-se tão familiar com o processo e suas falhas que não se preocupava mais em ser preso. É claro que ele tentava não ser pego. Não valia a pena. Você tinha de pagar os advogados e os fiadores, tinha de subornar a polícia e as testemunhas, e às vezes, até os promotores e juízes. Mas quando era preso Henry não ficava particularmente preocupado com o acréscimo de mais uma acusação àquelas já pendentes contra ele. O que o preocupava de verdade era se seu advogado era competente o suficiente para mascarar as provas no tribunal de um jeito que diminuísse o número de dias em que ele se afastaria dos negócios para se apresentar perante a corte. Comparecer ao tribunal e encarar acusadores e policiais não era uma experiência tão angustiante como seria para os outros; para Henry e a maioria de seus amigos, era mais ou menos como ir à escola para as crianças. De vez em quando eram forçados a comparecer, mas a experiência deixava-lhes pouca ou nenhuma marca. Gastava-se mais tempo pensando onde almoçar do que em questões relativas ao tribunal.

"Não havia motivo para preocupação. Durante os meses e anos que antecediam os julgamentos você só tinha de ficar dando dinheiro ao seu advogado para que ele o mantivesse do lado de fora o tempo suficiente para que você, ele ou um dos amigos dele desse um jeito no caso. Era só isso a se fazer. Você permanecia do lado de fora e ganhava o máximo de dinheiro que pudesse para que essas verdinhas garantissem sua saída. Nunca estive num caso em que alguém não fosse cooptado. São apenas negócios. Geralmente o advogado tem os contatos que podem ajudá-lo a manter-se livre sob fiança o tempo que você quiser. Podem evitar que você cruze com algum juiz durão que vá mandá-lo à prisão ou que acelere o processo. E, ainda, você tem os detetives particulares que trabalham para os advogados. Quase sempre são ex-policiais, e muitas vezes você os conhece da época em que os subornava nas ruas. Eles têm bons contatos com os tiras, e acertos podem ser feitos de forma que um testemunho ou prova sejam modificados minimamente, o suficiente apenas para criar um pequeno furo através do qual seu advogado poderá ajudá-lo a escapar. Mas mesmo que nada disso funcione e você tenha de ir a julgamento, você sempre tenta se aproximar do júri.

"Todo mundo se aproxima do júri. Faz parte do negócio e é fácil. Durante a escolha dos jurados, por exemplo, seu advogado pode descobrir algo a respeito de um membro do júri — onde ele trabalha, mora, a situação de sua família. Esse tipo de assunto pessoal. O 'onde ele trabalha' era o que mais me interessava. Onde o sujeito trabalha significa que emprego ele tem, e isso quase sempre significa sindicatos, e este é o lugar mais fácil de se aproximar. Todo o bando e os advogados, os detetives particulares e todo mundo que você conhece vão todos checar essa lista. Eu conheço esse cara. Eu conheço o chefão do sindicato aqui. Eu conheço o delegado sindical. Eu conheço o representante. Eu conheço um cara que trabalha com o irmão desse cara aqui. Pouco a pouco você se aproxima mais e mais do sujeito, até que você vai até alguém que pode confiar, que pode ir até alguém que ele pode confiar, e você fecha o negócio. Não tem mistério. Eram apenas negócios. Tudo o que você realmente queria era correr com tudo para poder voltar ao aeroporto e roubar um pouco mais."

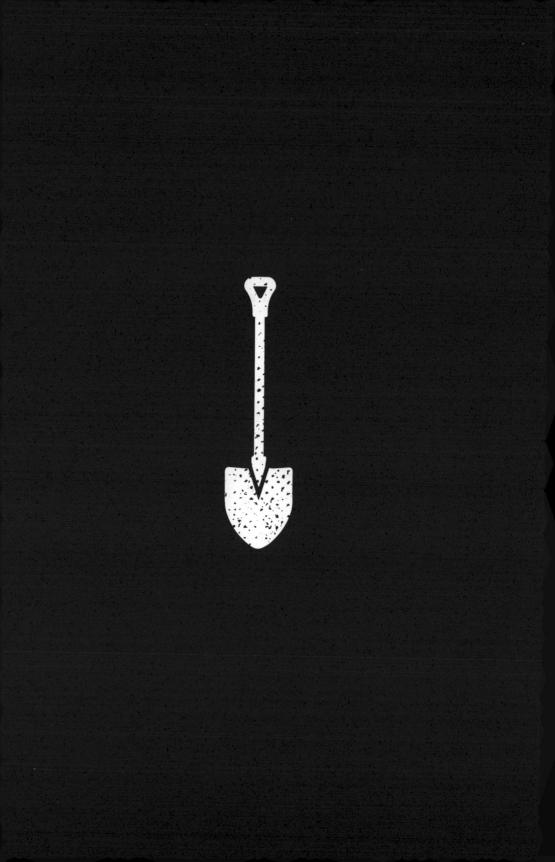

GoodFellas
OS BONS COMPANHEIROS

08

O primeiro levantamento sobre roubos de cargas no aeroporto Kennedy foi divulgado em outubro de 1967; ele revelou que 2,2 milhões de dólares em cargas haviam sido roubados durante os dez meses anteriores. Este montante não incluía as centenas de roubos de cargas cometidos do lado de fora do aeroporto, nem incluía os roubos abaixo de mil dólares. O total também não incluía 2,5 milhões em ações não negociáveis roubadas da Trans World Airlines. Os 2.245.868 dólares em cargas roubadas durante o período de dez meses haviam sido retirados de dentro de compartimentos de estocagem e salas de segurança do Centro de Carga Aérea. Naquele tempo, o Centro de Carga Aérea era a maior instalação dessa categoria em todo o mundo. Era um complexo de treze prédios de depósitos e rampas para carregar caminhões espalhados em mais de 64 hectares. Os espaços nos prédios eram alugados a 28 companhias aéreas, agências de envio aéreo expresso, despachantes aduaneiros, serviços de inspeção federal e empresas de carretos. Cada uma das companhias aéreas mantinha seus próprios objetos de valor em salas de segurança especialmente guardadas, algumas delas revestidas de aço ou blocos de concreto, outras por gaiolas de arame. Além disso, todas elas tinham seus próprios vigilantes ou contratavam agências de detetives particulares para proteger por 24 horas seguidas os valores guardados.

Além da equipe de segurança de cada companhia aérea, a Autoridade Portuária possuía 113 policiais de serviço durante o dia. Também havia inspetores alfandegários, agentes do FBI e policiais da 103ª Delegacia fazendo rondas pelas instalações com uma boa regularidade. Mas durante o período de dez meses apontado pelo levantamento, 45 roubos vultosos foram cometidos lá, incluindo roupas, lingotes de paládio, pérolas, relógios, instrumentos musicais, bombas hidráulicas, cigarros, discos de vinil, remédios, perucas e diamantes — e 480 mil dólares em dinheiro vivo, que foram roubados no sábado, 8 de abril, pouco antes da meia-noite, da sala de segurança trancada e vigiada que ficava dentro do prédio de cargas da Air France.

"A Air France fez minha independência. Ninguém nunca tinha tirado essa quantidade de dinheiro do aeroporto antes, e eu fiz isso sem usar uma arma. Tudo começou por volta do fim de janeiro, em 1967. Eu vendia cigarros no aeroporto. Fazia uma rota regular, e uma das minhas melhores paradas era no desembarque de cargas da Air France. Bobby McMahon, o chefe de cargas, era um dos meus melhores clientes. Ele também costumava aparecer com mercadorias uma vez ou outra, e comprávamos perfumes, roupas e joias dele. Bobby McMahon trabalhava na Air France por tanto tempo que o apelido dele era "Frenchy", e não havia muita coisa a respeito de operação de carga que ele não soubesse. Ele sabia, só de olhar para os documentos de carga e requisições de trânsito de fretes, o que estava chegando e o que estava saindo. Uma vez que ele coordenava toda a operação à noite, podia ir aonde quisesse e pegar o que quisesse. Ninguém vigiava ninguém lá mesmo, mas Frenchy tinha *carte blanche*. Uma vez ele apareceu com uma pequena caixa de 60 x 120 cm contendo vestidos de seda, que Jimmy descarregou no setor de vestuário por 18 mil dólares e pelos quais Frenchy recebeu uma parte. Frenchy sempre recebia uma parte de tudo o que nos trazia ou nos indicava.

"Então um dia eu estava lá e Frenchy me contou sobre o dinheiro que estava para chegar. Ele disse que estavam construindo uma nova sala-forte com blocos de cimento onde antes era a velha sala com a gaiola de ferro, e nesse meio tempo eles estavam guardando todas as mercadorias de valor no escritório de carga, logo na entrada do depósito. Frenchy disse que o dinheiro ficava em pacotes de 60 mil dólares guardados, em malotes de brim brancos e com grandes lacres vermelhos por cima das abas laterais. Ele disse que normalmente três ou quatro desses sacos de brim eram trazidos por aviões vindos do exterior e que esses sacos eram sempre retirados de manhã por carros-fortes. Três ou quatro caras armados podiam pegar a carga com facilidade.

"Fiquei muito empolgado. Peguei o carro, fui até o Robert's e contei a Jimmy. Ele sabia que a informação de Frenchy era valiosa, então naquele fim de semana Raymond Montemurro, seu irmão Monte, Tommy DeSimone e eu estudamos como faríamos o roubo. Johnny Savino e Jimmy esperariam por nós na casa de Jimmy. Como era de hábito, alugamos carros e pusemos placas falsas neles. Fomos direto para o escritório de carga e logo vimos que havia gente demais. Devia ter por volta de 25, trinta pessoas circulando por ali. Nos entreolhamos e tentamos descobrir uma forma de juntar todos os sacos, mas não tinha jeito. O escritório ficava logo adiante, mas por trás de uma plataforma de carga havia um armazém inteiro com mercadorias dispostas em paletes, caixotes e caixas empilhados até o teto. Havia muita atividade e muita coisa acontecendo sobre as quais não tínhamos controle. Decidimos desistir do assalto. Tínhamos todos dado uma olhada nos malotes. Estavam todos empilhados contra a parede onde estavam construindo a sala-forte. Todos aqueles lindos saquinhos cheios de dinheiro. Só a visão daquilo me deixava louco. Era tão bom que não queríamos estragar. Fomos espertos e caímos fora.

"Quando me encontrei com Frenchy disse a ele que precisávamos de outro jeito. Ele disse que era complicado, pois ele nunca sabia exatamente quando o dinheiro chegava. Às vezes deixava de vir por algumas semanas, aí vinham duas entregas de uma vez e saíam para o banco no mesmo dia. O dinheiro vinha de turistas norte-americanos e de soldados que trocavam seus dólares por dinheiro francês. Os franceses então vendiam todos aqueles dólares de volta para os Estados Unidos e recebiam o crédito em bancos norte-americanos. Eram notas de cem e de cinquenta, impossíveis de serem rastreadas. Era um verdadeiro pote de ouro.

"Nesse meio tempo, toda vez que eu ia ao aeroporto vender cigarros, parava para conversar com Frenchy. Enquanto conversávamos, eu observava que os operários se aproximavam do término da nova sala de armazenagem, e um dia a sala ficou pronta. Tinha duas chaves. Frenchy? Não tínhamos essa sorte. Eles deram uma das chaves para um guarda de uma agência particular; usava os cabelos cortados em estilo militar e levava seu trabalho muito a sério. Amava ser policial. Amava vigiar portas. O sujeito nunca deixava a chave fora de suas vistas. Se Frenchy tinha de pôr algo na sala, o guarda nunca dava a chave a ele — abria a porta e esperava Frenchy terminar, depois trancava a porta. Usava a chave num chaveiro preso ao seu cinto. A única outra chave da qual tínhamos conhecimento ficava com o supervisor de toda a operação, e ele trabalhava durante o dia.

"O problema de render o cara e pegar sua chave era que nós nunca sabíamos quando o dinheiro estaria lá. Tínhamos de ter nossa própria chave para podermos entrar lá no momento em que Frenchy nos desse a dica. Se rendêssemos o sujeito e pegássemos a chave, eles simplesmente trocariam os miolos das fechaduras e aí nós ainda os alertaríamos de que sabíamos do dinheiro. Percebi que tínhamos de conseguir a chave, então pedi a Frenchy para começar a se aproximar do sujeito. Pagar umas bebidas para ele. Jogar um pouco de conversa fora. Nesse ínterim, Frenchy me deu o endereço do cara. Ele morava num muquifo no Rockaway Boulevard, perto da Liberty Avenue, do lado oposto à lanchonete White Castle. Um dia, na sua folga, Raymond Montemurro e eu esperamos o dia inteiro ele sair de casa, e quando ele saiu nós invadimos seu apartamento à procura da chave. O plano era conseguir a chave, fazer uma cópia e devolvê-la para que ninguém desse falta. Depois, quando chegasse o dinheiro, teríamos a chave para a riqueza.

"Fuçamos todas as gavetas do lugar mas não conseguimos encontrar a chave. O filho da puta deve tê-la levado consigo até na folga. Não pude acreditar. Tinha uma fortuna esperando por mim e era impedido por um guardinha rastaquera. O outro problema era que Jimmy estava ficando impaciente. Começou a falar que na próxima vez que Frenchy nos dissesse que havia algo na sala nós iríamos assaltar o sujeito e pegaríamos a chave. Eu tinha certeza de que isso significava que Jimmy também iria matar o sujeito. Tudo isso me obrigava a me esforçar mais ainda.

"O cara vivia num típico apartamento de solteiro. Era deprimente. Muito bagunçado. Tinha várias revistas de detetive espalhadas, mas também muitas revistas femininas. Parecia um pobre coitado e estava por volta dos quarenta anos. Usava óculos e era magro. Frenchy era o oposto. Frenchy era um sujeito grande, bruto e engraçado. Era casado e tinha uma linda família em alguma parte de Hempstead. Era ótima companhia. Contava estórias engraçadas. Na noite de seu turno, ele era o chefe. Eu sabia que isso poderia ter importância para o guarda. Empregados sempre gostam da companhia do chefe. Contei a Frenchy sobre as revistas femininas. Disse que talvez pudéssemos adular o sujeito com uma garota.

"Então Frenchy levou o cara ao motel Jade East, do outro lado da alameda, para tomar uns drinques. Frenchy começou a falar de garotas e o cara ficou bastante interessado. Aí Frenchy começou a falar sobre uma amiga que era uma verdadeira vadia. Que ela amava trepar. O sujeito ficou louco ouvindo as histórias picantes de Frenchy.

"No dia seguinte arranjamos uma prostituta lindíssima do Bronx. Ela costumava se apresentar para os clientes de Ralph Atlas. Atlas era um banqueiro de apostas de alto nível, e todos os seus clientes eram grandes apostadores do distrito do vestuário e de Wall Street. Ela cobrava cerca de 150 dólares a noite, o que era bem caro naquela época. Parecia-se com Natalie Wood. Tinha o cabelo preto, um corpo escultural e olhos grandes e expressivos. Não aparentava ser uma prostituta. Lembrava mais uma estudante ou aeromoça.

"Naquela noite, Frenchy trouxe o guarda para conhecer sua 'amiga' no Jade East. Ela logo começou uma encenação para o cara. Frenchy, se fazendo de bobo, inventou uma desculpa de que tinha de voltar ao trabalho e a garota levou o sujeito para a cama no andar de cima. Não fizemos nenhuma movimentação com relação à chave naquela noite. Queríamos apenas ver se aquilo funcionaria. Eu quis saber se o cara era vulnerável. Ele era.

"No fim de semana seguinte, Tommy e eu a pegamos de novo e a levamos para o Jade East. Dessa vez o plano era ver se Frenchy e a garota conseguiriam afastar o cara da chave. O Jade East tinha saunas privativas e banheiras de hidromassagem no porão, e se conseguíssemos deixá-los lá embaixo o tempo suficiente para conseguirmos a chave, fazer uma cópia e pô-la de volta, estaríamos safos. Mas primeiro quisemos fazer um ensaio. Frenchy iria deixar a chave da sala embaixo do cinzeiro do corredor, e nós saberíamos que eles estavam indo para o porão quando ele abrisse as persianas no quarto. Funcionou lindamente. Eles ficaram lá embaixo na sauna por uma hora e meia — tempo mais do que suficiente para fazermos a cópia da chave.

"Mais tarde naquela noite, Frenchy telefonou. Ficara sabendo que entre 400 mil e 700 mil dólares em dinheiro chegariam ao aeroporto na próxima sexta-feira.

"Nada mais de ensaios. Agora era pra valer. De novo, naquela sexta, Tommy e eu pegamos a garota, mas agora ela estava ficando desconfiada. Sabia que tramávamos algo ilegal, mas não conseguia descobrir o que era. Dessa vez, para as coisas ficarem ainda melhores, comprei alguns roupões de banho bem felpudos para os três usarem na sauna. Entregamos os roupões à garota e pedi que fingisse tê-los comprado para dar de presente a Frenchy e ao guarda. Era uma tremenda atriz. Eles deveriam se encontrar no motel por volta das 17h30.

"Frenchy e o guarda só chegaram ao Jade East perto das seis horas. A essa altura estávamos ficando nervosos. Estava tudo atrasado. Tínhamos encontrado um chaveiro nas redondezas que podia fazer cópia das chaves, só que ele fechava às sete. Assim que Frenchy e o guarda chegaram mandamos a garota até eles para apressá-los. Ela abraçou os dois. Frenchy suava e revirava os olhos porque sabia que estávamos atrasados. O guarda era um sujeito lento e teimoso. Toda vez que Frenchy tentava fazê-lo andar ele estacava. Foi ficando mais lento. Agora, pelo menos, tínhamos a garota para excitá-lo, mas só às 18h30 eles foram até o quarto tirar a roupa para irem à sauna.

"No segundo em que eles saíram, fui direto para o andar de cima. Procurei embaixo do cinzeiro do corredor. A chave estava lá. Abri a porta e bem ao lado das calças do cara estava seu chaveiro completo. Peguei o molho de chaves e desci correndo. Jimmy esperava no carro, saímos em disparada para o chaveiro. Ele ficava no Rockaway Boulevard, perto da Jamaica Avenue. Corremos como desesperados, mas quando chegamos lá o cara estava se aprontando para fechar. Tivemos de esmurrar sua porta e implorar. Aí não sabíamos qual chave era a que queríamos copiar, então pedimos que ele fizesse uma cópia de todas as dezoito chaves. O homem começou a trabalhar, e quando terminou só nos entregou quinze cópias. Perguntei onde estavam as outras três e ele disse que não tinha mais matrizes. Quinze de dezoito não era uma média ruim, mas nesse serviço não era bom arriscar.

"Dirigimos como loucos de volta ao motel e eu subi, coloquei as chaves exatamente como as encontrei, fechei a porta e pus a chave da porta de Frenchy embaixo do cinzeiro. Tommy tirou metade das roupas e ficou caminhando em torno da sauna até que Frenchy o visse. Era nosso sinal para dizer que o quarto estava liberado.

"No sábado de manhã cedo, encontrei-me com Frenchy perto da área de carga. Ele pegou as quinze chaves para se certificar de que tínhamos a que funcionava. Voltou sorrindo. Não só a chave funcionou como ele viu os sacos pelos quais estávamos esperando. Frenchy disse que a melhor hora no fim de semana para a ação seria um pouco antes da meia-noite. Muitos dos caras estariam chegando e saindo durante o novo turno e o guarda estaria em sua pausa para o café do outro lado do depósito. Frenchy disse também que não haveria retirada dos malotes para o banco até a tarde de segunda-feira por causa de um feriado judeu. Aquilo soou como música em meus ouvidos. A retirada postergada, que deveria ser realizada no domingo à noite, significava que eles não dariam pela falta dos malotes até segunda à tarde. Significava também que a polícia não saberia quando o dinheiro tinha realmente desaparecido. As pessoas poderiam se lembrar de um ou dois estranhos circulando pelo local numa noite, mas não num fim de semana de três dias. É um tempo demasiadamente longo para apontar com precisão alguém na cena do crime.

"Tínhamos cerca de doze horas para agir. Mantive a chave em minha mão durante todo o dia. Estava tão feliz que saí e comprei a maior mala que encontrei, assim poderia pôr os malotes de dinheiro dentro dela. Às 23h40 de sábado, Tommy e eu fomos de carro até a área do estacionamento de carga. Tínhamos um carro alugado com placas frias. Esperamos até o turno mudar. Frenchy tinha dito que nos esperaria perto da plataforma e que nós só tínhamos de ir entrando como se fôssemos devolver uma mala ao escritório. O plano era que ele fingiria não me conhecer, mas se houvesse algum problema estaria ali para resolver. Ele disse que era provável que ninguém me importunaria, pois sempre tinha muita gente entrando e saindo para pegar malas que haviam sido perdidas e extraviadas. Subi a rampa da plataforma, adentrei a área do escritório e vi Frenchy circulando por ali. Pude ver a sala e fui direto até a porta de aço. A chave estava na minha mão desde o momento em que saí do carro. Enfiei no buraco da fechadura, virei-a e entrei. A sala era como um armário grande e escuro. Levara comigo uma lanterna portátil para não ter de acender nenhuma luz dali. Os sete sacos de brim branco estavam no chão. Pude ver os lacres vermelhos. Abri a mala, coloquei os sete sacos dentro dela e saí pela porta. A mala pesava tanto que mal dava para andar, mas Frenchy mais tarde falou que achava que eu estava saindo sem nada pois eu flutuava para fora do lugar."

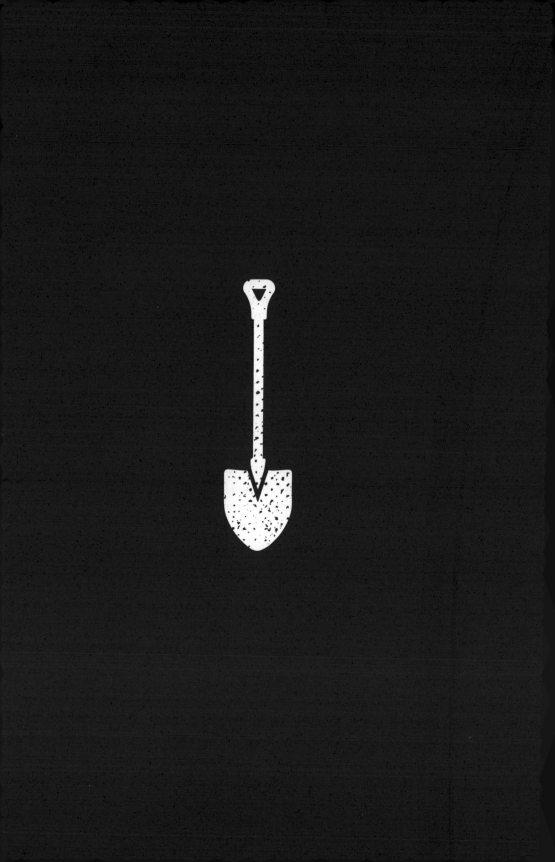

GoodFellas
OS BONS COMPANHEIROS

09

Como Henry esperava, o roubo não foi descoberto até a tarde de segunda-feira. A notícia de terça-feira do *Daily News* informava que o dinheiro havia desaparecido "no ar" e que "uma grande quantidade de agentes do FBI tomou conta do prédio de cargas 86, da Air France, no aeroporto Kennedy, interrogando os empregados, fazendo buscas na área e examinando os registros e documentos de carga". A reportagem do *New York Times* dizia: "Uma busca minuciosa no prédio e na fortaleza de concreto onde o dinheiro estava guardado não obteve êxito em encontrar os malotes. Uma equipe de cerca de vinte homens, bem como uma vigilância particular montavam guarda no prédio 24 horas ao dia".

Quando a Air France descobriu que seus 480 mil dólares haviam desaparecido, Henry e seus cúmplices já haviam distribuído 120 mil deles como um "tributo" aos chefões da Máfia que consideravam o aeroporto Kennedy seu território. Deram 60 mil dólares a Sebastian "Buster" Aloi, o antigo chefão de 57 anos que controlava o aeroporto para a família criminosa Colombo, e mais 60 mil dólares para seu próprio chefão, Paul Vario.

"Fizemos este agrado a Buster por questão de segurança. Todo mundo ficaria feliz. Demos uma parte a Paulie porque era nosso patrão. É assim que funciona. Ele nos protegia. Se houvesse algum problema entre nós e outra gangue — e sempre havia problemas — Paulie resolvia. Ia às reuniões e ficava do nosso lado. O restante do dinheiro nós dividimos. Eu podia ter pego minha parte e ido para casa, mas o que faria com ele? Guardar no guarda-roupas? Jimmy guardou para mim nos cofres de alguns agentes de apostas, e se eu precisasse de alguns trocados eu pegava e ele anotava os débitos. Era como ter uma conta no banco.

"Queríamos gastar algum dinheiro conosco. Eu queria um carro novo e algumas roupas. Karen precisava de coisas para o apartamento novo e as crianças. Para justificar qualquer gasto novo, nós três, Jimmy, Tommy e eu, viajamos para Vegas, gastamos cerca de 20 mil dólares e voltamos alardeando que ganhamos no jogo. Todo mundo sabia que íamos muito a Vegas e que Jimmy era o tipo do sujeito que grudava a barriga na mesa de dados e só saía quando os tornozelos inchavam. Mas, mesmo depois, nós não fizemos nenhuma extravagância. Dei uma entrada num Buick Riviera zero quilômetro dourado ano 67 com teto preto e financiei o restante usando o nome de meu irmão. Tommy fez a mesma coisa, exceto que comprou um Cadillac bege com teto preto.

"Nossa primeira proposta de negócio veio cerca de duas semanas depois do roubo, quando Paulie nos encontrou na pista de corridas do Aqueduto e disse que se nos juntássemos a ele poderíamos adquirir 50% da operação de apostas de Milty Wekar. Ele estava com Wekar no carro. Wekar precisava de dinheiro. Tinha apostado pesado e perdido tudo. Era uma senhora oportunidade. Wekar tinha grandes apostadores e agenciadores de apostas como clientes. Tinha executivos do distrito do vestuário, corretores de Wall Street, médicos, dentistas e advogados. E tinha os caras que anotavam as apostas. Ele nunca aceitou apostas individuais menores de quinhentos ou mil dólares, e a maioria dos clientes apostava em seis ou sete jogos a cada vez. Vario disse que entraria com 50 mil se nós também entrássemos. Jimmy e Tommy olharam para mim e todos aceitamos. Bem ali na pista. Não precisávamos de nenhum advogado. Apertamos as mãos e eu estava nos negócios das apostas. Tinha 24 anos.

"Foi como uma universidade. Milty era o agenciador dos agenciadores. A maioria das nossas apostas vinha de agenciadores, não de apostadores individuais. Milty me incluiu na folha de pagamentos ganhando quinhentos dólares por semana, mais despesas. Eu ficava sentado entre dois anotadores e fazia o controle contábil das apostas. Ficava com um bloco de anotações amarelo e nele eu escrevia todo o movimento do dia. Eu tinha beisebol, futebol americano, basquete, jogos profissionais, jogos universitários, corridas, todo tipo de atividade em andamento. E também tinha anotado no bloco os pontos de vantagem, e conforme as apostas eram feitas eu riscava uma linha para cada mil dólares apostados, depois outra linha quando eram apostados 5 mil dólares. Milty dava uma olhada nas anotações e fazia os ajustes nos pontos de vantagem. Ele aumentava ou diminuía esses pontos de acordo com o que fosse melhor para ele. Se Milty tivesse um problema e quisesse suspender algumas das apostas, ele tinha conexão direta por telefone com os caras na Flórida, em St. Louis, Vegas, na Califórnia. Quase em todo lugar.

"Eu também ajudava Milty na terça-feira, o dia de acerto de contas. Era quando todos os agenciadores de apostas e grandes apostadores na cidade tinham de fazer os acertos de contas e pagar uns aos outros o que era devido durante a semana. Quase sempre fazíamos esse acerto num restaurante do distrito de vestuário chamado Bobby's. Às segundas-feiras, passávamos a limpo a lista de débitos. Continha nossos custos, como meu salário e tudo mais. Tinha os 'pagamentos' para os ganhadores. Tinha a 'cervejinha' — cerca de setecentos dólares por semana — para os tiras. Tinha a 'vitamina' para quando tínhamos uma semana fraca e até nós precisávamos recorrer aos agiotas para um pouco de dinheiro extra.

"Mas normalmente não tínhamos de fazer nada daquilo. Só ligávamos para Paulie e ele nos cedia 25 mil ou 30 mil dólares sem cobrar juros. Afinal, ele era um sócio. Se não conseguíssemos falar com Paulie e desejássemos adiar o pagamento por alguns dias, Milty tinha um ótimo truque. Tinha sempre por perto umas cinco ou seis notas de mil dólares e me entregava para que eu ficasse exibindo aos ganhadores. Uma vez que nenhum dos nossos clientes queria ser pago com notas de mil dólares, podíamos sempre atrasar seus pagamentos por alguns dias. As notas grandes eram bastante problemáticas para os agenciadores de apostas dos mafiosos trocarem. Milty deve ter usado aquelas mesmas notas durante anos.

"Nossa operação era gigantesca. Milty tinha cinco salas diferentes por toda cidade em que atuávamos. A maioria dos policiais fazia parte da folha de pagamento. Milty subornava o Comando Distrital e a Divisão de Investigações. De vez em quando tínhamos de ficar quietos por conta de uma prisão, geralmente feita pela Unidade de Investigação Confidencial do comissário de polícia, mas era por desacato, e isso significava uma multa de cinquenta dólares. Ninguém nunca foi para a prisão por agenciar apostas. Mesmo assim não conseguíamos entender como os tiras sempre sabiam onde nós estávamos. Milty trocava o tempo todo de apartamento. Às vezes nos mudávamos numa mesma semana, mas eles sempre sabiam dos nossos novos locais.

"Finalmente entendemos. Milty tinha um coroa que alugava nossas salas. Era só isso que o cara fazia. Milty dava a ele trezentos dólares por semana para encontrar os apartamentos, pagar os depósitos como garantia, assinar os contratos de aluguel, ativar a luz e o gás e instalar os telefones. O cara vinha no trem da Long Island Railroad, saltava e pegava os ônibus e metrôs necessários até conseguir apartamentos para alugar. De alguma maneira os tiras conseguiram uma pista do velho e passaram a segui-lo de apartamento em apartamento até formarem uma lista dos nossos lugares. Aí, quando viam um de nossos carros estacionado do lado de fora, davam a batida.

"Depois de cerca de quatro meses, fui preso pela primeira vez por manter um local de apostas clandestino. Foi em agosto de 1967, e os tiras que deram a batida disseram que estávamos fazendo negócios de 2 milhões de dólares por semana. Quisera eu. Tínhamos sido alertados pelos tiras que subornávamos de que iríamos tomar um flagrante. Já era esperado. Fizeram a cena deles. Do jeito certo. Nada de algemas ou coisas do tipo. Após sermos fichados levamos os tiras para jantar em Mulberry Street antes de irmos para a corte. Al Newman, nosso fiador, já estava no tribunal quando chegamos. Peguei um táxi para casa. Os tiras deram carona para Milty. No dia seguinte, estávamos de novo na ativa num apartamento diferente. Tínhamos sido pegos e agora iríamos ficar tranquilos por um tempo. John Sutler, meu advogado, adiou o julgamento do meu caso nos tribunais durante um ano, até eu finalmente me declarar culpado. Levei uma multa de cem dólares e fui para casa. Uma piada. A cidade gastando milhões de dólares com policiais à paisana para prender agenciadores de apostas, mas estava claro que era tudo jogo de cena apenas para eles nos extorquirem. A polícia não queria nos tirar dos negócios, pois não queria matar a galinha dos ovos de ouro.

"Foi nessa época que surgiu outra oportunidade de negócios. Havia um magnífico clube noturno e restaurante chamado Suite, no Queens Boulevard, perto de Forest Hills. O dono, Joey Rossano, apostava em corridas de cavalos e em jogos de azar. O sujeito precisava de dinheiro. Fizemos um acordo em que eu assumiria o local, mas ele manteria seu nome na documentação oficial. Dei a ele algum dinheiro e assumi suas dívidas com os agiotas. Eu conhecia alguns dos caras a quem ele devia, e eles não eram muito importantes. Não tinham tanto poder. Portanto eu sabia que não tinha de pagar. Simplesmente mandei-os pastar — e com quem eles poderiam reclamar? Se você estivesse com Paulie e nosso bando, podia mandar a maioria dos malandros metidos a valentões da cidade irem se foder. Mandei-os engolir o prejuízo.

"Além disso, Karen amou a ideia de termos um trabalho legal. Nossa filha mais velha, Judy, tinha dois anos e meio, Ruth tinha cerca de seis meses, e Karen insistia que eu ficasse de olho em alguma boa oportunidade de negócio. Ela sabia dos cigarros e dos roubos, e sabia da Air France. Sabia que eu tinha algum dinheiro, e queria que eu o investisse bem. Agenciamento de apostas não era para ela um exemplo de bom negócio. Ela sabia que eu estava interessado e que costumava desperdiçar em apostas a maioria do dinheiro que ganhava bem ali em nosso próprio escritório. Todos nós fazíamos isso. Recebíamos uma bolada em apostas de algum treinador ou dono de um certo cavalo e cobríamos com alguns milhares de dólares de nosso próprio dinheiro. Quando você faz isso sendo quem banca, é apenas uma questão de tempo. Mostre-me um banqueiro de apostas que jogue e eu lhe mostrarei um sujeito refém de agiotas.

"Antes de pensar em assumir o Suite, conversei com Paulie. Ele gostou da ideia. Gostou tanto que exigiu que o lugar ficasse fora da área de atuação do bando. Disse que tínhamos de manter o lugar imaculado. Ele não queria transformar o lugar em algo como o Robert's.

"Eu ficava no local todos os dias, de manhã à noite. Karen trazia as crianças e ajudava na contabilidade. Toda a contabilidade. A contabilidade para o Imposto de Renda e a contabilidade verdadeira. Consegui um cozinheiro decente para o lugar, e também que Casey Rosado, que liderava o sindicato dos barmen e dos garçons no aeroporto, me enviasse alguns de seus espiões para me dizer em quanto eu estava sendo roubado por meus barmen. O Suite era um espaço bem grande, então eu tinha seis barmen, três deles em horário integral. Quando Casey me passou a informação demiti todos eles. Casey me disse que os barmen estavam roubando da casa mil dólares por noite, além de cem dólares em gorjetas diárias, mais os 150 dólares que eu lhes pagava.

"Fomos muito bem por alguns meses, e aí, um por um, os parceiros começaram a dar as caras. Jimmy foi o primeiro a vir ver o lugar. Trouxe Mickey e uma planta com uma mensagem de boa-sorte presa a ela. Tommy DeSimone veio para um brinde. Angelo Sepe veio. Marty Krugman, um agenciador de apostas que eu conhecia e que era dono de uma loja de perucas a apenas dois quarteirões, começou a frequentar o bar. Alex e Mikey Corcione começaram a vir, assim como Anthony e Tommy Stabile, até que Tommy foi preso por assalto. Little Vic Orena, um lugar-tenente na família mafiosa Colombo, ficou assíduo. Até Paulie e os Vario começaram a frequentar."

Em seis meses o Suite se transformara num ponto de encontro para Henry e seus amigos. Virara a última parada obrigatória. Os farristas chegavam após a meia-noite, muito tempo depois de terem abarrotado com notas de vinte e cinquenta dólares os bolsos de todos os barmen, porteiros e moças das chapelarias da cidade. O resultado era que quando chegavam ao estabelecimento de Henry comiam e bebiam fiado. Quando Henry checou sua contabilidade, viu que seus melhores amigos estavam levando-o à falência. Claro que a maioria dos débitos eram eventualmente quitados, mas o pagamento vinha com frequência sob a forma de produtos provenientes de cargas roubadas — bebidas, caixas de camarões recém-roubados, cartões de crédito falsos e cheques de viagem furtados.

Apesar de o Suite nunca ter substituído o Robert's como o quartel-general dos roubos de cargas, ele começou a funcionar como um bazar para negócios escusos, jogos ilegais e golpes. Henry logo estava vendendo dezenas de bilhetes aéreos internacionais emitidos por agentes de viagens desonestos. Levava grandes apostadores até um jogo de dados viciado que era controlado pelos Vario de dentro de um apartamento alugado bem no Queens Boulevard. De vez em quando o próprio Henry levava os idiotas até o apartamento e fingia perder 5 mil ou 6 mil dólares junto com os trouxas. No dia seguinte, claro, Henry pegava de volta seu dinheiro "perdido", mais 10% das perdas dos otários.

Em paralelo a isso, o fato de ter um restaurante e uma boate, com seus acessos ao crédito legal disponível no mundo dos negócios normais, deu a Henry oportunidades infinitas de ganhar ainda mais dinheiro. Ele começou a "estourar" cartões de crédito recém-roubados. O Suite era um dos primeiros lugares que Stacks Edwards e os outros atacadistas de cartões iam com um novíssimo cartão roubado. Sabendo que o roubo do cartão ainda não tinha sido informado, Henry imediatamente o usava para o pagamento de despesas fictícias de centenas de dólares no restaurante.

"Em vez de tornar minha vida mais simples, o Suite fez com que ela se transformasse numa loucura. Eu tinha de estar lá o tempo todo, mas também tinha de tomar conta do meu investimento com Milty. Eu tinha milhões de coisas acontecendo ao mesmo tempo. Tentava me virar como podia. E Karen, que agora ficava em casa com as crianças na maioria do tempo, estava ficando mais e mais irritada. Eu havia alugado uma casa em Island Park para ficar mais perto de Paulie, e, com as crianças, ela precisava de alguém para ajudá-la nos afazeres domésticos. Mas fiquei preocupado de ter alguém estranho circulando dentro de casa. Tinha sempre dinheiro escondido por todo canto. Às vezes malocava produtos roubados dentro das paredes. Também tinha armas por ali. Você verá que a maioria das mulheres dos mafiosos faz o trabalho doméstico sozinha, não importa o quão rico eles sejam, pois não se pode confiar em estranhos quando se trata de manter a boca fechada. Mas Karen insistiu, e eu saí perguntando por todo o Suite se por acaso conheciam alguém confiável. Não queria recorrer a uma agência de empregos.

"Eddy Rigaud, o haitiano que costumava comprar carros roubados de mim, parecia ter a solução para meus problemas. Disse que sua família fizera isso para outros amigos. Tinha as conexões certas nas montanhas, onde eles compravam meninas de suas famílias. As meninas eram depois enviadas ao Canadá com um visto de turista, e aí seus novos donos iam até Montreal para pegá-las. Normalmente custaria milhares de dólares, mas poderia fazer isso por mim a preço de custo. Eu só precisaria disponibilizar os seiscentos dólares para o pai da garota e ganharia uma escrava.

"Lembro-me de ter ido para casa e contado para Karen, e ela me olhar como se eu tivesse ficado maluco, mas ela não disse não. Dei a Eddy o dinheiro, e pouco antes do Natal de 1967 ele me falou que a menina estava a caminho. Deu-me seu nome e o hotel em Montreal onde ela deveria ficar, mas quando cheguei lá e fui até seu quarto eu quase morri. Quando a escrava abriu a porta, vi que media mais de 1,80 metro e pesava pelo menos 120 quilos. Meus joelhos tremeram. Ela era maior que Paul Vario. Era tão assustadora que no voo de volta para Nova York eu fingi que não a conhecia. Quando cheguei em casa, mandei que esperasse do lado de fora até que eu pudesse avisar a Karen. Não pudemos ficar com ela. Ela fazia as crianças chorar. Ficou apenas um ou dois dias, até eu conseguir fazer com que Eddy a pegasse de volta.

"Para completar, Karen começou a receber telefonemas obscenos. Ela os vinha recebendo desde o início de dezembro, e tivemos de mudar o número. Agora ele não constava na lista telefônica. Mesmo assim os telefonemas continuaram. Ela ligava para mim no Suite e me falava deles, e eu ficava louco. Falei com Jimmy sobre eles, e tentamos descobrir se era alguém da turma. Eu suspeitava de todo mundo, mas Karen não conseguia reconhecer a voz. Gravamos suas ligações algumas vezes, e eu também não conseguia decifrar quem poderia ser. Então decidi que da próxima vez que ele ligasse, Karen iria fingir um pouquinho e pedir para se encontrar com ele em algum lugar. Se Karen conseguisse fingir que estava suficientemente interessada, talvez o sujeito fosse louco o suficiente para aparecer. Eu mal podia esperar.

"Na primeira semana de janeiro, Karen me ligou no Suite e disse que tinha acabado de falar com o cara, dito que seu marido não estava em casa e que ele deveria vir até lá em mais ou menos uma hora. Cheguei em casa num segundo, e desligamos todas as luzes, exceto uma. Abaixei-me perto da janela da frente e fiquei observando. Tinha um revólver no meu casaco. Juro que ia matá-lo ali mesmo.

"Esperei por mais de uma hora. Nevava lá fora. Perguntei a Karen se ela achava que ele iria aparecer. Ela disse que sim. Continuei olhando. Então percebi que havia um carro passando devagar em frente ao apartamento pela segunda vez. Esperei. O filho da puta passou de novo. Bem devagar. Agora dava para ver o motorista. Era homem e estava sozinho. Olhava diretamente para nossa porta. Queria se certificar de que tudo estava calmo. Mal podia esperar para apagá-lo. Ele virou a esquina, mas eu sabia que voltaria.

"Em vez de correr o risco de perdê-lo, decidi ir para a rua e esperá-lo passar. Agachei-me atrás de um carro estacionado. Karen ficou espreitando da janela. As crianças estavam dormindo. Nevava em todo meu rosto. Aí vi o sujeito surgir na esquina de novo. Mal podia esperar. Dessa vez ele diminuiu bastante quando chegou em frente à nossa casa. Pude ver ser rosto. Abaixou o vidro da janela do carro e ficou tentando enxergar os números das casas.

"Assim que ele parou o carro pulei do lado da janela aberta e enfiei a arma na sua cara. Estava louco. 'Quer alguma coisa? Procurando alguma coisa?' Eu gritava e xingava a plenos pulmões. O sujeito tentou se mover e eu dei um murro em seu rosto. Ele abriu a porta do carro e fugiu, eu fui atrás. Derrubei-o e comecei a esmurrar sua cara com a arma. Eu não queria parar. As pessoas começaram a gritar. Conheciam-me do bairro. Eu sabia que iria preso, mas não dei a mínima.

"Quando ouvi o barulho das sirenes me afastei do vagabundo e escondi a arma embaixo do para-choques dianteiro de um carro estacionado. Sempre tem um pequeno espaço embaixo do para-choques onde você pode esconder coisas. Os tiras chegaram, e acabou que eu tinha espancado o cara errado. No fim das contas ele não era o maluco dos telefonemas. Era um gay procurando a casa do amigo. Antes de eles o levarem ao hospital ele gritou que eu tinha uma arma. Aquilo acabou me atrapalhando. Os tiras começaram a procurar a arma na neve onde nos embolamos, e um tira que sabia do truque dos para-choques a encontrou. Fui preso por agressão e posse de um revólver carregado e tive de passar o resto da noite na delegacia até Al Newman me livrar pagando fiança.

"As ligações finalmente pararam quando eu descobri como que o filho da puta continuava conseguindo nosso número toda vez que nós o trocávamos. Fui para fora de casa e olhei para ela de todos os ângulos possíveis, e percebi que com um par de binóculos dava para se ler o número do telefone pendurado na parede da cozinha. Mudamos o número mais uma vez e deixamos o espaço do número em branco. Nunca mais recebemos um único telefonema. Era para eu ter feito isso desde a primeira vez, em vez de ser preso por agredir o sujeito errado. Foi estúpido, mas era assim que fazíamos. Mate primeiro e preocupe-se depois."

GoodFellas
OS BONS COMPANHEIROS

10

"Para a maioria dos caras, os assassinatos eram aceitos naturalmente. Faziam parte do dia a dia. Eram rotina. Lembro-me do quanto Tommy DeSimone ficou orgulhoso quando proporcionou ao filho de Jimmy, Frankie, o seu primeiro homicídio. Frankie Burke era apenas um menino tímido. Jimmy costumava reclamar que o garoto molhava a cama toda hora e que Jimmy tinha de surrá-lo quase toda noite. Até o enviou a uma escola militar para ver se conseguia endurecer o garoto. Frankie devia ter uns dezesseis ou dezessete anos quando Tommy o levou com ele para matar alguém, e disse que o garoto aguentou firme. Jimmy ficou todo prosa. Parecia que o garoto tinha ganho uma medalha.

"Matar era a única maneira de manter todo mundo na linha. Era uma arma definitiva. Ninguém estava imune. Saiu da linha, morreu. Todos sabiam as regras, mas mesmo assim as pessoas as desobedeciam e acabavam sendo mortas. Johnny Mazzolla, o sujeito com quem eu costumava faturar passando adiante notas de vinte dólares falsas quando era garoto, teve o próprio filho assassinado porque o menino não parava de assaltar jogadores de carteado locais e agenciadores de apostas. O garoto foi avisado centenas de vezes. Mandaram o pai manter o filho escondido. Disseram a ele que se o garoto tivesse que roubar agenciadores de apostas, que assaltasse os de fora. Só deixaram o rapaz viver até os dezenove anos, em consideração a Johnny. Mas aparentemente o jovem acreditava que nunca seria morto. Os que morreram nunca acreditavam. Ele não acreditou até o fim, quando levou dois tiros à queima-roupa no coração. E isso em respeito ao seu pai. Deixaram o rosto do rapaz intacto para que seu corpo fosse velado com o caixão aberto.

"Jimmy matou seu melhor amigo, Remo, porque descobrira que Remo armara uma dura com a polícia envolvendo um de seus carregamentos de cigarros. Eles eram muito chegados. Viajavam de férias com suas esposas. Mas quando um dos pequenos carregamentos de Remo foi apreendido, ele contou aos tiras sobre um caminhão de carga que Jimmy estava prestes a receber. Jimmy suspeitou quando Remo investiu apenas 5 mil dólares na carga de 200 mil dólares. Remo normalmente ficava com um terço ou 50% do carregamento. Quando Jimmy perguntou a ele por que não estava indo fundo nesta carga, Remo respondeu que não precisava de tanto. Claro que quando o caminhão foi parado e todo o carregamento de Jimmy confiscado, o fato de Remo de alguma forma não ter investido naquele carregamento em particular fez com que Jimmy suspeitasse o suficiente para investigar com alguns de seus amigos do gabinete do promotor público do Queens. Eles confirmaram as suspeitas de Jimmy de que Remo havia aberto o bico sobre a carga em troca de sua liberdade.

"Remo estava morto em uma semana. Ele não fazia ideia do que o esperava. Jimmy era capaz de olhar para você e sorrir, e você achava que estava sentado com o melhor amigo do mundo. Enquanto isso, ele estava cavando sua sepultura. De fato, na mesma semana em que Jimmy o matou, Remo tinha dado a Jimmy e Mickey bilhetes de ida e volta para a Flórida como presente de aniversário de casamento.

"Lembro-me daquela noite. Estávamos todos jogando cartas no Robert's quando Jimmy falou para Remo: 'Vamos dar uma volta'. Ele fez sinal para Tommy e um outro sujeito para irem junto. Remo entrou no banco da frente, e Tommy e Jimmy foram no banco de trás. Quando chegaram a um lugar ermo, Tommy usou uma corda de piano. Remo lutou um pouco. Chutou, se contorceu e se cagou todo antes de morrer. Eles o enterraram no quintal dos fundos do Robert's, embaixo de uma camada de cimento bem ao lado da pista de bocha. Daquele dia em diante, toda vez que eles jogavam, Jimmy e Tommy costumavam dizer: 'Oi, Remo, como vai?'.

"Não precisava de muita coisa para aqueles caras te matarem. Eles gostavam de fazê-lo. Costumavam se sentar para beber e falar de seus assassinatos prediletos. Divertiam-se falando deles. Gostavam de reviver o momento enquanto repetiam o quão miserável o sujeito era. Ele era sempre o pior filho da puta que eles conheciam. Era sempre um dedo--duro dos infernos, e na maioria das vezes não era nem pelos negócios. Os caras se envolviam em brigas uns com os outros, e antes que você se apercebesse um deles estava morto. Atiravam uns nos outros o tempo todo. Atirar nas pessoas era algo normal para eles. Nada de mais. Você não precisava fazer nada. Tinha só de estar lá.

"Uma noite, logo após minha prisão por ter surrado o cara errado, estávamos fazendo uma festa no Robert's para Billy Batts. Billy tinha acabado de sair da prisão depois de seis anos preso. Costumávamos dar uma festa para o cara quando ele era solto. Comida. Bebida. Putas. Uma farra. Billy era um membro já iniciado da Máfia, ou 'um homem de honra'. Fazia parte da quadrilha de Johnny Gotti, da região da Fulton Street, e era colado aos Gambino. Estávamos todos completamente bêbados. Jimmy. Tommy. Eu. Billy virou-se e viu Tommy, que ele conhecia de antes de ser preso. Tommy tinha só vinte anos naquela época, então a última vez que Billy o vira, Tommy era só um garoto. Billy ficou de graça. Perguntou a Tommy se ele ainda engraxava sapatos. Era só uma gozação, mas não dava para ficar de gracinha com Tommy. Ele tinha pavio curto. Um dos irmãos de Tommy havia caguetado umas pessoas há uns anos, e ele sempre tentava não se deixar abater. Ele sempre tinha de mostrar que era mais durão que qualquer um. Ele sempre tinha de ser especial. Era o único da turma que costumava beber Crown Royal, um uísque canadense que não era importado desde a época em que ele era criança. Tommy o contrabandeava. Era o tipo de sujeito tão persistente, que conseguiu encontrar uma raridade do contrabando para bebê-la trinta anos depois da Lei Seca.

"Olhei para Tommy e pude ver que ele estava fulo da vida com o jeito que Billy estava falando. Tommy foi ficando louco, mas não podia fazer ou falar nada. Billy era 'um homem de honra'. Se Tommy desse uma bolacha na cara de Billy, era um homem morto. Mas eu sabia que ele estava puto. Continuamos a beber e a dar risadas, e quando achei que provavelmente tudo estava esquecido, Tommy inclinou-se até Jimmy e eu e falou: 'Vou matar esse babaca'. Fiz uma piada com o que ele disse, mas vi que ele estava falando sério.

"Algumas semanas depois Billy estava bebendo no Suite. Era tarde. Eu rezava para que ele fosse para casa quando Tommy entrou. Não demorou muito. Tommy de pronto mandou que sua namorada fosse para casa e olhou para mim e para Jimmy. Rapidamente Jimmy passou a encher Billy Batts de gentilezas. Começou a comprar drinques para Billy. Pude ver que o estava cercando para Tommy dar o bote.

"'Segura ele aqui, vou procurar um saco', Tommy cochichou para mim, e vi que ele iria matar Billy ali no meu próprio estabelecimento. Ele estava indo pegar um saco impermeável — uma capa plástica de colchão —, assim Billy não iria ensanguentar o lugar todo após Tommy matá-lo. Tommy voltou com o saco e um .38 em vinte minutos. Comecei a passar mal.

"Agora Jimmy estava com Billy Batts no canto do bar perto da parede. Eles bebiam e Jimmy contava histórias para ele. Billy estava se divertindo. Como estava tarde, quase todo mundo tinha ido para casa. Só Alex Corcione, que estava sentado no fundo com sua namorada, tinha ficado. O barman foi embora. Jimmy estava com o braço sobre o ombro de Billy quando Tommy se aproximou. Billy nem olhou. Por que deveria? Estava entre amigos. Comparsas mafiosos. Não tinha a menor ideia de que Tommy iria matá-lo.

"Eu estava na lateral do bar quando Tommy tirou o .38 do bolso. Billy viu a arma na mão de Tommy. No momento em que Billy percebeu o que estava acontecendo, Jimmy segurou o pescoço de Billy com uma gravata. 'Engraxe essas porras desses sapatos', Tommy esbravejou, e golpeou a cabeça de Billy com o revólver. Billy arregalou os olhos. Tommy o golpeou novamente. Jimmy continuou apertando seu pescoço. O sangue começou a brotar da cabeça de Billy. Era negro.

"Nesse momento, Alex Corcione percebeu o que estava acontecendo e foi se aproximando. Jimmy olhou para ele colérico: 'Vai querer também?', Jimmy perguntou. Jimmy estava pronto para derrubar Billy e partir para cima de Alex. Fiquei entre os dois como se fosse bater em Alex. Mas apenas o agarrei pelos ombros e o conduzi até a porta. 'Sai daqui', falei, bem baixo, para que Jimmy não pudesse ouvir. 'Estão resolvendo uma rixa.' Consegui pôr Alex e a namorada para fora e eles foram embora. Alex era da nossa turma, mas Jimmy e Tommy estavam tão fora de controle que teriam matado Alex e a garota ali mesmo se eles causassem problema. Tranquei a porta da frente, e quando me virei vi que o corpo de Billy estava estirado no chão. A cabeça toda ensanguentada. Tommy tinha aberto a capa de colchão. Jimmy mandou que eu trouxesse o carro.

"Tínhamos um problema. Billy Batts era intocável. Tinha de haver um consentimento antes de um "homem de honra" ser assassinado. Se o pessoal dos Gambino descobrisse que Tommy matou Billy, estávamos todos mortos. Não haveria lugar aonde pudéssemos ir. Eles podiam até exigir que o próprio Paulie desse cabo de nós. Tommy tinha feito a pior coisa possível, e todos sabíamos disso. O corpo de Billy tinha de desaparecer. Não podíamos deixá-lo na rua. Haveria uma guerra. Sem corpo, o bando dos Gotti nunca teria certeza.

"Jimmy falou que tínhamos de enterrar o corpo onde não pudesse ser encontrado. Ele tinha um amigo no interior que era dono de um canil e onde ninguém nunca procuraria. Pusemos Billy na mala do carro e fomos de carro até a casa de Tommy para pegar uma pá. Sua mãe já estava de pé e nos obrigou a entrar para tomar café. Ela ficou nos prendendo ali. Tivemos de tomar café da manhã — com um cadáver estacionado lá fora.

"Finalmente saímos da casa de Tommy e pegamos a estrada Taconic. Dirigíamos por cerca de uma hora quando ouvi um barulho estranho. Eu estava no banco de trás quase dormindo, segurando a pá. Tommy ao volante. Jimmy dormia. Ouvi o barulho de novo. Parecia um soco. Jimmy acordou. A batação continuou novamente. Percebemos juntos o que estava acontecendo. Billy Batts estava vivo. Socando o porta-malas. Íamos enterrá-lo e ele nem morto estava.

"Tommy ficou louco de raiva. Pisou no freio com violência. Virou-se no banco e pegou a pá. Ninguém disse nada. Saímos do carro e esperamos até não vermos nenhum farol de carro vindo em nossa direção. Então Jimmy foi para um lado do carro, eu para o outro, e Tommy abriu a mala. Assim que a tampa da mala abriu, Tommy bateu a pá com força no saco. Jimmy pegou uma chave de rodas e começou a bater no saco. Foi uma questão de apenas alguns segundos, e entramos no carro. Quando chegamos ao local onde iríamos enterrar Billy, o terreno estava tão congelado que tivemos de cavar por uma hora até o buraco ficar fundo o suficiente. Aí o cobrimos com cal e voltamos para Nova York.

"Mas mesmo depois Billy parecia uma maldição. Cerca de três meses após plantarmos o sujeito lá, Jimmy veio a mim no Suite e falou que Tommy e eu teríamos de desencavar o corpo e enterrá-lo em outro lugar. O dono do canil tinha acabado de vender o terreno para um empreiteiro. Ele vangloriava-se de que ganharia muito dinheiro com o negócio, mas tudo em que Jimmy pensava era que os operários encontrariam o corpo. Naquela noite Tommy e eu pegamos meu Pontiac Catalina amarelo zero quilômetro e desenterramos Billy. Foi horrível. Tínhamos despejado cal no corpo para acelerar a decomposição, mas só metade dele tinha se decomposto. O cheiro era tão ruim que eu passei mal. Comecei a vomitar. Todo o tempo em que Tommy e eu trabalhamos, fiquei vomitando. Pusemos o corpo na mala e o levamos até um ferro-velho que usávamos como desmanche em Jersey. Já tinha se passado bastante tempo, então ninguém desconfiaria de que era Billy.

"Fiquei enjoado por uma semana. Não conseguia me livrar do mau cheiro. Tudo fedia como o corpo. A gordura do restaurante. Os doces das crianças. Não conseguia parar de sentir aquele futum. Joguei as roupas fora e até os sapatos que usei naquela noite achando que o problema estava neles. Não conseguia me livrar da fedentina da mala do meu carro. Arranquei toda a forração e joguei fora. Dei uma boa esfregada no carro. Joguei um vidro de perfume de Karen dentro dele e fechei as janelas. Mas não pude me livrar da inhaca. Não ia embora de jeito nenhum. Finalmente tive de dar fim no carro. Jimmy e Tommy acharam que eu tinha enlouquecido. Tommy disse que se ele pudesse sentir o fedor ficaria com o carro só para lembrá-lo de como ele se livrou daquele filho da puta daquele Billy Batts.

"Não sei quantas pessoas Tommy matou. Acho que nem Jimmy sabia. Tommy estava fora de controle. Passou a andar com duas armas. Uma noite Tommy deu um tiro no pé de um garoto chamado Spider só porque o garoto não queria dançar. Pareceu acidente, e Vinnie Asaro, que fazia parte da quadrilha dos Bonanno, levou Spider a um médico do bairro para tratar do garoto. Deixamos Spider dormir no Robert's por algumas semanas. Ele ficava andando com a perna enfaixada. Mas o maluco do Tommy continuava a fazer o garoto dançar. Tommy dizia que usava o garoto para praticar tiro ao alvo.

"Uma noite estávamos jogando cartas no porão — Tommy, Jimmy, eu, Anthony Stabile e Angelo Sepe — quando Spider entrou. Eram três da madrugada e estávamos todos muito doidos. De repente Tommy o manda dançar. 'Dança aí', Tommy falou. Por alguma razão Spider mandou Tommy se foder. Aí nós começamos a pegar no pé de Tommy. Jimmy começou a galhofar e disse a Tommy: 'Vai engolir desaforo desse merdinha?'. Todos começamos a provocar Tommy, a debochar dele. Ele foi ficando com raiva, mas continuou jogando cartas. Aí, sem que ninguém pudesse prever o que ele faria, meteu três tiros no peito de Spider. Eu não sabia nem onde ele guardava a arma, e de repente ficamos todos surdos. Senti cheiro de queimado. Ninguém disse nada, mas agora estávamos convencidos de que Tommy era um completo psicopata.

"Jimmy gritou com ele: 'Tudo bem, seu paspalho de merda, se quer ser um mafioso fodão, agora cava o buraco'. Foi isso. Nada mais. Ninguém falou mais nada. Jimmy obrigou Tommy a cavar o buraco bem ali na adega, e o tempo todo Tommy resmungando, puto por ter de cavar o buraco. Parecia um menino levado que ficara de castigo depois da escola.

"Todos os dias tinha uma espécie de guerra. Todos os dias tinha uma nova reunião. Toda vez que saíamos para dar uma volta alguém bebia demais e tinha uma guerra. Todo mundo estava ficando fora de controle o tempo todo. Uma noite, Paulie, que normalmente era calmo, entrou no Robert's fora de si. Queria todo mundo ali. Ligue para o Jimmy. Ligue para o ponto de táxi. Chame Brooksie do ferro-velho. Achei que era uma guerra generalizada. Mas o que tinha acontecido era que ele e Phyllis tinham ido ao restaurante Don Pepe's Vesuvio, no Lefferts Boulevard, a apenas alguns quarteirões do Robert's. Don Pepe's era um ótimo restaurante, mas o dono era muito chato. Não havia cardápios e ele não aceitava reservas. Todo mundo tinha de esperar na fila, até Paulie.

"Acabou que Paulie e Phyllis já estavam esperando na fila havia meia hora enquanto um maître novo ficava passando um doutor atrás do outro na frente de Paulie. Quando Paulie reclamou, o sujeito finalmente arrumou uma mesa para ele, mas pegara pinimba de Paulie. Quando Paulie pediu vinho, o maître veio servir e, talvez sem querer, derramou-o em cima de Phyllis. A essa altura Paulie estava subindo nos cascos. Então, quando o maître veio com um pedaço de pano sujo e começou a passar as mãos em todo o vestido de Phyllis, Paulie virou a mesa e começou a estapear o sujeito. Paulie só conseguiu golpeá-lo uma ou duas vezes antes que ele corresse para a cozinha. Quando Paulie ordenou que saísse, alguns garçons com frigideiras enormes e facas bloquearam a porta da cozinha.

"Nunca vi Paulie tão furioso. Dizia que se os garçons queriam proteger o amigo, então todos sairiam com as cabeças quebradas. Em uma hora tínhamos dois carros lotados de homens com tacos de beisebol e canos de metal esperando do lado de fora do Don Pepe's. Por volta de onze horas, os garçons e ajudantes de cozinha saíram. Assim que nos viram à sua espera começaram a correr. Alguns entraram em carros. Naquela noite perseguimos garçons e partimos cabeças por todo o Brooklyn.

"Era tão fácil. Embolem todos juntos. Apaguem eles. Ninguém nunca pensava "Por quê? Para quê?". Ninguém pensava nos negócios. A verdade é que a violência foi que começou a prejudicar os negócios. Os roubos de carga, por exemplo, seguiam lindamente, mas de repente todo mundo começou a soltar o dedo. 'Apaga eles!' 'Fodam-se!' Era só o que sabiam fazer.

"Geralmente eu não participava dos roubos de carga. Eram Tommy, Stanley, Joey Allegro e outros caras que gostavam de meter uma arma na cara do motorista e eu lidava com a distribuição do material. Eu tinha os compradores. Listava algumas das transações. Às vezes, entretanto, se tivéssemos falta de pessoal, eu mesmo participava do assalto. Dessa vez tínhamos uma carga de cigarros de 200 mil dólares. Seria fácil. Era metade 'de acordo', o que significava que um dos dois motoristas estava no esquema.

"Pegamos os dois bem perto da garagem no depósito da Elk Street. Estavam entrando na rodovia Brooklyn-Queens quando Tommy e Stanley pularam em cada um dos estribos. Mostraram as armas. Joey Allegro e eu estávamos no carro de apoio. Stanley obrigou o motorista que fazia parte do esquema a nos dizer o código do painel. Carretas com cargas valiosas costumavam ter um teclado sob o painel com três botões. Era preciso saber o código para dar partida no motor ou para abrir e fechar as portas, ou o alarme antirroubos disparava.

"Tommy pôs os motoristas no carro e seguiu com Joey, eu entrei na carreta com Stanley, e fomos até o lugar da descarga, que era um depósito legal de caminhões perto da Agência Central dos Correios, na rua 36 Oeste. Jimmy estava lá esperando com cinco homens que iriam descarregar. Ele estava com longas esteiras, e começamos a deslizar as caixas de cigarros da carroceria para outros caminhões. Havia outros caminhões sendo descarregados ao mesmo tempo, e claro que nenhum dos trabalhadores sabia que estávamos descarregando um caminhão roubado. Estamos no meio do serviço quando um sujeito parrudo aproxima-se e pede para ver nossas carteiras do sindicato. Não temos carteiras do sindicato, temos armas.

"Era um sujeito grandalhão, de peito largo, não conhecia Jimmy e não quis saber. Começou a encrencar dizendo que os homens de Jimmy não eram membros do sindicato. Ele ia lacrar o local. Jimmy tentou falar com ele. Não funcionou. Tentou amaciá-lo oferecendo a ele alguns dólares. Não funcionou. O cara queria ver nossas carteiras do sindicato. Ele era um verdadeiro pé no saco, e Jimmy tinha mais 200 mil dólares em cigarros para serem descarregados naquele mesmo local no dia seguinte.

"Nesse momento a carreta estava praticamente vazia, exceto por vinte caixas de cigarros Laredo que tinham ficado porque ninguém tinha se interessado. Jimmy mandou que eu e Stanley tirássemos a carreta dali.

Stanley, graças a Deus, lembrou-se do código do painel para dar a partida no motor sem que o alarme disparasse, e em segundos seguíamos pela Nona Avenida em direção ao Lincoln Tunnel e New Jersey para abandonarmos o veículo.

"Mal tínhamos percorrido alguns quarteirões quando notei que pessoas acenavam para nós. Elas gritavam. Apontavam para a traseira da carroceria. Estiquei o pescoço para fora da janela e descobri que Jimmy e o bando tinham esquecido de trancar a porta de trás da carreta e estávamos despejando pacotes de cigarros Laredo ao longo da Nona Avenida. Foi inacreditável. As pessoas gritavam para nós e fingíamos não ouvir, mas quando chegamos na esquina seguinte vimos, estacionada bem à nossa frente, uma radiopatrulha. Que beleza. Olhei para Stanley e disse: 'Estaciona e vamos fechar a porta'. Stanley só olhou para mim, pálido. Falei: 'Se eu não fechar aquela porta de trás vamos ser parados'. Mas ele olhou pra mim desolado e falou que eu não ia poder trancar a porta de trás porque eu não podia sair do caminhão sem acionar o alarme. Falou que estava tentando se lembrar do código do painel para abrir as portas, mas não conseguia. Se eu saísse do caminhão no meio da Nona Avenida todos os alarmes disparariam.

"Lembro-me que apenas olhamos um para o outro por um instante, dissemos 'Foda-se' e saímos pelas janelas do caminhão. Deve ter sido muito estranho para quem viu. Assim que pisamos no chão, saímos correndo. Nos certificamos de que não estávamos sendo seguidos e voltamos para o depósito, onde Jimmy soltava fogo pelas ventas porque o sujeito do sindicato ainda estava enchendo o saco. Ameaçava Jimmy. Dizia que não descarregaríamos outro caminhão se os trabalhadores não fossem do sindicato. O sujeito era um caso perdido.

"Naquela noite Jimmy mandou Stanley Diamond e Tommy DeSimone a New Jersey, onde o homem morava, para dar um aperto nele. Iam só dar uma esfrega. Apenas fazê-lo cuidar da própria vida. Em vez disso, Stanley e Tommy se empolgaram tanto com o corretivo que mataram o cara. Ficaram tão putos por ele não ter dado ouvidos a Jimmy, por ele morar nos cafundós de Jersey e eles terem de se despencar para lá só para falar com ele, ficaram tão irritados que não podiam deixar de matá-lo."

GoodFellas
OS BONS COMPANHEIROS

11

Em 1969, aos 26 anos, Henry estava vivendo numa casa alugada em Island Park, a apenas dois quarteirões de Paulie. Tanto ele quanto Karen tinham Buicks Rivieras zero quilômetro e armários explodindo de roupas novas. Ele tinha quinze ternos Brioni, cada um custando mil dólares, mais de trinta camisas de seda sob medida, e 24 pares de sapato de couro de crocodilo e de lagarto em cores que casavam com seus ternos e casacos esporte de caxemira. Havia tantas roupas que os dois viviam brigando por causa de cabides. As gavetas da cômoda eram entulhadas de braceletes, relógios de platina e de ouro, anéis de safira, broches antigos, abotoaduras de ouro e um emaranhado de cordões de prata e ouro.

Karen tinha uma empregada para cuidar da casa e dos quatro casacos de pele — "Ela ia ao supermercado vestindo casaco de vison" — e quando precisava de dinheiro costumava indicar a quantidade pelo espaço entre os dedos indicador e polegar, ou seja, uma bolada de um centímetro, de dois centímetros ou de quatro centímetros. O quarto do bebê era lotado de brinquedos da FAO Schwarz, e o porão de madeira abarrotado de presentes — carrinhos de bebê do tamanho de iates, colchas de caxemira, almofadas bordadas, roupas infantis importadas, conjuntos de colheres de prata e um zoológico completo de gigantescos bichos de pelúcia.

Henry tinha tudo — dinheiro, carros, joias, roupas e, depois de um tempo, até uma namorada. Para a maioria dos mafiosos, ter uma garota fixa não era nada incomum. Quase todos os seus amigos tinham. Ninguém abandonava a esposa ou a família por ela, mas as ostentavam para os amigos, alugavam apartamentos para elas, davam-lhes carros e as abasteciam regularmente com cabides e mais cabides de roupas roubadas e sacos de papel cheios de joias furtadas. Ter uma namorada fixa era considerado um sinal de sucesso, como um cavalo puro-sangue ou uma lancha, só que melhor: uma namorada era o supremo produto de luxo.

HENRY: A primeira vez que vi Linda foi por acaso. Foi no final de 1969. Estava me preparando para cumprir pena de sessenta dias na prisão de Riker's Island por contrabando de cigarros. Ela e sua amiga Veralynn estavam jantando no Michael's Steak Pub, em Rockville Centre, onde eu jantava com Peter Vario, filho de Paulie. De repente Peter começou uma conversa com Veralynn, então comecei a conversar com Linda. Ela e Veralynn trabalhavam no Queens e dividiam um apartamento na Fulton Street, em Hempstead. Depois do jantar fomos todos ao Val Anthony's, uma pequena boate à beira-mar, onde tomamos mais uns drinques e dançamos. Linda estava com vinte anos naquela época e tinha acabado de voltar da Califórnia. Era loira e estava muito bronzeada. Era linda. Foi atração à primeira vista. Uma daquelas noites em que tudo funcionou. Peter e Veralynn saíram e Linda e eu continuamos a conversar e a dançar. Quando a levei para casa vimos o carro de Peter. Fomos um pouco mais adiante, e quando voltamos o carro de Peter ainda estava lá. A essa altura Linda e eu estávamos muito a fim um do outro, então decidimos passar a noite num Holiday Inn. No dia seguinte, quando a levei em casa, o carro de Peter ainda estava no estacionamento.

Alguns dias mais tarde Paulie veio me perguntar sobre as duas garotas que encontramos. Falou que Peter estava agindo como um pateta. Paulie disse que há dias Peter não falava de mais nada que não fosse sobre Veralynn. Era Veralynn pra cá, Veralynn pra lá, que já estava de saco cheio. Paulie quis conhecer a tal Veralynn. Eu sabia que tinha algo ali além do que ele estava deixando transparecer, e na tarde do sábado seguinte, quando fomos de carro ao apartamento das garotas, descobri por que Paulie estava tão nervoso.

"Elas são tiras", ele disse. "As duas filhas da puta são tiras." Fiquei chocado. Falei: "Paulie, você tá maluco?". Mas ele só repetia: "Você vai ver. Elas são do FBI. Você vai ver". Eu sabia que Paulie estava sob muita pressão dos jurados de Nassau. Tinha acabado de cumprir trinta dias por desacato. Os jurados ficavam perguntando a ele a respeito dos valores da operação com Steve DePasquale, sobre uma reunião no restaurante de Frankie the Wop, e a quem realmente pertencia seu barco. Paulie estava ficando com a sensação de que os tiras estavam em toda parte. Até instalou uma câmera de televisão de circuito fechado do lado de fora da janela de seu apartamento no Brooklyn. Ficava sentado na cama de cuecas por horas tentando localizar agentes do FBI. "Lá está um", ele dizia. "O cara atrás da árvore. Viu ele?" Pelo que eu via, Paulie estava ficando doido.

Quando chegamos ao apartamento de Linda e Veralynn, Paulie estava tão certo de que elas eram tiras que não quis subir. Achava que o lugar podia estar grampeado. Ele quis que Veralynn descesse. Inventei uma história besta de ter dado uma passada ali só para dizer alô pelo interfone. Linda disse que Veralynn tinha ido fazer compras, mas que ela desceria logo. Ela chegou sorrindo. Me deu um beijo de boas-vindas. Nos convidou para subir, mas eu falei que estávamos com pressa. Paulie apenas resmungou. Ficou olhando pelas janelas. Procurava por tiras. Linda era perfeita. Era inteligente. Encantadora. Não se chateou por eu não ter ligado após nosso encontro. Não se irritou por termos aparecido de surpresa em sua casa. Era maravilhosa. Eu sabia que não havia por que me preocupar com ela.

Enquanto isso Paulie sussurrava: "Ela é do FBI. Ela é do FBI". Falou isso por entre os dentes, então Linda não pôde ouvi-lo. Fiquei tão cansado de sua maluquice que decidi abrir o jogo. Estávamos os três de pé ao redor do Cadillac Fleetwood de Paulie quando perguntei a Linda na lata se ela ou Veralynn eram tiras. Paulie olhou para mim como se eu tivesse perdido o juízo, mas Linda caiu na gargalhada. Respondeu que trabalhava na Bridal Land, uma loja de noivas no Queens Boulevard. Foi perfeito. Foi como espetar um alfinete no balão de gás de Paulie, porque ele conhecia o lugar. O dono da Bridal Land era um mafioso remediado chamado Paul Stewart, que era na verdade um testa de ferro de Vinnie Aloi, filho de Buster Aloi. Buster era um chefão da quadrilha dos Colombo.

Conforme conversávamos, até Paulie viu que Linda não fazia ideia de quem éramos. E, o mais importante, ela não dava a mínima. Então Paulie quis ir para casa. Estava entediado. Antes de sairmos falei para Linda que eu era contador. Ela acreditou em mim durante semanas. Acreditou que eu era contador e que Paulie era um tremendo de um velho babaca.

Depois disso, passei a ficar com Linda quase todos os dias. Ela era divertida. A qualquer momento que eu aparecesse ela ficava feliz. Não tínhamos compromisso. Eu vivia uma vida louca e ela de cara topou me seguir. Sem mais delongas. Chateação zero. A essa altura Karen tinha se acostumado comigo não voltando para casa algumas noites, e Linda e eu estávamos vivendo um momento maravilhoso. Saíamos três ou quatro noites por semana. Ela começou a se enrolar no serviço. Não chegava antes das onze da manhã. Estava se divertindo, mas Paul Stewart, seu chefe, começou a ficar irritado. Um dia gritou com ela, então dei uma passada lá para pô-lo nos trilhos. Só o insultei um pouquinho. Não quis machucá-lo ou algo do tipo. Mas da próxima vez que liguei para ela, em vez de chamá-la, Stewart desligou o telefone. Liguei novamente. Ele desligou de novo. Foi o suficiente. Agora eu estava fulo da vida. Peguei Jimmy, que estava no bar, e falei: "Vamos!". Agora eu iria fazer mais do que só ameaçá-lo. Queria arrancar sua cabeça. Quando nos viu chegar perto começou a correr, mas o alcançamos nos fundos da loja e demos uns tapas nele. "Bateu o telefone na minha cara, seu merda?" E comecei a enroscar o fio do telefone em seu pescoço. Ele começou a implorar e a berrar, e os fregueses gritavam para que eu o soltasse.

A seguir houve uma discussão. Nos reunimos com o sócio do sujeito, Vinnie Aloi, e o pai de Vinnie, Buster. Eu estava na mesa com Paulie, e Jimmy era minha testemunha. Buster já começou me dando um beijo. O velho gostava de Jimmy e de mim desde a época em que demos a ele uma fatia de 60 mil dólares do roubo da Air France. Buster logo começou a me implorar para que eu não matasse o sujeito. Disse que o cara era o testa de ferro do filho. Pude ver que Vinnie Aloi, sentado ali, estava cheio de ódio por mim. O velho argumentou que Vinnie recebia seu pagamento do lugar e que seus carros eram registrados lá.

Me sentindo o maioral, fingi que pensava no assunto — como se eu tivesse alguma intenção de fazer algo com o sujeito. Não dei a mínima, já tinha me livrado da minha ira. Mas mantive a encenação e concordei, para o bem de Buster, que não iria matar o filho da puta. Em seguida Stewart veio da cozinha. Eles o fizeram esperar lá durante a reunião. Ele tremia, e imediatamente me pediu desculpas na frente de todo mundo. Começou a implorar e a chorar. Jurou que não sabia com quem eu estava e que faria de tudo para se redimir.

Agora Linda nem precisava mais ir trabalhar. Passamos a nos ver com mais frequência. Logo eu estava vivendo uma vida dupla. Montei um apartamento para Linda na esquina do Suite. Ia para casa três ou quatro vezes por semana, e geralmente também levava Karen a um show ou a uma boate nas noites de sábado. Karen sempre ficava na expectativa das noites de sábado. No restante da semana ela se ocupava com as crianças e eu me esbaldava com o bando e levava Linda junto. Todo mundo veio a conhecê-la. Linda tornou-se parte da minha vida.

LINDA: Conheci Henry quando Peter Vario começou a sair com minha colega de apartamento, Veralynn. Henry e eu nos encontramos e logo gostamos um do outro. Gostávamos de rir e de nos divertir. Era um rapaz muito amoroso. Era gentil. Via-o fazer coisas para as pessoas e não se gabar e nem ao menos deixar que elas soubessem o que tinha feito.

Creio que eu era sua válvula de escape, e isso não era tão mau. Ele vivia sempre sob tremenda pressão. Ele e Karen estavam sempre brigando. Não conseguiam trocar duas palavras sem entrar em guerra. Toda vez que ele e ela brigavam ele vinha me ver. Uma vez ela jogou fora todas as chaves dos carros deles, e ele teve de pegar uma bicicleta e pedalar mais de seis quilômetros até minha casa. Karen era uma mulher muito forte e exigente. Pressionava-o demais. Quando se casaram, por exemplo, ela o obrigou a se converter. Ele tinha vinte ou 22 anos na época, e ela o obrigou a fazer circuncisão. Foi horrível. Teve de andar de fraldas por um mês.

Ele era muito diferente dos caras com quem andava. Tinha uma índole apaziguadora. Costumava fazer com que eles fizessem coisas normais. Quando alugamos o apartamento perto do Suite, por exemplo, a loja de móveis não queria enviá-los imediatamente, então Henry pegou Jimmy, Tommy e um caminhão, e os três foram até a loja em Hempstead num sábado e eles mesmos pegaram tudo.

Eram como garotos grandes e barulhentos. Eram o que pareciam. Sempre às gargalhadas. Sempre procurando diversão. Especialmente Jimmy. Conhecia-o como "Burkey" naquela época. Nunca tinha ouvido ninguém chamá-lo de "Jimmy, o Cavalheiro". Era o mais criança de todos. Amava brigas com água. No Robert's Lounge ou no Suite, ele costumava pôr baldes d'água nos vãos das portas, e quando alguém entrava os baldes caíam em suas cabeças. O Robert's era incrível. Era como a sede de um clube para adolescentes, exceto pelo piso de ladrilhos em parte do porão e a enorme churrasqueira no quintal dos fundos. Havia querubins e arandelas por todas as paredes. Tommy tinha um apartamento no segundo andar. Paul adorava cozinhar, e todo mundo estava sempre experimentando uma coisa ou outra e reclamando que ele tinha posto muito sal ou pouco alho.

Henry e eu saímos por um bom tempo, e eu sentia fazer parte de sua vida, era íntima de seus amigos e das famílias deles. Eu compreendia que ele tinha as crianças. Sabia que seria difícil para ele deixá-las. Mas eu gostava tanto de estar com ele que para mim isso já era suficiente. O tempo foi passando, semana a semana, mês a mês, e sempre havia a esperança de que talvez agora ele ficaria e não voltaria mais para casa.

O pior eram os feriados. Natal. Ano-novo. Eram horríveis. Passava sempre sozinha. Ficava à espera de que ele conseguisse sair de casa para um encontro pela metade. Ele sempre se atrasava, e muitas vezes nunca vinha. Telefonava às escondidas, e isso me deixava ainda mais furiosa. Algumas vezes me punha para viajar um pouco antes dos feriados. Punha-me num avião para Vegas ou para o Caribe e dizia que me encontraria no dia de Natal ou logo depois de tomar conta das crianças. Eu costumava ir junto com as outras namoradas. Ia com a irmã de Tommy que também estava saindo com um homem casado. Quando ele não aparecia, eu ficava com tanta raiva que esticava por mais uma semana e meus gastos tornavam-se estratosféricos.

Mas eu estava sempre com ele e com seus amigos e éramos todos muito próximos. Depois de um tempo tudo começou a parecer quase normal.

KAREN: Comecei a suspeitar que Henry podia estar me traindo um pouco antes de ele cumprir pena em Riker's Island num caso de cigarros. Eu sabia, porque estava grávida de Ruth, e sentia que algo estava errado. Suponho que já havia milhões de indícios, mas, naquelas circunstâncias, quem queria saber? Aquilo teve de ser esfregado na minha cara até eu querer ver. Durante aquele verão, uma amiga me ligou dizendo que ela e o marido passaram de carro pelo Suite e nos viram na soleira ao lado do restaurante. Falou que ia parar, mas o marido achou que estávamos no meio de uma briga séria, então seguiram adiante. Não falei nada à minha amiga, mas eu sabia que eu nunca estivera em qualquer soleira brigando com meu marido. Sabia que tinha de ser outra pessoa.

Depois ocorreu algumas vezes de eu telefonar para o Suite sem me identificar e pedir para falar com Henry. Por uma ou duas vezes, quem atendia o telefone dizia: "Vou chamá-lo, Lin", ou "Só um segundo, Lin". Lin? Quem era Lin?

Toda vez que esse assunto era trazido à baila com Henry era motivo de briga. Ele ficava furioso e começava a berrar que eu era uma bruxa, e às vezes simplesmente saía de casa e não dava notícias por um ou dois dias. Era muito frustrante. Eu gritava e o acusava, e ele fingia que não conseguia me escutar e ia pela casa pegando suas roupas e pondo numa bolsa. Dizia que eu estava inventando coisas e que já tinha problemas o suficiente e que eu o estava levando à loucura. Mas nunca negou nada, só ficava bravo.

Por isso obriguei-o a nos tirar de Island Park e nos levar de volta para o Queens. Depois que o procurador federal do condado de Nassau invadiu a pizzaria e prendeu Raymond Montemurro numa batida, vi dois homens num carro tirando fotos minhas e das crianças. Era a desculpa de que eu precisava. Naquela noite falei a Henry sobre os fotógrafos. Disse a ele que Nassau estava muito perigoso. Ele concordou. Em poucas semanas estávamos morando a apenas cinco quilômetros do Suite num apartamento de três quartos e varanda em Rego Park.

O Suite era o escritório de Henry, e eu comecei a ficar lá uma hora ou mais a cada dois dias. Falei que queria tomar conta da contabilidade, mas estava tomando conta de tudo. Havia muita gente por ali o tempo todo. Tinha uma jovem, Linda, que trabalhava na loja de noivas ali de perto, que vinha almoçar e acabava ficando. Era uma figura tão chorosa que eu nunca liguei os pontos. Nunca achei que fosse ela. Lembro-me de que a primeira vez que a vi foi numa festa de Halloween no apartamento de um amigo. Fui com Henry e ela fingia que estava com o irmão do anfitrião. De novo ela se debulhava em lágrimas. Seguiu-me até o banheiro na festa, e eu disse a ela que se alguém a estava aborrecendo a esse ponto era melhor que ela o deixasse. Ela continuou a chorar. Fui tão estúpida que ainda dei a ela um lenço de papel.

Mas ela continuou a vagar pelo Suite. Muitas das noites, quando Henry e eu íamos embora, ela ficava no bar chorando em cima de seu drinque. Eu achava que ela era uma bêbada. Mal sabia eu que ela estava chorando porque Henry estava indo para casa comigo.

Um dia o chef chinês finalmente me esclareceu. Eu ligara para o lugar procurando por Henry, e de novo alguém chamou-me de "Lin". Dessa vez cheguei fazendo um escarcéu. Devo ter ficado histérica. Levei Judy comigo, e me sentia uma gigante com ela. Estava louca. Fui direto à cozinha e agarrei o pobre chef. Ele quase não falava inglês. Quis saber quem era Lin. Ele ficou falando que não havia nenhuma Lin. "Não Lin, não Lin!", ele falava. "Linda é Lin! Linda é Lin!"

Virei uma fera. Peguei o endereço dela na cozinha, pois eles costumavam entregar comida em seu apartamento. Ela nunca cozinhava ou limpava a casa. Pus o bebê no colo e fui até seu prédio. Ela abriu a portaria pelo interfone sem saber quem eu era, mas quando cheguei a sua porta e disse-lhe que tínhamos de conversar, ela fingiu que não estava em casa. Não abriu a porta. Toquei a campainha. Ela continuou sem abrir. Fiquei tocando a campainha de forma ininterrupta por duas horas e ela continuou se escondendo.

LINDA: Eu tinha uma louca gritando à minha porta. Ela estava histérica. Pensou que Henry estava no meu apartamento. Ficou gritando que podia ouvi-lo saindo pela escada de incêndio. Eu nem tinha escada de incêndio. Ela queria segurá-lo desesperadamente, e estava deixando-o louco.

Ela sabia que havia algo. Por isso começou a ficar por ali o tempo todo, mas mesmo assim Henry e eu dávamos um jeito. Uma vez, um pouco antes de ela tentar arrombar minha porta, Henry levou-me a Nassau, nas Bahamas. Ele queria tirar Paulie do país durante o fim de semana prolongado que antecederia a ida do velho para a cadeia.

Henry conseguiu documentos falsos para Paulie e a esposa, e todos nos divertimos muito. Paulie ficou tão nervoso por estar fora do seu ambiente que não nos deixava a sós um minuto sequer. Tinha tanto dinheiro, mas nunca tinha ido a lugar algum ou feito nada. Paulie vivia através de Henry.

Fomos ao cassino em Paradise Island e Paulie e Henry tinham uma linha de crédito. Pegamos Billy Daniels em LaConcha e viramos seus convidados. Passamos a noite à procura de uma prostituta para ele.

Quando retornamos, a Alfândega decidiu vasculhar minuciosamente minha bagagem e roupas. Paulie e Henry ficaram histéricos.

Creio que Karen ficou sabendo de tudo e por isso resolveu fazer marcação cerrada, e por isso também resolveu agir. Ela o estava perdendo. Ele fora comigo e não com ela na viagem com Paulie. Ela estava desesperada, e tocou minha campainha até seu dedo ficar roxo.

HENRY: Naquela noite cheguei em casa tarde. Tudo parecia normal. A bebê estava na cama. Estava um pouco alto e cansado. Karen fazia alguma coisa pela casa. Fui para a cama e desabei. Devia estar meio adormecido quando senti uma pressão nos meus braços e ombros. Estava grogue e bêbado, apenas entreabri os olhos e vi que Karen estava montada em cima de mim na cama. Tinha um .38 apontado para o meio dos meus olhos. Eu sempre mantinha uma arma carregada no armário do quarto e sabia que estava funcionando. Pude ver as balas no tambor. Ela estava tremendo e ofegante. Puxou o martelo do revólver para trás. Eu estava sob sua mira. Fiquei sóbrio na hora. Ela gritava algo sobre Linda e Lin e o restaurante e o chef, e deu para sentir que estava ficando histérica.

Comecei a conversar. Achei que talvez, de algum jeito, ela tivesse algum tipo de autocontrole. Não tinha dito uma palavra quando cheguei em casa. Tinha guardado tudo para si até aquele momento. Pensei que talvez estivesse apenas sendo esperta. Então comecei a falar com ela, e depois de um tempo consegui mover sua mão bem delicadamente e afastei o revólver. Agora eu estava furioso. Tão furioso que bati nela. Eu não precisava daquela merda. Já tinha de me preocupar com tomar tiro de mafiosos; não era para eu me preocupar também com a minha mulher atirando em mim. Disse a ela que voltaria quando ela se acalmasse. Juntei umas roupas numa bolsa e fui morar com Linda por algumas semanas. Foi a primeira das diversas vezes nos próximos anos em que saí de casa, e algumas vezes Karen também me abandonou.

KAREN: Nessa primeira vez em que peguei a arma eu estava louca. Sentia-me usada. Primeiro pensei: "Rapaz, vou dar um susto nele!". Mas assim que peguei na arma minha mão começou a suar. Senti-me tão poderosa que foi assustador. O revólver era pesado. Nunca tinha segurado uma arma tão pesada antes, mas quando a empunhei, comecei a sentir que podia usá-la. Senti que podia tê-lo matado. Posicionei-a bem entre seus olhos. Chamei seu nome suavemente.

Como se o estivesse acordando de uma soneca. Ele abriu os olhos devagar. Então encostei o revólver. Puxei a trave de segurança para trás. Queria que ele soubesse o quão desesperada eu tinha ficado. Mas mesmo assim eu não podia machucá-lo. Como poderia? Eu mal poderia abandoná-lo.

A verdade é que, não importava o quanto eu estava mal, ele ainda me atraía demais. Ele era incrível. Tinha um lado tão maravilhoso que dava vontade de engarrafá-lo. Era tão doce, atencioso, sincero, suave. Não era bruto, não era como os outros rapazes que andavam com ele. Era jovem, e eu simplesmente me sentia atraída. Minhas irmãs costumavam falar que eu era obcecada por ele, pois toda vez que rompíamos por alguns dias ou até algumas semanas era só disso que eu falava. Ademais, toda vez que fazíamos as pazes após uma breve separação, ele jurava que seria para sempre. Não tem mais nenhuma Linda! Queria acreditar nele. Acho que ele também queria acreditar nisso.

Suponho que se eu fosse fazer uma lista dos prós e contras do meu casamento, muita gente acharia que eu era louca de continuar com ele, mas imagino que todos nós tenhamos nossas próprias necessidades, e elas não são somadas em listas de prós e contras. Ele e eu éramos sempre muito envolvidos um com o outro, mesmo mais tarde, depois das crianças e de todos esses anos juntos. Nos excitávamos mutuamente. Às vezes, em meio a uma tremenda briga, olhávamos um para o outro e gargalhávamos, e a guerra acabava.

Eu ficava ouvindo minhas amigas falarem de seus casamentos, e sabia que apesar de todos os meus problemas eu ainda tinha um homem melhor que o delas. Quando olhava para ele eu sabia que eu o tinha, pois via como era ciumento. Uma vez ameaçou atear fogo na loja de um sujeito só porque ele estava se insinuando para mim. Eu adorava vê-lo sair do sério.

Contudo, da primeira vez que descobri o que estava acontecendo, foi muito duro. Estava casada com ele. Tinha que me preocupar com Judy e o bebê. O que se esperava que eu fizesse? Expulsá-lo de casa? Expulsar alguém que me atraía e era um ótimo provedor? Ele não era como a maioria de seus amigos, que faziam suas esposas implorarem por uma nota de cinco dólares. Eu estava sempre com dinheiro. Ele nunca limitou dinheiro para mim. Se eu quisesse alguma coisa eu conseguia, e isso o fazia feliz. Por que eu deveria chutá-lo para fora de casa? Por que deveria perdê-lo só porque estava me traindo? Por que deveria dá-lo de mão beijada a outra mulher? Nunca! Se tivesse de chutar alguém, seria quem estivesse tentando tirá-lo de mim. Por que ela deveria vencer?

Além disso, assim que comecei a investigá-la com as outras esposas, fiquei sabendo que toda vez que estava com ela ele estava bêbado. Soube que era violento e a fazia esperar no carro a noite toda como uma idiota enquanto ele jogava cartas com os rapazes. Comecei a perceber que ela ficava com a pior parte dele e eu com a melhor.

HENRY: Eu ficava com Karen e as crianças a maioria do tempo, mas quando Karen começava a berrar e a me tirar do sério eu ia para a casa de Linda. Ficava lá alguns dias, depois voltava para Karen. Essa loucura seguiu até durante o período em que eu estive preso. Lembro-me de que, quando estava em Riker's Island, Karen entrou no salão de visitas gritando feito um gorila. Estava louca. Acontece que um dos desgraçados dos guardas do presídio tinha mostrado a ela o nome de Linda na minha lista de visitantes. Karen obrigou-me a retirar o nome de Linda da lista ou não testemunharia a meu favor, enaltecendo meus fortes laços familiares e minha tranquila vida caseira, quando fosse entrevistada pelos assistentes sociais e agentes da liberdade condicional para que eu conseguisse liberdade antecipada. Para mim isso significava alguns meses na rua, então pedi ao guarda para tirar o nome de Linda da lista.

KAREN: Quando ele esteve em Riker's, eu o visitei o máximo que pude, e o lugar era uma verdadeira pocilga. Os guardas tratavam mal as esposas. Os visitantes tinham de ir de carro até um estacionamento perto da ilha e de lá pegar um ônibus do presídio até uma ponte vigiada que levava a um dos trailers, de onde eram pegos e levados aos muitos prédios para as visitas. Estava tão gorda que mal conseguia entrar e sair dos ônibus, mas as outras mulheres tinham de aguentar ofensas e apalpadelas dos guardas. Era extremamente desagradável, mas o que elas podiam fazer? Não podiam gritar com eles senão nunca conseguiriam fazer suas visitas, e não queriam contar o que passavam aos maridos ou namorados, pois isso só pioraria a situação. E tudo isso por visitas que duravam apenas vinte minutos, e tínhamos de falar ao telefone através de um vidro imundo que ninguém limpava. Além disso, não era eu quem estipulava o dia da visita. Eu tinha de ir no sábado, depois tinha de esperar até o domingo da semana seguinte e esperar de novo o próximo sábado.

Eu estava trabalhando junto ao advogado para conseguir tirá-lo de lá o mais cedo possível. Por exemplo, tinha um regulamento sobre a diminuição de dez dias de pena do mês caso o preso tivesse bom comportamento. Isso tiraria um terço dos seus sessenta dias de pena. Fui direto ao guichê de penas-e-soltura, e eles me informaram que o regulamento tinha acabado de mudar para diminuição de apenas cinco dias. Tive um troço. Falei com nosso advogado e consegui os documentos que mostravam que Henry tinha sido preso sob o regulamento antigo. Escrevi cartas para o comissário e para o Conselho de Correções. Escrevi para todo mundo. Fiz nosso advogado escrever também. Lutei e venci. Eles decidiram diminuir vinte dias da pena de Henry em vez de dez.

Mas mesmo com a redução dos vinte dias ele não poderia sair até o dia 28 de dezembro, e eu tinha prometido a mim mesma tê-lo em casa no Natal. Era uma ideia fixa. O que me mantinha seguindo em frente. Voltei ao guichê da Riker's. Argumentei que, uma vez que o dia 28 caía num domingo, e como eu sabia que eles deixavam os detentos saírem antes do fim de semana, Henry poderia efetivamente ser solto na sexta-feira, dia 26. Eles concordaram, mas disseram que mesmo assim cairia um dia depois do Natal. Lembro-me do sujeito falando: "Não posso arrancar o dia da folhinha". Aí eu perguntei: "E os dois dias quando ele foi detido?". Eu sabia que eles podiam considerar o tempo de detenção como tempo de encarceramento. Henry não havia ficado detido por dois dias, mas os guardas apenas se entreolharam. Eu estava me esforçando bastante. Aí um dos dois foi checar algo e deixou o livro de visitas ali na mesa. Foi quando eu vi o nome dela na lista. Fiquei tão furiosa que quando o guarda voltou com a aprovação nem consegui ouvi-lo. Fiquei uma fera porque, cá estava eu me acabando em tentar levá-lo para casa no Natal, e ele recebendo a namorada no meu dia de visita. Quis matá-lo. Estava tão irada quando o vi que tudo o que consegui fazer foi gritar com ele. Não consegui nem falar que ele iria sair mais cedo. Deixei-o sofrer.

HENRY: Depois que Karen me obrigou a tirá-la da lista, Linda ficou uma arara comigo. Ficou tão revoltada que no primeiro dia em que voltei para a rua ela foi me encontrar no Suite. Tivemos uma briga feia. Ela arrancou um anel de opala preta de sete quilates que eu tinha comprado para ela e o atirou em mim com tanta força que a pedra se partiu. Depois me estapeou na frente de todo mundo ali mesmo. Agarrei-a pelo pescoço e empurrei-a porta afora. Fomos para a rua e ela continuou a gritar. Vestia uma estola de vison branca que eu tinha dado a ela. Foi para o meio-fio, tirou a estola e enfiou-a no bueiro. Aí eu bati nela. Ela ficou quieta e pareceu ferida. Agora eu me sentia um merda. Senti-me tão mal pelo que fiz que mandei um ajudante de garçom pescar a estola de dentro do bueiro, levei-a para casa e fizemos as pazes. Após algumas noites com Linda, Karen ligou para Paulie e Jimmy, eles vieram e me disseram que estava na hora de eu voltar para casa.

Minha vida era uma luta constante, mas eu não conseguia deixar nenhuma das duas. Não podia deixar Linda e não podia deixar Karen. Sentia como se precisasse das duas.

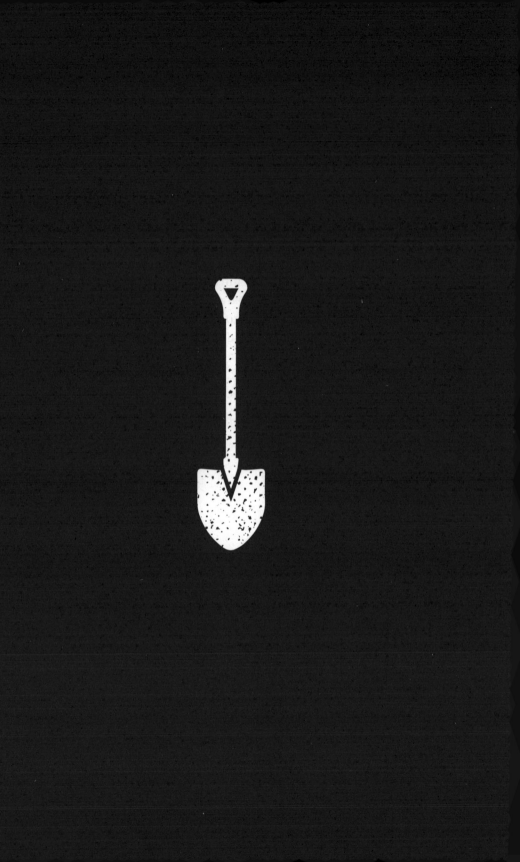

GoodFellas
OS BONS COMPANHEIROS

12

Henry sempre achou tremendamente injusto o fato de que, após uma vida inteira de grandes crimes e punições menores, sua pena mais longa — uma sentença de dez anos numa penitenciária federal — foi por conta de ter se metido numa briga de bar com um homem cuja irmã era uma datilógrafa do FBI. Foi como se ele de repente acertasse a Superfecta da má sorte. Fora pego numa briga de bar e conseguiram transformar o assunto num caso federal.

Começou como uma brincadeira, uma viagem de última hora à Flórida com seus parceiros Jimmy Burke e Casey Rosado, o presidente do Sindicato dos Garçons e Trabalhadores do Setor de Alimentos do aeroporto Kennedy. Casey queria companhia — estava descendo até Tampa para visitar os pais e trazer um dinheiro de jogo que lhe era devido. Estava combinado de Tommy DeSimone ir, mas ele fora preso durante um roubo de cargas na noite anterior, e não iria conseguir ser solto a tempo de pegar o voo. Então Jimmy perguntou a Henry se ele queria ir.

"Por que não? Umas férias curtas. O sindicato já tinha pago o bilhete de ida e volta na primeira classe, e o voo me afastaria da guerra com Karen e Linda por alguns dias. Uma folga. Foi assim que eu vi. Liguei para Karen do Suite e disse a ela para fazer minha mala. Jimmy e eu a pegamos no caminho para o aeroporto.

"Fomos para Tampa tarde naquela noite, e o primo de Casey nos pegou de carro. Fomos direto para a casa dos pais de Casey, onde muitos abraços e beijos nos esperavam. Ao final deixamos nossas malas e de lá seguimos rumo ao restaurante Colombia, em Ybor City, o velho distrito cubano da cidade, onde Casey e seu primo eram celebridades locais. Todo mundo os conhecia.

"Estávamos prestes a nos divertir. Durante o jantar Casey disse que o cara que devia dinheiro a ele se chamava John Ciaccio e era dono do bar e boate Temple Terrace Lounge, bem nas redondezas de Ybor City. Casey disse que teria uma reunião com o sujeito mais tarde naquela noite. Jimmy falou que ele e eu iríamos junto.

"Quando chegamos ao estabelecimento de Ciaccio, vi que era um espaço de concreto gigantesco cercado por um imenso estacionamento. Havia uma loja de bebidas bem ao lado, que também pertencia a Ciaccio. Vi que o lugar ficava perto de um cruzamento. Comentei que se houvesse problema poderíamos sair de carro rapidamente e desaparecer em qualquer uma das rodovias de quatro pistas.

"Antes de entrarmos, o primo de Casey veio em minha direção e do nada me entregou um enorme revólver .38. Uma antiguidade. Era provável que explodisse caso eu tentasse usá-lo. Enfiei no casaco e esqueci dele. Casey e o primo entraram primeiro. Um minuto depois, Jimmy e eu entramos. O salão estava muito escuro. Demorei alguns segundos para enxergar alguma coisa, mas pude ouvir que o local estava fervendo. Casey já estava com o sujeito perto do bar, e quando se dirigiram à mesa Jimmy e eu nos sentamos umas quatro mesas distante deles.

"Logo Casey e o sujeito estavam gritando um com o outro em espanhol. Não sabíamos o que eles falavam. De repente o cara e Casey se levantaram num pulo. Quando pularam, nós pulamos também. Peguei a arma e fomos até a mesa deles. Jimmy agarrou a gravata do cara e a torceu até seus olhos ficarem esbugalhados. Jimmy tinha a mão fechada sob o queixo do sujeito, pressionando sua garganta. Jimmy falou: 'Cala a boca e sai pela porta'.

"Dei uma checada no salão para ver se alguém se mexia. Devia ter umas 25 pessoas ali, mas ninguém fez nada. Posteriormente todos foram testemunhas no julgamento, e o barman, um tira de Nova York aposentado, anotou a placa do nosso carro quando saímos. Acabou que o primo de Casey tinha alugado nosso carro usando seu próprio nome. Até hoje não consigo acreditar nisso.

"Casey e seu primo foram na frente, e Jimmy e eu fomos com o cara espremido entre nós dois no banco de trás. O infeliz gritava que não ia dar dinheiro algum. Berrava que teríamos de matá-lo antes. Um tipo muito durão. Bati na cara dele algumas vezes com o revólver. Na verdade eu não queria machucá-lo muito. Depois de andarmos cerca de dois quarteirões ele mudou de ideia. Falou que pagaria, mas que só devia metade do dinheiro — o resto quem devia era um médico que estava junto na aposta. Toda essa negociação acontecia em espanhol. O primo de Casey disse que conhecia o médico e que provavelmente o sujeito estava falando a verdade. Casey falou que não queria saber quem pagaria, queria apenas receber o dinheiro que lhe deviam.

"Pude ver que aquela gente toda se conhecia muito bem. Senti-me como se estivesse no meio de algum tipo de contenda familiar. Jimmy e eu éramos os forasteiros. Por via das dúvidas, decidi guardar o revólver. Dirigimos até um bar de propriedade do primo de Casey, mas agora o sujeito estava sangrando tanto que tivemos de cobrir sua cabeça com seu casaco quando o pusemos para dentro, para que ele não chamasse tanta atenção. O empurramos até um pequeno depósito no fundo do bar, mas ainda havia muitas testemunhas, incluindo algumas garçonetes que depois testemunharam contra nós no tribunal. Casey ligou para o médico.

"Demorou metade da noite, mas finalmente trouxeram a grana. Ajeitamos o infeliz como pudemos e o entregamos ao irmão. Foi isso. Caso encerrado. Nada demais. Jimmy e eu passamos o resto da noite e a maior parte do fim de semana bebendo rum e conhaque com Casey e seu primo.

"Cerca de um mês depois de voltar, eu estava dirigindo pelo Lefferts Boulevard a caminho do Robert's Lounge quando vi uns oito ou doze carros bloqueando a rua. Estavam estacionados por toda a calçada. Vi Jimmy Santos de pé perto da esquina. 'Cai fora', ele falou. 'Ligue seu rádio.' Fiz o que Santos mandou e ouvi que o FBI estava 'prendendo representantes do sindicato' e que 'Jimmy Burke e outros estavam sendo procurados'.

"Eu ainda não sabia o que estava acontecendo. Achava que tinha algo a ver com termos destruído um restaurante do aeroporto para Casey na noite anterior. Não quis ir para casa antes de saber mais do que estava acontecendo. E também não queria ir para o Suite. Fui para o apartamento de Linda e ficamos assistindo ao noticiário da TV. Foi a primeira vez que fiquei sabendo que eles falavam sobre a Flórida. Era coisa grande. Eles até interrompiam a programação com atualizações das notícias. Não pude acreditar. Diziam que fazíamos parte de uma rede interestadual de apostas do crime organizado. Faziam parecer que participávamos de algum grande consórcio.

"Não fazia nenhum sentido. Por alguma razão muito louca, os federais haviam decidido transformar nosso pequeno caso em algo grande. Jimmy e eu nos encontramos com Casey e todos os nossos advogados, e nenhum de nós pôde entender a maldita coisa até bem perto do julgamento. Foi quando descobrimos que John Ciaccio, o sujeito em quem demos a prensa, tinha uma irmã que era datilógrafa do FBI. Ninguém sabia que era lá que ela trabalhava. Até sua família achava que ela tinha um emprego comum no governo.

"Aparentemente ela tinha ido visitá-lo na noite em que nós o espancamos e ficou histérica. Ficou com medo de toda sua família ser espancada e morta. Chorou o fim de semana inteiro. Na segunda-feira, ela foi trabalhar e caiu em lágrimas no meio do escritório do FBI de Tampa. Foi cercada por agentes. Claro que eles perguntaram a ela por que estava chorando, e claro que ela abriu o jogo. Seu irmão. Os amigos dele. Os bares. As apostas. O médico. E, naturalmente, nós. Os agentes ficaram loucos. Tinham em mãos um caso de crime organizado dentro do seu próprio quintal.

"A primeira vez que fomos indiciados pelo estado da Flórida por sequestro e tentativa de assassinato ganhamos esse caso porque Casey testemunhou e convenceu o júri de que Ciaccio era um mentiroso. Casey era o único de nós cuja ficha era limpa o suficiente, então ele pôde testemunhar e não ser contestado pelo promotor público no interrogatório.

"Mas depois que ganhamos o caso, os federais vieram atrás de nós com um indiciamento por extorsão. Um pouco antes de irmos a julgamento, Casey Rosado, o único de nós que podia testemunhar, caiu morto numa manhã enquanto calçava os sapatos. Tinha 46 anos. Sua mulher disse que ele estava sentado na ponta da cama e simplesmente inclinou-se para amarrar os cordões dos sapatos e nunca mais levantou. Desfaleceu. Ataque cardíaco.

"Eu quase tive um ataque cardíaco quando soube do que tinha acontecido, pois sabia que junto com Casey todas as nossas chances de ganhar o caso tinham ido embora. E estava certo. O julgamento, que durou doze dias, terminou dia 3 de novembro de 1972. O júri demorou seis horas para dar o veredicto. Culpados. Foi unânime. O juiz nos deu dez anos como se estivesse distribuindo doces."

GoodFellas
OS BONS COMPANHEIROS

13

Uma sentença de dez anos — isso era mais do que Karen poderia conceber. Assim que ficou sabendo, planejou se mudar no ato para a casa dos pais. Depois planejou se matar. Depois planejou matar Henry. Depois planejou divorciar-se dele. Ela se preocupava em como iria se manter e às crianças. A cada dia acordava mais e mais ansiosa. E ainda assim ela se sentia compelida a permanecer com ele o tempo todo — todos os dias, costumava falar para si, ou até que ele fosse levado para trás das grades e tudo finalmente terminasse.

Mas Henry não foi logo para a prisão. Na verdade, por conta dos recursos impetrados por seus advogados, quase dois anos se passaram entre o dia de sua sentença em Tampa e o dia em que ele enfim se entregou em Nova York e começou a cumprir seus dez anos de pena. Nesses 21 meses, Henry cumpriu a pena que devia ao condado de Nassau por contravenção, abriu um restaurante no Queens e deu calotes como nunca na vida. Era praticamente a personificação de uma onda do crime. Pegou dinheiro emprestado de agiotas sem ter a menor intenção de pagar. Vendia a preços módicos cargas roubadas de caminhões (abaixo dos usuais 30% do atacado), e reorganizou sua gangue de roubo de carros para atender às oficinas de desmanche que compravam peças de reposição.

Negociou cartões de crédito roubados e falsificados com seu velho parceiro do Robert's Lounge, Stacks Edwards. Começou a comprar Sterno em grandes volumes para acompanhar a demanda por seus serviços como incendiário. Conforme o dia de sua prisão se aproximava, ele faliu o Suite acumulando dívidas gigantescas com credores e vendendo a preços módicos grandes quantidades de bebidas e utensílios do estabelecimento a outros donos de bar — mesmo depois da Receita Federal ter lacrado suas portas. Uma noite, um pouco antes do fim, Henry rapinou seu próprio estabelecimento tão meticulosamente que quando os agentes da Receita Federal foram fazer o leilão descobriram que todos os copos, louças, cadeiras, banquetas de napa, bancos de bar, lustres e cinzeiros tinham desaparecido.

"Na véspera de ir para a prisão levei Linda ao topo do Empire State Building. Era a primeira vez na minha vida que tinha ido lá. Contei a ela que estava indo embora pela manhã. Ela ainda não sabia quando eu tinha de iniciar minha pena. Disse a ela que se tivesse meio milhão de dólares a levaria comigo para o Brasil num segundo, mas eu não tinha meio milhão, e, em todo caso, eu era um nada. Falei que era melhor ela seguir seu próprio caminho. Disse que estava na hora de ela ir em frente. Não perder mais tempo comigo. Era o fim. Dei um beijo nela de adeus. Choramos os dois, e fiquei vendo-a descer no elevador."

Henry vinha se preparando para o encarceramento por quase dois anos. Queria fazer de sua estada lá o mais suave possível. Afinal de contas, tinha ouvido histórias sobre o presídio durante toda sua vida, e agora buscava os especialistas. Advogados de mafiosos, por exemplo, costumavam contratar ex-presidiários como técnicos jurídicos, e muitos desses advogados de ex-detentos são catedráticos no assunto presídio e conhecem as filigranas e últimas atualizações das regras e regulamentos do Departamento Penitenciário. Henry percebeu que de todas as penitenciárias de segurança máxima para as quais ele poderia ser enviado, a Penitenciária Federal de Lewisburg, em Lewisburg, Pensilvânia, era provavelmente a melhor. Ficava perto de Nova York, e isso tornava fácil para Karen, os advogados e amigos o visitarem. Tinha guardas e agentes penitenciários corruptos o suficiente para tornarem sua permanência razoavelmente tolerável. E naquela época Lewisburg tinha uma enorme população de membros do crime organizado presa lá, incluindo Paul Vario, que cumpria dois anos e meio por sonegação de imposto de renda, e Johnny Dio, que recebeu pena longa por cegar com ácido o colunista de jornal Victor Riesel. Para também conseguir ir para Lewisburg, Henry pagou duzentos dólares a um burocrata da prisão de West Street que era responsável pelas alocações dos presos.

Henry também descobriu como poderia usar os diversos programas especiais de reabilitação oferecidos pela prisão para diminuir sua pena. Por exemplo, presos tinham seu tempo de pena reduzido ao realizarem todo tipo de atividade: de varrer suas celas a frequentarem a universidade. Na verdade, parecia que as autoridades penitenciárias ficavam tão loucas para se livrar dos presos que quase três quartos de todos os apenados adultos sentenciados para cumprir pena em instituições correcionais não estavam presos, mas em liberdade condicional, suspensão condicional da pena, sob licença, regime semiaberto ou foram soltos mais cedo. O Departamento Penitenciário automaticamente deduzia cinco dias no mês de cada sentença como parte de sua disposição obrigatória de "bom comportamento". Uma vez que Henry havia recebido uma pena de dez anos, ou 120 meses, ele tinha direito a deduzir seiscentos dias, ou vinte meses, de sua pena original; portanto sua pena original na verdade perfazia um total de oito anos e quatro meses. O departamento também deduziria de sua pena dois ou três dias no mês se ele se dedicasse a algum trabalho comunitário e mais 120 dias (um dia para cada mês de sua pena) se ele assistisse a aulas oferecidas na prisão.

Henry estaria qualificado para liberdade condicional após ter cumprido um terço da pena, o que significava que o comitê de liberdade condicional poderia libertá-lo depois de ele ter cumprido 39 meses, ou um pouco mais de três anos. Já que em sua ficha estavam carimbadas as letras "CO" (Crime Organizado) em grandes letras vermelhas, seria difícil que o comitê de liberdade condicional o soltasse na primeira oportunidade. Mas ele percebeu que poderia apelar contra essa rejeição em Washington, e que uma campanha por escrito encabeçada por sua família, clérigos e políticos poderia derrubar a decisão do presídio. Quando Henry finalmente entrou no ônibus para Lewisburg, sabia que sua pena duraria entre três e quatro anos.

Houve uma festa de despedida para ele na noite anterior no Roger's Place, um restaurante no Queens Boulevard que Henry havia aberto para ajudar a prover alguma renda para Karen e as crianças enquanto estivesse preso. Paulie, Jimmy, Tommy DeSimone, Anthony Stabile e Stanley Diamond já estavam cumprindo pena, mas havia mafiosos suficientes para animar a noite. Por volta das oito da manhã, Henry tinha levado para casa uma Karen exausta, mas ele seguiu adiante. O bando — composto agora apenas pelos rapazes — foi para o bar no hotel Kew Motor

Inn, e às dez horas, restando apenas duas horas de liberdade para Henry, todos saíram numa limusine, alugada por seus parceiros, em viagem ao encontro dos agentes prisionais. No caminho para a prisão, Henry decidiu que queria tomar um drinque no Maxwell's Plum. Seria seu último drinque em liberdade por um bom tempo. Às onze horas, Henry e seus amigos estavam no Maxwell's bebendo Screaming Eagles — doses de licor Chartreuse branco jogadas dentro de enormes taças de champanhe gelado. Logo algumas mulheres que chegavam cedo para almoçar juntaram-se à festa de Henry. Seu compromisso em se entregar aos agentes ao meio-dia foi brindado por todos, e a festa continuou.

Por volta de cinco da tarde, Henry foi aconselhado a fugir. Uma das mulheres, uma analista de mercado de Wall Street, insistia que Henry era bom demais para ir para a prisão. Ela tinha uma casa no Canadá. Ofereceu-a para ele ficar lá um tempo. Ela poderia pegar um avião nos fins de semana. Por volta de 17h30, Karen ligou. Conseguira rastreá-lo através das esposas dos homens com os quais ele estava festejando. Al Newman, o garantidor da fiança de 50 mil dólares de Henry, tinha recebido um telefonema das autoridades da prisão ameaçando revogar a fiança. Iriam declarar Henry foragido. Newman disse a Karen que a companhia de seguros não cobriria a perda. Al teria de levantar os 50 mil dólares por conta própria. Estava desesperado para que Henry se entregasse. Karen ficara muito nervosa com a hipótese de ter que se sustentar pelos próximos anos, e agora temia também ter o peso de arcar com a fiança de Henry. Quando Henry desligou, após falar com ela ao telefone, entendeu que todo mundo — com a possível exceção de seus amigos no bar — queriam que ele fosse para a prisão. Tomou um último Eagle, engoliu alguns comprimidos de Valium, deu um beijo de adeus em todos e mandou o motorista da limusine levá-lo para a cadeia.

A Penitenciária Federal de Lewisburg era uma gigantesca cidade fortificada, com 2,2 mil detentos, instalada em meio a colinas sombrias e minas de carvão abandonadas na parte central da Pensilvânia. Chovia no dia em que Henry chegou, e ele mal conseguia distinguir a imensa e soturna fortaleza de paredes de pedra e torres de vigia com guardas armados e holofotes. Tudo o que cercava Lewisburg era frio, úmido e cinzento. De seu banco no ônibus verde-escuro da prisão, Henry viu os grandes portões de aço se abrirem. Ele e cerca de doze outros prisioneiros tinham algemas e correntes nos pés desde que deixaram Nova York. Foram informados de que não haveria paradas para comer ou ir ao banheiro durante a viagem de seis horas e meia. Vinham com dois guardas armados sentados por trás das gaiolas de metal trancadas — um na parte da frente do ônibus e o outro na parte de trás — e na chegada a Lewisburg, os dois começaram a bradar ordens sobre como e quando Henry e os outros presidiários deveriam sair do ônibus. Henry via concreto, arame farpado e barras de aço por toda parte. Observou uma parede inteira de aço, riscada pela chuva, deslizar para o lado, e ouviu-a bater atrás de si com o barulho irrevogável da morte. Essa era a primeira vez de Henry numa prisão de verdade. Até então todas as suas detenções tinham sido em cadeias — lugares como Riker's Island e condado de Nassau, lugares onde detentos da Máfia passavam uns poucos meses, geralmente em regime semiaberto. Para Henry e seu bando pegar trinta ou sessenta dias numa cela era pouco mais do que um inconveniente temporário. Aqui era diferente. Penitenciárias eram para sempre.

"O ônibus parou em frente a um prédio de concreto do lado de dentro do muro. Todos os guardas berravam em voz alta que estávamos na prisão e não em um clube de lazer. Assim que saímos do ônibus, vi pelo menos cinco guardas com metralhadoras a nos vigiar enquanto outros retiravam nossas algemas e correntes dos tornozelos. Eu vestia calças de camuflagem bege do Exército que conseguira na rua Oeste ao assinar minha admissão, e estava congelando. Lembro-me de olhar para o chão — era de cerâmica vermelha e estava molhado — e podia sentir a umidade subir pelas solas dos meus sapatos. Os guardas nos encaminharam por um longo túnel de concreto até a área da recepção, e fazia um eco e fedia como um subsolo de estádio. A sala da recepção era um pouco mais larga que o corredor de concreto, cercada por grossas telas de arame, e com uma mesa comprida e estreita, onde entregamos nossa papelada e recebemos um colchonete fino, um lençol, um cobertor, um travesseiro, uma fronha, uma toalha de banho, uma toalha de rosto e uma escova de dentes.

"Quando chegou a minha vez de receber o colchonete olhei para cima. Ali na área da recepção, em pé ao lado dos guardas, vi Paulie. Ele sorria. Ao lado de Paulie vi Johnny Dio, e ao lado de Dio estava Andy 'Gordo' Ruggierio. Todos sorriam para mim. De repente todos os guardas que estavam gritando calaram-se como ratos. Paulie e Johnny foram até a mesa e começaram a me abraçar. Os guardas se comportaram como se Paulie e Johnny fossem invisíveis. Paulie pôs o braço em meu ombro e me levou para longe da mesa. 'Você não precisa dessa merda', Andy 'Gordo' falou. 'Temos toalhas boas pra você.' Um dos guardas olhou para Paulie e acenou com a cabeça em direção ao meu embrulho. 'Pega isso', Paulie mandou, e aí ele, Andy 'Gordo' e Johnny Dio me levaram até a sala de Destinação e Orientação, onde conseguiram para mim uma cela individual para as minhas primeiras duas semanas.

"Depois que me registrei, Paulie e Johnny levaram-me até a recepção principal, e lá estavam a minha espera uns doze caras conhecidos. Eles batiam palmas, riam e me chamavam. Era um comitê de boas-vindas convencional. Só faltou a cerveja.

"Já no início dava para ver que a vida na prisão era diferente para os mafiosos. O restante dos detentos cumpria pena de verdade, todos misturados, vivendo como porcos. Os mafiosos viviam sozinhos. Eram isolados de todo o resto na prisão. Mantinham-se entre si e pagavam uns poucos dólares por semana aos carcereiros, do mais humilde ao mais importante, para que ninguém nos importunasse. O bando era dono do pedaço, ou era dono de muitos dos caras que eram donos do pedaço. E até os meganhas que não aceitavam dinheiro e não davam para ser subornados nunca deduravam os que aceitavam.

"Após dois meses de orientação, me juntei a Paulie, Johnny Dio e Joe Pine, que era um chefão de Connecticut, em seu dormitório de honra. Um contato de cinquenta dólares me levou para lá assim que Angelo Mele foi solto. Cinquenta dólares te permitiam escolher qualquer lugar no dormitório. Ele era um prédio separado, de três andares, do lado de fora do muro, e mais parecia um hotel Holiday Inn que uma prisão. Eram quatro homens por quarto, e tínhamos camas confortáveis e banheiros privativos. Havia duas dezenas de quartos por andar, e em cada um dos quartos havia mafiosos morando neles. Era como uma convenção da Máfia — a quadrilha completa dos Gotti, Jimmy Doyle e seus comparsas, "Ernie Boy" Abbamonte e "Joe Corvo" Delvecchio, Vinnie Aloi, Frank Cotroni.

"Era uma farra. Tinha vinho e outras bebidas, que eram guardados em vidros de óleo para banho ou de loção pós-barba. Os guardas que vigiavam o dormitório de honra eram quase todos comprados, e apesar de ser contra as regras, costumávamos cozinhar em nossos quartos. Quando lembro-me daquele tempo, não creio que Paulie tivesse ido ao bandejão dos presos comuns mais do que cinco vezes nos dois anos e meio em que esteve preso. Tínhamos um fogão, panelas, frigideiras e talheres malocados no banheiro. Tínhamos copos e uma geladeirinha onde guardávamos as carnes frescas e os queijos. Quando havia inspeção, escondíamos as coisas no teto falso, e de vez em quando, se o material fosse confiscado, era só irmos até a cozinha pegar tudo novo.

"Conseguíamos contrabandear da cozinha a melhor comida para nosso dormitório. Filés, cortes de vitela, camarão, cherne vermelho. O que os meganhas pudessem comprar, nós comíamos. Custava-me duzentos, trezentos dólares por semana. Caras como Paulie gastavam de quinhentos a mil dólares por semana. Uma garrafa de meio litro de uísque escocês custava trinta dólares. Os guardas costumavam trazer para dentro da prisão dentro de suas marmitas. Nunca nos faltou bebida porque tínhamos seis deles trazendo-a nos seis dias na semana. Dependendo do que você quisesse e quanto estivesse disposto a gastar, a vida podia ser quase suportável. Paulie me deixou tomando conta do dinheiro. Sempre tínhamos de 2 mil a 3 mil dólares escondidos no quarto. Quando a grana ia escasseando, eu o avisava e logo alguns caras vinham fazer uma visita trazendo as verdinhas. Durante o primeiro ano, Karen vinha todo fim de semana com as crianças. Costumava contrabandear comida e vinho, como as mulheres dos outros caras, e juntávamos as mesas no salão de visitas e fazíamos a festa. Não era permitido trazer nada para a prisão, mas, uma vez que você estivesse na área de visitação, podia comer e beber qualquer coisa desde que bebesse a bebida alcoólica em xícaras de café.

"Nossos dias eram gastos fazendo serviços comunitários, indo a programas de reabilitação e à escola, nos reunindo para refeições e recreação. Quase todo mundo tinha um trabalho, já que ele diminuía o tempo da pena e contava muitos pontos com o comitê da condicional. Mesmo assim tinha uns presos que não trabalhavam. A pena deles era muito longa ou eram tão perigosos que não podiam se candidatar à condicional, portanto sabiam que por mais que trabalhassem nunca conseguiriam diminuir consideravelmente suas penas. Esses caras simplesmente ficavam sentados em suas celas e cumpriam suas penas. Johnny Dio nunca fazia nada. Passou todo o seu tempo no escritório do padre da prisão ou reunindo-se com seus advogados. Dio estava cumprindo uma pena tão longa por ter cegado Victor Riesel que nunca saía num programa ou condicional. Passava todo o tempo tentando anular a condenação. Mas não tinha argumentos para tal. A maioria dos outros mafiosos tinha empregos. Até Paulie tinha um. Ele costumava trocar as fitas de músicas no sistema de som de música ambiente. Na verdade não era ele em pessoa quem fazia. Alguém o fazia para ele, mas ele ficava com o crédito pelo serviço. O que Paulie realmente fazia o dia inteiro era fogões. Era um gênio na montagem de fogões. Já que não se podia cozinhar nos dormitórios, Paulie conseguia contrabandear as chapas quentes. Conseguia a caixa de aço da loja de máquinas, fazia o cabeamento e isolava tudo. Se você fosse gente boa, Paulie fazia um fogão para você. Os caras ficavam orgulhosos de cozinhar nos fogões que ele fazia.

"O jantar era o grande acontecimento do dia. Nos sentávamos e bebíamos, jogávamos cartas e contávamos vantagens, igual do lado de fora. Fervíamos uma enorme caçarola com água para o macarrão. Sempre tínhamos um primeiro prato de massa e depois carne ou peixe. Paulie sempre fazia os trabalhos de preparação. Tinha um método próprio para preparar o alho. Usava uma lâmina de barbear e o fatiava tão fino que costumava derreter na frigideira com um pouco de óleo. Vinnie Aloi ficava responsável por fazer o molho de tomate. Eu achava que ele punha muita cebola, mas no fim das contas o molho ficava bom. Johnny Dio gostava de preparar a carne. Não tínhamos uma grelha, então Johnny fazia tudo em frigideiras. Quando ele fritava filés na frigideira a gente pensava que o lugar estava em chamas, mas nem assim os guardas nos incomodavam.

"Matriculei-me num curso de dois anos de gerente-adjunto de restaurante e hotel no Williamsport Community College. Foi um ótimo negócio. Uma vez que eu era um ex-combatente, ganhava seiscentos dólares por mês como parte dos benefícios de veterano por ir à escola, e o dinheiro era enviado para Karen. Alguns dos caras pensaram que eu era maluco, mas eles não eram veteranos e não podiam ganhar o dinheiro. Além disso, Paulie e Johnny Dio costumavam forçar-me a ir para a escola. Queriam que eu me tornasse um oftalmologista. Não sei por que, mas era o que eles queriam que eu fosse.

"Inscrevi-me em sessenta créditos a cada semestre, e estava ávido por aprender. Quando fui para a prisão, eu era apenas semialfabetizado. Tinha parado de ir à escola ainda criança. Na prisão aprendi como ler. Depois das nove da noite, que era quando nos recolhíamos para dormir, enquanto todos os outros ficavam de conversa fiada a noite toda, eu costumava ler. Lia de dois a três livros por semana. Mantive-me ocupado. Se não estivesse na escola, anotando apostas ou contrabandeando comida, estava montando e dando manutenção em quadras de tênis na área de recreação. Tínhamos uma linda quadra de saibro e uma de concreto. Tênis passou a ser meu esporte. Nunca tinha praticado qualquer esporte antes na vida. Era um tremendo escape. Paulie e seus velhos mafiosos costumavam jogar bocha perto do muro, mas os jovens como Paul Mazzei, Bill Arico, Jimmy Doyle e alguns dos pistoleiros da Gangue Lilás do Leste do Harlem começaram todos a aparecer com seus uniformes brancos de tênis. Até Johnny Dio ficou interessado. Aprendeu a jogar, mas sempre manejava sua raquete como se fosse um machado.

"No início Paulie me levava a todo lugar e me apresentava a todo mundo. Em três meses comecei a agenciar apostas na prisão. Hugh Addonizo, o ex-prefeito de Newark, era um dos meus melhores clientes. Era um doce de pessoa mas um apostador inveterado. No sábado costumava apostar dois maços de cigarros por jogo, e ele apostava em vinte jogos. Se houvesse 21 jogos ele apostava nos 21. Apostava em jogos de futebol universitário no sábado e nos de futebol profissional no domingo.

"Depois de um tempo, eu fazia apostas para inúmeros detentos e guardas da prisão. Eu tinha Karen do lado de fora organizando as coisas para mim. Ela fazia os pagamentos ou as coletas. Os caras faziam apostas ou compravam coisas de mim do lado de dentro e suas esposas ou parceiros pagavam do lado de fora. Era mais seguro do que manter muito dinheiro vivo na cela. Se os presos não pegassem, os guardas o faziam. Uma vez que todo mundo sabia quem ela era e com quem ela estava, ela não tinha o menor problema em fazer as coletas. Eu estava ganhando um dinheirinho. Ajudava a passar o tempo. E me ajudava a manter os guardas felizes."

Após dois anos e meio Henry conseguiu ser admitido na fazenda do presídio, distante um pouco mais de dois quilômetros dos muros da prisão. Ir para a fazenda era o sonho de Henry. Uma rebelião nos blocos das celas de Lewisburg, onde houve nove assassinatos em três meses, havia criado uma situação bastante tensa. Prisioneiros, incluindo os mafiosos, recusaram-se a deixar suas celas e fazer serviços comunitários. Durante o auge da rebelião os guardas foram até o dormitório de honra e levaram todos os mafiosos para a solitária, onde estariam a salvo.

Karen havia começado uma campanha por escrito ao Departamento de Prisões, em Washington, para conseguir que Henry fosse admitido para a fazenda do presídio. Escreveu aos altos funcionários do departamento sabendo que eles fariam chegar as cartas ao seu destino sem muita burocracia. Ela sabia que se escrevesse diretamente para os dirigentes de Lewisburg suas cartas poderiam ser desconsideradas. Mas se em Lewisburg eles recebessem cartas sobre Henry Hill vindas do escritório central em Washington, D.C., os dirigentes locais do presídio não teriam jeito de saber se o caso de Henry seria mais do que interesse eventual para o alto escalão. Toda vez que Karen conseguia que um senador escrevesse ao Departamento de Prisões, o gabinete encaminhava a carta a Lewisburg, onde o administrador do caso de Henry era notificado acerca do questionamento do membro do Congresso. Nunca ficava claro se as cartas do Congresso eram respostas de rotina a pedidos de constituintes ou se Henry tinha relações especiais com algum político. Não significava que os dirigentes do presídio sentiam-se obrigados a fazer algo fora da legalidade por algum interesse político em Hill, mas com certeza eles não iriam ignorar seus direitos como prisioneiro.

Karen também conseguiu que homens de negócios, advogados, clérigos e membros da família escrevessem cartas de acompanhamento tanto para os congressistas quanto para o presídio em defesa de Henry. Telefonava para fazer o acompanhamento acerca de suas cartas. Ela era incansável. Mantinha arquivos de sua correspondência e rastreava os burocratas mais amigáveis nos meandros dentro do sistema, mantendo contato com eles mesmo depois de serem promovidos ou transferidos. No fim, a combinação das transferências maciças que se seguiram à rebelião, um recorde para o presídio, e a campanha de Karen por meio de suas cartas fizeram com que Henry fosse transferido para a fazenda.

Ser transferido para a fazenda era como não estar preso. A fazenda era uma fazenda de gado leiteiro de oitenta hectares que fornecia leite para o presídio. Os homens transferidos para lá tinham uma liberdade extraordinária. Henry, por exemplo, deixava o dormitório todo dia às cinco da manhã e percorria a fazenda a pé ou pegava um dos tratores ou caminhões para fazê-lo. Depois, ele e três outros presidiários levavam em torno de 65 vacas até um reservatório de ordenha e pasteurização, enchiam de leite tonéis de quinze litros e os enviavam para o presídio. Eles também abasteciam o Centro Correcional de Allenwood, um presídio federal de segurança mínima para criminosos do colarinho branco, a cerca de 25 quilômetros dali.

Depois das sete ou oito da manhã, Henry ficava livre até às quatro da tarde, quando o processo de ordenha recomeçava. Normalmente ele só voltava ao dormitório para dormir.

"No primeiro dia que entrei na fazenda e vi o sujeito que administrava o lugar sentado numa mesa com uma publicação sobre apostas em corridas de cavalos, vi que estava em casa. O cara — seu nome era Sauer — era um jogador viciado. Estava divorciando-se da mulher e ia para as corridas toda noite. Dei dinheiro a ele para apostar para mim. Fingi que achava que ele era um apostador experiente, mas na verdade ele não entendia nada de cavalos. Era uma forma de dar dinheiro a ele para que passasse a depender da minha verba para ir às corridas. Logo consegui que ele voltasse com Big Macs, Kentucky Fried Chicken, Dunkin' Donuts e garrafas de bebida. Costumava me custar entre duzentos e trezentos dólares por semana, mas valia muito a pena. Eu tinha meu lacaio.

"Eu sabia que podia ganhar muito dinheiro. Havia muito pouca vigilância na fazenda, eu podia contrabandear qualquer coisa para lá. Minha função era a de checar a cerca, o que significava que eu tinha comigo alicates de corte e um trator, e circulava pelo perímetro da fazenda para me certificar de que as vacas não haviam furado a cerca em algum lugar. Eu podia sumir umas três ou quatro horas por dia. Após meu primeiro dia, liguei para Karen do telefone do laticínio. Foi numa noite de quarta-feira. No sábado à noite, encontrei-me com ela no terreno atrás do pasto, e fizemos amor pela primeira vez em dois anos e meio. Ela trouxe um cobertor e uma bolsa de viagem cheia de bebidas, salame italiano, linguiças, pimentões em conserva — o tipo de coisas que eram difíceis de encontrar no meio da Pensilvânia. Ajeitei tudo atrás do muro, embrulhando os produtos em plásticos e enfiando dentro dos recipientes de leite de quinze litros que entregávamos à cozinha do presídio, onde tínhamos nosso pessoal para desembalar.

"Em uma semana, eu tinha gente trazendo comprimidos e maconha. Eu tinha um colombiano chamado Mono, o Macaco, que morava em Jackson Heights, e mandava a maconha em cilindros compactos. Enterrei recipientes de leite na floresta e comecei a armazenar o material. Eu tinha caixas de bebidas lá. Tinha uma pistola. Fiz Karen até trazer um pouco de maconha nas bolsas de viagem quando meu estoque ficou baixo. Baixei na fazenda e entrei nos negócios.

"Mas também estava trabalhando dezoito horas por dia. Se houvesse um parto de bezerro eu acordava às quatro da manhã. Estava lá tarde da noite se os canos ou tubos precisassem ser limpos. Eu era o operário-padrão, o melhor peão de fazenda que o laticínio já tivera. Até os guardas reconheciam.

"Nesse meio tempo, eu tinha me associado no negócio de venda de maconha e comprimidos com Paul Mazzei, um jovem de Pittsburgh que estava preso por vender maconha. Ele tinha bons fornecedores locais, e eu conseguia pôr o material dentro do presídio. Bill Arico, da quadrilha de Long Island, também estava preso em Lewisburg por assalto a banco, e era quem fazia a maior parte das vendas. De fato, rapidamente Arico passou a ser o maior fornecedor de drogas da prisão. Bill vendia cerca de quinhentos gramas por semana, um faturamento em torno de quinhentos a mil dólares. Havia outros caras vendendo comprimidos e ácido. Muita gente cumpriu pena sob efeito de ácido. A prisão era um mercado. Os portões se abriam e aquilo virava o sonho de um homem de negócios.

"Eu mesmo costumava trazer a cocaína. Não confiava em ninguém quando se tratava de pó. Quanto à maconha, enfiava dentro de bolas de handebol que eu costumava abrir ao meio e depois juntava as metades com fita adesiva. Antes de arremessar as bolas por cima do muro para dentro da quadra de handebol, eu ligava para o funcionário do hospital, que era um completo viciado, e ele alertava meus distribuidores para começarem a se juntar ao redor da quadra de handebol. Era tão compactada que eu costumava conseguir passar pelo muro de quinhentos gramas a um quilo de mercadoria com apenas algumas bolas.

"O único problema era com os chefões. Àquela altura Paulie já tinha ido para casa, mas Johnny Dio ainda estava lá, e ele não queria ninguém do bando mexendo com drogas. Ele não se preocupava com as drogas por questões morais. Simplesmente não queria aporrinhação com a polícia. Mas eu precisava de dinheiro. Se Johnny me desse dinheiro para eu me sustentar e à minha família, tudo bem. Mas Johnny não dava nada. Se eu quisesse me manter estando atrás das grades, eu tinha de ganhar meu próprio dinheiro, e vender drogas era a melhor maneira por ali. Assim mesmo, tinha de agir muito discretamente. Ainda assim, estourou uma bomba. Um dos meus distribuidores costumava guardar sua mercadoria num cofre dentro do gabinete do padre e foi pego. Johnny Dio costumava usar o gabinete como seu escritório — telefonando para seus advogados e parceiros — e agora não podia mais. Ficamos loucos. Precisei pedir a Paulie para falar com o filho e pedir para não me matar. Paulie quis saber se eu estava vendendo drogas. Menti. Claro que não, falei. Paulie acreditou em mim. Por que não acreditaria? Até começar a vender a erva em Lewisburg eu não sabia nem enrolar um baseado."

GoodFellas
OS BONS COMPANHEIROS

14

Por quase dois anos Karen visitou Henry na prisão uma vez por semana. Lá pelo terceiro ano, entretanto, ela diminuiu para uma ou duas vezes ao mês. Henry estava designado para o muitíssimo menos pesado trabalho na fazenda, e as crianças achavam a viagem muito cansativa, seis horas de viagem na ida e seis na volta, insuportável. Judy passara a sofrer de fortes cólicas estomacais toda vez que elas iam visitar a prisão, e por um bom tempo nem Karen nem seu médico conseguiam diagnosticar a causa de sua dor. Só depois de dois anos, quando Judy estava com onze anos, que ela finalmente confessou que achava a privada da área de visitações do presídio tão imunda que não conseguia usá-la durante as intermináveis dez, às vezes doze, horas de visitas. Ruth, que à época tinha nove anos, lembra-se de longos períodos de absoluto tédio enquanto seus pais e seus amigos conversavam e comiam em longas mesas de piquenique numa sala grande, vazia e fria. Karen trazia pequenos brinquedos, livros de colorir e lápis de cera para as crianças, mas não havia muita coisa que elas pudessem fazer. O presídio não tinha instalações para crianças, apesar de muitos jovens aparecerem nos fins de semana para verem seus pais. Judy e Ruth ficavam tão ávidas por diversão depois das primeiras horas de visita que Karen deixava que elas gastassem uma quantidade enorme de moedas de 25 centavos nas várias máquinas automáticas e que vendiam tudo a preços exorbitantes — apesar de, à época, estar em dificuldades financeiras.

KAREN: Quando Henry foi preso pela primeira vez, o dinheiro simplesmente secou. Ficou impossível. Eu trabalhava meio expediente como auxiliar de dentista. Também aprendi a tosar e cuidar de cães, principalmente porque era o tipo de trabalho que eu podia fazer em casa e assim cuidar das crianças. O dinheiro que a maioria dos amigos de Henry nos devia do Suite nunca foi pago. A maioria daqueles sujeitos vivia dura até conseguir faturar em algum roubo, mas aí o dinheiro evaporava antes que pudéssemos pôr as mãos nele. Havia um banqueiro de apostas que fez uma fortuna com o Suite. Henry tinha feito tudo pelo sujeito. Ele tinha mulher e filhos na Flórida e dez namoradas em Nova York. Uma amiga minha sugeriu que, já que Henry estava preso, talvez ele devesse mandar algum dinheiro para mim e as crianças. A sugestão que ele me deu foi para eu acampasse numa delegacia com as crianças até que os policiais me inserissem na Assistência Social.

Essa era a mentalidade daquela gente. Vendi alguns dos equipamentos que roubamos do Suite para Jerry Asaro, um ricaço que frequentava o lugar. Ele era amigo de Henry e membro da quadrilha da família Bonanno. Estou até hoje esperando pelo dinheiro. Ele pegou o material e nunca me pagou um centavo. Eu havia lido sobre como esses caras cuidavam uns dos outros quando iam presos, mas na vida real a história é outra. Se não forem obrigados a ajudá-lo, eles não o farão. Apesar de eu achar que éramos parte da família — e éramos — não entrava dinheiro algum. Depois de um tempo Henry teve de fazer dinheiro dentro da prisão. Devia custar a ele quase quinhentos dólares por semana só para viver lá dentro. Ele precisava de dinheiro para subornar os guardas e para ter comida especial e outros privilégios. Enviava-me o cheque de 673 dólares do pagamento mensal da Administração dos Veteranos que ele recebia por ir à escola, e depois me dava um pouco mais pelo contrabando e venda de drogas por detrás dos muros, mas eram dólares difíceis de serem ganhos e nós dois corríamos muitos riscos.

Nos primeiros dois anos eu morava com as crianças num apartamento em Valley Stream, mas estávamos sempre na casa de meus pais. Geralmente jantávamos lá, e Henry costumava ligar todas as noites para falar comigo e com as meninas. As meninas sabiam que ele estava preso. Mas no início tudo o que contamos a elas foi que ele tinha feito algo contra a lei. Eu dizia que ele não tinha machucado ninguém, mas que tinha dado azar e foi preso. Elas tinham só oito e nove anos à época, então disse a elas que ele fora pego jogando cartas. Elas sabiam que não se devia jogar cartas.

Mesmo depois, quando ficaram mais velhas, as meninas nunca acharam que seu pai ou qualquer dos amigos dele fossem bandidos. Ninguém nunca disse nada a elas. Elas pareciam aceitar o que seu pai e os amigos dele faziam. Não sei bem o que elas sabiam quando eram crianças, mas sei que não achavam que tio Jimmy ou tio Paulie fossem escroques. Viam Jimmy e Paulie como tios generosos. Claro que elas só os viam em momentos alegres — em festas, casamentos ou aniversários — e eles sempre chegavam carregados de presentes.

Elas sabiam que seu pai e os amigos jogavam e que jogar era contra a lei. Também sabiam que havia coisas em casa que eram roubadas, mas até onde elas sabiam todo mundo que elas conheciam tinham coisas em suas casas que eram roubadas.

Entretanto, sabiam que seu pai estava fazendo coisas que eram erradas. Henry nunca falava do que fazia como se tivesse orgulho disso. Nunca se vangloriou do que fazia do jeito que Jimmy fazia em frente aos filhos dele. Lembro-me de um dia em que Ruth chegou em casa vindo da casa de Jimmy, onde estivera assistindo televisão com seu filho caçula. Ela disse que Jesse — cujo nome foi dado por Jimmy em homenagem a Jesse James, Deus do céu — costumava torcer pelos bandidos e xingar os policiais na televisão. Ruth não conseguiu esquecer disso. Pelo menos minhas filhas não estavam sendo criadas para torcer por ladrões.

Minha mãe pareceu aceitar a ida de Henry para a prisão muito calmamente, mas ela nunca conseguiu entender por que eu tinha de ir visitá-lo o tempo todo. Achava que eu estava louca. Via o volume de trabalho envolvido na preparação de minhas viagens. Via-me comprar todos os tipos de comidas diferentes, sabonetes, lâminas e cremes de barbear, colônias e cigarros. Para ela as viagens não faziam sentido. Mas é claro que ela não sabia que eu estava ajudando Henry a contrabandear mercadorias para a prisão para que ele pudesse ganhar uns dólares a mais.

Eu ficava muito nervosa no início, mas Henry explicou-me em detalhes como eu deveria fazer. Dizia que as mulheres de todo mundo estavam trazendo suprimentos. Comecei trazendo seu azeite especial, linguiças defumadas importadas e salames, cigarros, garrafas de conhaque e uísque escocês, mas logo estava trazendo pequenos envelopes com maconha, haxixe, cocaína, anfetaminas e Quaaludes.

Henry conseguia que os fornecedores entregassem as mercadorias em nossa casa.

Para passar pela vistoria do presídio, eu costurava a comida em sacos e os amarrava ao meu corpo. Os guardas vistoriavam nossas bolsas e nos faziam passar pelos detectores de metais em busca de facas e armas de fogo, mas era tudo o que faziam. Uma vez que você não embrulhasse nada em papel alumínio, podia entrar com uma mercearia sob o casaco. Eu costumava usar um enorme poncho, e carregava sanduíches, salames e todo tipo de coisas dos pés ao pescoço. Enfiava garrafas de meio litro de conhaque e de uísque escocês dentro de botas enormes e larguíssimas que comprei justamente para atravessar o portão. Punha um sutiã tamanho GG e um par de cintas-ligas para levar a maconha e os comprimidos. Entrava no salão de visitas dura como o Homem de Lata, mas os guardas nem ligavam. Ia direto ao banheiro feminino, arrancava tudo do meu corpo e levava para uma das longas mesas onde Henry e as meninas me esperavam. Não podíamos trazer para a sala de visitação nada de fora que fosse de comer, mas todas as mesas tinham montanhas de comida que as mulheres haviam cozinhado em casa. Uma vez que conseguíssemos pôr as coisas na mesa lá de dentro, estávamos seguras. Os guardas não nos incomodavam. Era como um jogo. Quando vi como tudo funcionava, entendi que não precisava me preocupar muito em ser pega, porque, como Henry dizia, a maioria dos guardas da sala de visitação já faziam parte da folha de pagamento. Cada um recebia cinquenta dólares nos dias de visitas só para olharem para o outro lado.

Mesmo assim, muitas mulheres ficavam nervosas. Uma mulher estava tão aterrorizada tentando entrar com coisas, que tremia de verdade. Tive de fazer a entrega para ela. Ela ficou do lado de fora com as crianças e eu levei. Enfiei suas coisas no meio das minhas e passei. Ela ficou praticamente em lágrimas com medo que eu fosse pega. Quando entramos fui checar o que ela havia trazido. Não pude acreditar. Um pacote de chá de ginseng, um pote de creme de barbear e um pouco de loção após barba. Ela tremia por isso.

Eu chegava ao presídio por volta das oito da manhã. Acordava as meninas às três, embalava suas bonecas, cobertores, travesseiros e remédios e dirigia pelas estradas por mais ou menos seis horas.

Tentava chegar cedo em Lewisburg para que, depois de dirigir por tanto tempo, eu pudesse pelo menos passar dez horas do dia com Henry antes de voltar para casa. Mas, por mais cedo eu chegasse, já havia dezenas de mulheres e crianças na minha frente. Dias de visita eram como grandes piqueniques familiares. As mulheres arrumavam as crianças, traziam comida e álbuns de fotografias para mostrar aos maridos. Tinha também dois presos que ficavam circulando e tirando fotos Polaroid — um tinha sido um espião do Exército para os russos e o outro era assaltante de bancos — e eles ganhavam dois dólares por cada foto.

Finalmente, em dezembro de 1976, após pouco mais de dois anos, Henry foi enviado para a fazenda. Foi um graça de Deus. Também ficou mais fácil contrabandear quantidades maiores de coisas. Uma vez que trabalhava desde antes do amanhecer até tarde da noite, tinha plena liberdade de circular do lado de fora dos muros sob quase nenhuma vigilância. Dizia que estava saindo para vistoriar a cerca e se encontrava comigo nos fundos da propriedade. Foi quando comecei a lotar as bolsas de viagem com comida extra, uísque e drogas. Uma das outras esposas, cujo marido estava preso com Henry, deixava-me com as duas bolsas na beira da estrada estreita e suja. Era preciso estar bastante escuro pois um dos guardas morava nas redondezas e costumava espiar pela janela com binóculos.

A primeira vez que fui deixada lá, fiquei muito nervosa. Estava sozinha no meio daquela estrada rural escura. Esperei na escuridão por cerca de cinco minutos, mas pareciam horas. Não conseguia enxergar nada. Então de repente senti uma mão agarrar meu braço. Acho que dei um pulo até as estrelas. Era Henry. Estava todo de preto. Pegou as bolsas de viagem e entregou uma delas ao outro sujeito. Depois segurou minha mão e seguimos para dentro da floresta. Ele tinha uma garrafa de vinho e um cobertor. Foi assustador. Eu estava muito nervosa, mas logo me acalmei. Não fazia amor com ele havia dois anos e meio.

Assim que Henry chegou a Lewisburg, ele estava furioso com Karen. Ela aparecia nos dias de visita com as crianças e reclamava de dinheiro. Queixava-se do fato de muitos dos clientes não estarem pagando o dinheiro que ainda deviam das contas penduradas no Suite. Reclamava que os amigos dele alegavam pobreza e circulavam de carros novos enquanto ela tinha de fazer tosa em poodles à noite. Para Henry, Karen simplesmente não conseguia entender que quando um mafioso era preso ele parava de ganhar dinheiro. Era fato. Todas as apostas e dívidas deixavam de existir. Não importa o que se falava nos filmes: amigos de mafiosos, antigos sócios, devedores e ex-vítimas choravam, mentiam, trapaceavam e se escondiam para não pagar o dinheiro devido a um homem atrás das grades, muito menos à sua mulher. Se quisesse sobreviver na prisão você tinha de aprender a ganhar dinheiro lá dentro.

Por dois anos Henry ganhou entre mil e 1,5 mil dólares por mês vendendo bebidas alcoólicas e maconha que Karen contrabandeava. Quando Henry conseguiu seu emprego na fazenda de Lewisburg, sua operação de contrabando (que havia crescido para incluir alguns guardas, além de Karen) expandiu-se muito. Agora ele podia encontrar-se com Karen e suas bolsas de viagem cheias de uísque e drogas no caminho da fazenda uma ou duas vezes por mês. Isso não significava que Henry subitamente tenha começado a acumular grande fortuna. Presos como Henry não mantêm na prisão o dinheiro que ganham. Quase todo o lucro de Henry era repassado direto para Karen, para os guardas e os altos funcionários do presídio que permitiam que ele operasse. Em retribuição aos subornos, Henry era protegido dos riscos comuns encontrados na cadeia e também era autorizado a manter sua vida na prisão algo confortável e sem restrições.

Henry tinha poucas reclamações acerca de como era tratado. Não ficava confinado atrás dos muros, podia escolher os colegas de quarto do dormitório, suas refeições eram muito acima do custo normal das refeições da prisão, podia fazer uso ilimitado do escritório e do telefone do gerente da fazenda e na primavera e verão era tão pouco vigiado que podia fazer piqueniques com Karen na floresta. Uma vez ele e Karen pegaram urticária. Às vezes, quando Henry podia sumir por um tempo, os dois fugiam por algumas horas até um Holiday Inn das redondezas. Mas Henry ainda estava numa penitenciária de segurança máxima, e parecia que iria ficar lá por pelo menos mais dois anos e meio, ou até junho de 1978, quando enfim poderia ser candidato a uma condicional.

Henry estava na fazenda havia exatos oito meses quando descobriu pela primeira vez que poderia sair de Lewisburg legalmente. Em agosto de 1977, ele ficou sabendo que G. Gordon Liddy, condenado no caso

Watergate que estava preso a cerca de 24 quilômetros na prisão de segurança mínima, o Centro Correcional de Allenwood, havia organizado uma greve de fome. No início era apenas um rumor; Henry ouvira a respeito dos motoristas que entregavam leite da fazenda de Lewisburg para Allenwood. Parecia que Liddy tinha conseguido cooptar sessenta dos criminosos do colarinho branco e políticos corruptos de Allenwood a seguirem sua liderança. Henry também ficou sabendo que depois de alguns dias dessa bobagem o Departamento de Prisões decidiu transferir Liddy e seus sessenta grevistas.

"Assim que fiquei sabendo das possíveis transferências, comecei a bolar um plano. Sabia que se iam retirar sessenta pessoas de Allenwood, haveria sessenta vagas em Allenwood. Eu queria uma dessas vagas a todo custo. Para mim a diferença entre cumprir pena num lugar como Lewisburg — um lugar que para mim não era na verdade tão ruim — e Allenwood seria como não estar preso. Peguei Karen e mandei-a começar a telefonar para seus contatos no Departamento de Prisões imediatamente. Disse a ela: 'Não escreva, ligue!'. Falei para ela ligar para Mickey Burke e fazer com que Mickey tentasse trazer Jimmy, que à época estava em Atlanta, para Allenwood também. Se conseguíssemos ir para Allenwood, seria quase como estar em casa. Era o country club do Departamento Federal de Prisões. Sem muros. Sem celas. Era como uma colônia de férias para marmanjos travessos. Tinha quadras de tênis, academia de ginástica, pistas de corrida, um campo de golfe de nove buracos e, o melhor de tudo, programas de reabilitação extremamente liberais e sofisticados.

"Como eu suspeitava, cerca de uma semana depois que a greve de fome começou, o Departamento de Prisões decidiu que tinha tolerado chateação e baboseira demais do sr. Liddy. Lotaram seis ônibus com todos os indivíduos que não queriam comer — G. Gordon Liddy sendo o número um — e enviaram quarenta deles para Lewisburg e vinte dos outros paspalhos para Atlanta, onde os muçulmanos e a Irmandade Ariana estavam se esfaqueando por tudo e por nada.

"Em poucos dias, o escritório do diretor do presídio começou a retirar os presos de Lewisburg e a enviá-los para Allenwood, mas meu nome não estava na lista. Quando perguntei aos meus informantes de dentro do escritório do diretor, alguns me disseram que eu não podia entrar na lista porque meu nome estava com o carimbo 'Crime Organizado'.

Outros disseram que era porque eu havia machucado meu pulso num jogo de softball, e Allenwood não queria aceitar pessoas machucadas. Fiquei maluco. Senti-me como se tivesse armado tudo e eles estivessem transferindo todo mundo e eu não. Karen deve ter ligado para Washington umas vinte vezes. Sem sucesso.

"Finalmente fui falar com a assistente do conselho prisional. Ela ficou com pena de mim. Eu sempre fora gentil com ela, apesar de ser muito feia. Costumava me ver jogando tênis. Eu brincava com ela. Cozinhava coisas e levava para ela. Levava-lhe flores.

"Agora eu estava desesperado. Estava implorando. Ela sabia o que eu queria, e meus anos de delicadezas tinham valido à pena. Um dia, depois de o diretor do presídio ir para casa, enquanto eles estavam transferindo o último carregamento de presos para Allenwood, fui a ela mais uma vez implorar para ser transferido. Ela pareceu se comover. 'Por favor, não diga nada', ela falou, e aí tirou um pobre infeliz da lista e pôs outro no lugar. Eu.

"Mal pude acreditar. Em poucos dias eu estava em Allenwood. Era outro mundo. Era como ir para um motel. Havia cinco grandes dormitórios, com uns cem caras em cada, e todo mundo tinha sua cela individual. O prédio da administração, a sala de jantar e as salas para visitações ficavam no pé da montanha, e exceto por uma chamada nominal duas vezes ao dia — uma quando nos levantávamos para tomar café às sete da manhã e outra mais ou menos às quatro e meia da tarde — tudo era na base da confiança. Quando eu já estava lá havia uma semana, já ia sozinho ao hospital no centro da cidade para cuidar do meu pulso machucado. Nada de guardas. Nada de ser espionado. Nada de nada.

"O lugar era repleto de gente com muita classe. Os caras administravam seus negócios de dentro dos dormitórios. Tínhamos salas com telefones ao lado das salas de TV em cada dormitório, e você os via no telefone dia e noite fazendo negócios. Tínhamos quatro fraudadores da bolsa de valores cujas esposas apareciam para visitá-los praticamente todos os dias. Allenwood não impunha limite de visitas, e alguns dos presos permaneciam nas salas de visitas de nove da manhã às nove da noite. As mulheres dos corretores da bolsa costumavam chegar em limusines com empregadas que cozinhavam filés bem ali na cozinha. Nos fins de semana, as mulheres vinham com seus filhos e babás, e havia na prisão até um centro de recreação infantil onde as crianças podiam brincar e descansar.

"Havia uns quarenta judeus na prisão quando eu cheguei. Tinham acabado de obter o direito do Departamento de Prisões em Washington de ter uma cozinha separada para preparo de comida kosher. Imediatamente me voluntariei para trabalhar na cozinha kosher. Queria de cara deixar claro que era uma pessoa religiosa para conseguir autorização para ir em casa por sete dias a cada três meses.

"Logo descobri um jeito de ir para casa ainda com mais frequência. Pedi a Karen para entrar em contato com um rabino que conhecíamos, que escreveu cartas para as autoridades de Allenwood pedindo permissão para eu deixar a prisão uma vez por mês durante três dias, aos fins de semana, para aprendizado religioso. Os dirigentes da prisão sempre obedeciam a pedidos de religiosos. Foi assim que conseguimos ter duas cozinhas em Allenwood, e foi assim que os presos negros conseguiram suas dietas muçulmanas especiais e dias dedicados à reza islâmica.

"Uma vez que consegui a aprovação para meus fins de semana de aprendizado religioso, um rabino local organizou tudo. Ele era esperto. Vinha lidando com detentos de Allenwood por alguns anos, e aí você recebia o tipo de aprendizado pelo qual tinha pago. Havia uns doze caras em Allenwood que estavam em seu programa, e ele realmente os levava até uma sala de reuniões de um motel das redondezas para receberem aprendizados religiosos e relaxar. Eu sabia que em troca de algum dinheiro ele podia se esforçar mais. Em poucas semanas, eu tinha tudo acertado, então ele passou a me pegar de carro no início da tarde de sexta-feira e acelerávamos o máximo que podíamos até Atlantic City, onde me encontrava com Karen e alguns do bando e passávamos o fim de semana jogando e nos divertindo. O homem recebia mil dólares por cada fim de semana. Eu ainda tinha de pagar suas despesas de alimentação e hospedagem. Ele queria tanto agradar que depois de algumas viagens consegui incluir Jimmy nos fins de semana judaico-religiosos. Eu quase não vira Jimmy depois que ele foi para Allenwood porque ele fora destinado para um dos outros dormitórios e ficou com a turma responsável pela jardinagem. Mas consegui incluí-lo nos fins de semana religiosos, e ao chegar a sexta-feira, quando iniciávamos a viagem para Atlantic City, era como nos velhos tempos.

"Também me associei à Câmara Auxiliar de Comércio local, porque eles nos liberavam por cinco dias todos os meses como parte do programa de reabilitação. E um domingo por mês eles promoviam também os

Toastmaster Weekends, onde éramos hospedados em um motel das redondezas e ouvíamos palestras sobre reinserção nos negócios. A maioria das associações que promoviam essas iniciativas eram bem intencionadas e oficiais, mas umas poucas não eram, e não demorei muito a descobrir quem estava disposto a ganhar cem dólares por dia para olhar para o outro lado. Logo passei a me inscrever em tudo. Houve um mês em que eu consegui juntar tantas autorizações de saída, folgas e feriados religiosos que o presídio acabou me devendo um dia.

"Além disso, se eu tivesse de sair para pegar comprimidos ou maconha, podia sempre pagar cinquenta dólares a um dos guardas e ele me levava até o local, depois de fazer sua ronda e a chamada das quatro e meia da tarde, e depois me trazia de volta antes da contagem das sete da manhã, quando ele voltava ao trabalho. Ninguém questionava o procedimento. O guarda não tinha de assinar qualquer documento. Era apenas uma forma de eles ganharem um dinheiro extra, e ninguém caguetava. Normalmente eu combinava com Karen para ela reservar um quarto num dos hotéis das redondezas. Eu gostava dos que tinham piscina coberta.

"Nas licenças de saída mais longas, de cinco dias, eu simplesmente ia para casa. Por que não? Karen ou alguém do bando encontrava-me no motel em que a Câmara Auxiliar de Comércio estava dando seus seminários, e meu cupincha apenas acenava para mim. Eu chegava em casa em poucas horas. Depois de um tempo ia para casa com tanta frequência que muita gente do bairro achou que eu tinha saído da prisão um ano antes do tempo."

No dia 12 de julho de 1978, Henry Hill foi beneficiado com liberdade condicional por ter sido um preso modelo. De acordo com o relatório do Departamento de Prisões, ele fora o detento ideal. Tinha tirado proveito dos programas educacionais e de autoaperfeiçoamento da prisão. Mantivera conduta ilibada durante todo seu encarceramento. Adaptara-se bem à reabilitação e participara de serviços comunitários e programas religiosos criados para atender aos detentos. Fora cortês e cooperativo durante as entrevistas com a equipe do presídio, assistentes sociais e psicólogos. Aparentava autoconfiança e maturidade. Tinha fortes laços familiares e, à época de sua soltura, tinha assegurado um emprego de 225 dólares semanais como gerente em uma empresa perto de sua casa, em Long Island.

É claro que os funcionários da administração não tinham como saber o tanto que Henry havia manipulado e abusado do sistema. Tampouco sabiam que seu novo trabalho era essencialmente um emprego fantasma que fora arrumado para ele por Paul Vario. O futuro empregador de Henry, Philip Basile, era um empresário de rock que era controlado pela Máfia e dono de uma discoteca em Long Island e que uma vez contratara Henry para pôr fogo em alguns prédios. Para o Departamento de Prisões, entretanto, a ficha de Henry Hill era o testemunho da moderna abordagem penológica que levaria à reabilitação. Quando ele assinou sua saída de Allenwood pela última vez, o Departamento Penitenciário observou que seu prognóstico era bom e que era muito difícil que ele voltasse à prisão.

GoodFellas
OS BONS COMPANHEIROS

15

Henry Hill saiu de Allenwood no dia 12 de julho de 1978. Vestia um terno Brioni com cinco anos de uso, tinha 78 dólares no bolso e dirigiu seu Buick sedan velho de quatro portas até sua casa. Karen e as crianças estavam vivendo num apartamento minúsculo e caindo aos pedaços de dois quartos, no andar térreo, numa área decadente de Valley Stream. Os advogados de Henry, os guardas da prisão e as licenças para sair nos fins de semana tinham devorado quase todo seu dinheiro, mas ele mandou Karen começar a procurar uma casa. Ele tinha planos.

Antes de sua soltura, ao ir para casa nas suas licenças de fim de semana, Henry havia discutido dezenas de potenciais esquemas para ganhar dinheiro. Esta, na verdade, era uma das razões principais dessas licenças serem tão importantes: elas auxiliavam Henry a sentir que estava de volta aos negócios antes mesmo de ser solto. Após quatro anos atrás das grades, Henry não tinha a menor intenção de levar uma vida séria. Não podia sequer imaginar ser honesto. Precisava ganhar dinheiro. Para Henry era uma simples questão de sair da prisão e esquecer o passado.

Menos de 24 horas depois de sua soltura, Henry voou para Pittsburgh (violando sua condicional) para pegar 15 mil dólares, sua parte na sociedade em maconha que ele havia iniciado com Paul Mazzei em Lewisburg. Henry planejava usar o dinheiro para dar entrada numa casa. Ao chegar em Pittsburgh, descobriu que, infelizmente, Mazzei tinha acabado de lotar uma garagem com maconha colombiana de altíssima qualidade, então dispunha apenas de 2 mil dólares em dinheiro vivo. Henry não podia esperar Mazzei levantar o dinheiro, pois tinha de se encontrar com seu agente de condicional em Nova York no dia seguinte, e tinha prometido a sua filha Ruth que a levaria à FAO Schwarz no seu aniversário de onze anos e compraria para ela a maior boneca da loja. Henry pegou emprestada uma enorme mala de Mazzei, encheu-a de tijolos de maconha prensada e voltou para Nova York.

Henry estivera tanto tempo preso e fora das ruas que não tinha certeza quanto aos procedimentos de vistoria de bagagem antes do embarque nos aviões. Para não correr risco com companhias aéreas, acabou viajando uma noite inteira dentro de um ônibus da Greyhound. A viagem durou mais de doze horas, fez dezenas de paradas, e ele tinha de descer do ônibus a cada uma delas e ficar de guarda no compartimento de bagagem para garantir que ninguém levaria sua mala. Henry não sabia ao certo onde poderia descarregar a maconha. Nunca vendera ou fumara maconha antes de ser preso. Não podia usar ninguém de seu próprio bando, pois Paul Vario havia banido entre seus homens qualquer tipo de negócio com drogas.

Henry levou pelo menos uma semana se escondendo antes de finalmente conseguir descarregar a mala. Todavia, quando o fez, recebeu 12 mil dólares em dinheiro vivo. Foi rápido e fácil. Deu a entrada na casa. Levou Ruth à FAO Schwarz, e mesmo ela chorando e dizendo que era muito cara, comprou-lhe uma boneca importada de porcelana de duzentos dólares. Depois ligou para Pittsburgh e mandou que Mazzei lhe enviasse mais 250 quilos. Em um mês, Henry começou a vender no atacado estimulantes, Quaaludes, um pouco de cocaína e de heroína. Logo formou sua própria quadrilha para venda de drogas, incluindo Bobby Germaine, um assaltante que estava foragido e fingia ser um escritor independente; Robin Cooperman, uma auxiliar de escritório de uma empresa de carga aérea e que logo virou namorada de Henry; e Judy Wicks, uma mensageira que nunca fazia uma entrega se não estivesse com seu chapéu rosa e azul.

Além disso, Henry iniciou uma operação paralela envolvendo rifles automáticos e pistolas, que ele comprava de um dos seus usuários de Quaalude e eventual distribuidor que trabalhava num arsenal em Connecticut. "Mafiosos como Jimmy, Tommy e Bobby Germaine adoravam ter armas ao seu redor. Jimmy as comprava dentro de sacolas de supermercado. Seis, dez, uma dúzia — para esses caras nunca havia armas suficientes." Henry também começou um negócio de receptação de joias roubadas através de um joalheiro da bolsa de diamantes da rua 47 Oeste. A maioria das peças graúdas vinha de William Arico, um outro parceiro de Lewisburg que tinha se juntado a uma gangue especializada no roubo a hotéis de luxo e a casas de pessoas abastadas. "Arico trabalhava com Bobby Germaine,

Bobby Nalo, esse bando. Eram estritamente assaltantes. Bobby obtinha informações de uma estilista de moda e negociante de peles que tinha acesso às casas dos ricos e depois dava a Bobby o mapa da mina." Uma noite a gangue de Arico amarrou a rainha dos cosméticos Estée Lauder em sua mansão de Manhattan e fugiu com mais de 1 milhão de dólares em joias, das quais Henry fez a receptação. "Eles entraram com a ajuda de Arico, que fingiu-se de chofer. Saiu de minha casa todo arrumado em seu uniforme e quepe. Karen até desenhou um bigode em seu rosto. Tudo funcionou perfeitamente, mas aí o joalheiro arruinou quase todas as peças pois arranhava as pedras ao tirá-las de seus engastes. Retire já as pedras maiores de suas garras para que não possam ser rastreadas. Aí elas são vendidas e remontadas em novas peças. As garras de ouro e platina eram vendidas separadas e derretidas."

Henry começou a forçar sua entrada na rota de distribuição de bebidas alcoólicas, através da qual ele planejava fornecer uísque a todos os bares e restaurantes onde Jimmy Burke e Paul Vario tinham participação. E, mais importante de tudo, ele fazia questão de ir pegar seu pagamento semanal de 225 dólares pelo emprego fantasma de gerente na discoteca de Phil Basile que Paul Vario havia arrumado para ele. Henry precisava do recibo de pagamento semanal para poder provar ao seu agente de condicional que ele estava num emprego remunerado.

Foi numa de suas cada vez mais frequentes viagens a Pittsburgh que Henry encontrou-se com Tony Perla, um banqueiro de apostas local e amigo íntimo de Paul Mazzei. Entre um drinque e outro, em que discutiam o negócio de drogas no apartamento de Mazzei, Perla disse a Henry que ele tinha um jogador de basquete do Boston College que queria manipular a pontuação dos jogos para a temporada de 1978-79, que estava prestes a começar.

"Tony Perla vinha cultivando esse rapaz, Rick Kuhn, por mais de um ano. Kuhn era um reboteiro do Boston College que tinha crescido com Perla e seu irmão, Rocco. Era um garoto grandalhão que queria ganhar dinheiro. Perla já tinha dado ao garoto uma TV a cores, dinheiro para consertos em seu carro e até mesmo um pouco de maconha e cocaína. Quando comentei que sozinho Kuhn não seria capaz de garantir os pontos, Perla disse que Kuhn chamaria seu melhor amigo, Jim Sweeney, o capitão do time. Perla falou que com Kuhn, Sweeney e um terceiro jogador, caso precisássemos, poderíamos provavelmente controlar os pontos do jogo por 2,5 mil dólares cada partida.

"Os jogadores adoraram, pois não estariam perdendo as partidas. Podiam manter sua honra. Tudo o que tinham de fazer era certificar-se de não ganhar por mais do que a diferença de pontos combinada. Por exemplo, se os agenciadores de apostas ou os manipuladores de resultados de Vegas dissessem que a diferença de pontos entre o Boston e o adversário deveria ser de dez pontos, nossos jogadores teriam de deixar de encestar o suficiente para garantir que ganhariam por menos que os dez pontos dos corretores de apostas. Dessa forma eles ganhavam seus jogos e nós ganhávamos nossas apostas.

"Perla precisava de mim no esquema por causa de minha ligação com Paulie. Perla não era capaz de bancar apostas altas. Era preciso de muito dinheiro para ficar em grau de igualdade com agenciadores de todo o país e poder maximizar os lucros em cada jogo. Além disso, Perla queria ter certeza de ter proteção no caso de os agenciadores suspeitarem e se recusarem a pagar. Em outras palavras, se um dos agenciadores fosse até Perla com uma reclamação séria, ele queria poder dizer que quaisquer problemas seriam resolvidos em conjunto com seus sócios — mais precisamente eu, Jimmy Burke e Paul Vario.

"Algumas pessoas podem não saber, mas apostar altas quantias em basquete universitário é algo muito difícil de se fazer. Pouquíssimos agenciadores de apostas jogam pesado nesses jogos. Na verdade, a maioria dos grandes apostadores se envolvem com jogos de basquete universitário apenas como um favor para alguém que também esteja apostando muito dinheiro em futebol ou beisebol. E, mesmo assim, costumam apostar apenas uns cinquenta, chegando a no máximo mil dólares.

"Por isso que precisei montar uma rede de mais ou menos quinze ou vinte agenciadores de apostas, e ainda tive de explicar a alguns deles o que estava acontecendo para que pudessem me ajudar a espalhar ainda mais as apostas. Eu já conhecia os caras que tinha em mente. Alguns deles, como Marty Krugman, John Savino e Milty Wekar, ganhariam dinheiro conosco enquanto outros perderiam.

"Quando voltei e contei a Jimmy e Paulie sobre o esquema, eles adoraram. Jimmy amava enganar agenciadores de apostas, e Paulie amava enganar todo mundo. Estávamos no Geffkens Bar, e Paulie beijou-me nas duas bochechas. Eu estava de volta havia poucos meses e já fazia um ganho atrás do outro. Foi o que eu fiz e foi o que deixou Paulie feliz.

"Quando consegui montar todo o esquema, Mazzei e Perla pegaram um avião até a cidade para uma reunião no Robert's com Jimmy e Paulie. A essa altura Paulie tinha passado o negócio do basquete para seu filho Peter, e Peter e eu voamos até Boston com Mazzei e Perla para conversar com os jogadores. Eu nunca havia me encontrado com eles. Perla sempre fora o contato, mas agora íamos apostar dinheiro graúdo naqueles garotos e eu queria me certificar de que eles entendiam a seriedade do que estavam fazendo.

"A reunião aconteceu no Sheraton do Prudential Center, em Boston. Kuhn e Sweeney de início pareciam nervosos. Antes de falar com eles, levei-os, um de cada vez, até o quarto e os revistei à procura de grampos. Depois eles pediram para o serviço de quarto os pratos mais caros do cardápio. Falaram sobre suas carreiras, e os dois disseram que sentiam-se muito pequenos ou não tão bons para virarem profissionais.

"Eles sabiam quem eu era e o motivo de eu estar ali. Sabiam que era eu quem tinha as conexões para conseguir o volume de apostas, e ficavam me pedindo para que eu conseguisse mais apostas para eles além dos 2,5 mil dólares que havíamos lhes prometido por cada jogo. Falavam sobre manipulação de resultados, limites de apostas e estatísticas com tanta naturalidade que tive a sensação de que eles vinham fazendo isso desde o curso ginasial.

"Perguntei a eles qual dos próximos jogos eles achavam que poderíamos fraudar. Sweeney pegou um dos cartões das rodadas, fez um círculo em torno dos jogos que achava que poderíamos fraudar e me entregou o cartão. Eles continuavam dizendo que gostavam da ideia de apenas manipular a diferença de pontos entre as equipes, mas não de perder os jogos.

"Lembro-me de ir ao primeiro jogo que testamos. Queria vê-los com meus olhos na quadra. Foi o jogo do dia 6 de dezembro contra o Providence. Na verdade, foi um ensaio, mas Jimmy e eu apostamos uns trocados para ver como funcionaria. O Boston College era o favorito para ganhar por uma diferença de sete pontos. Kuhn entregou-me os ingressos e me vi sentado bem atrás dos pais de Sweeney, no meio da torcida do Boston. Torciam feito loucos. Quando ficamos à frente alguns poucos pontos, comecei a relaxar. Estávamos em casa. O Providence estava morto. Fizemos mais alguns pontos.

"Sweeney estava tendo uma noite maravilhosa. Seus pais estavam aos pulos. Sweeney começou a pontuar de toda parte da quadra. Fiquei torcendo também, mas quando o jogo foi se aproximando do fim vi que estávamos muito à frente. Percebi que estava torcendo para minha própria desgraça. Todas as bolas que Sweeney jogava em direção à cesta entravam. Pá! Fazia dois pontos e corria para o meio da quadra parecendo extremamente orgulhoso. Eu estava do lado errado da aposta e esse babaca estava buscando um troféu. Pá! Mais dois. Pá! Pá! Dois lances livres. E eu assistindo a essa merda acontecer. Queria gritar 'Erre o lance livre!', mas seus pais estavam bem a minha frente, sorrindo e torcendo. Eu tinha um desastre em minhas mãos. Perto do fim do jogo, pensei ter visto Rick Kuhn jogar a bola para fora três ou quatro vezes, tentando diminuir nossa vantagem. Achei que pelo menos ele estava tentando. Numa jogada o vi fazendo uma falta num jogador do Providence de uma maneira que a cesta valeu e o cara conseguiu um lance livre. Típico dessa noite, o sujeito errou o lance livre. Mas pelo menos Kuhn estava raciocinando. Ao retardar demais o pulo, Kuhn deixou a bola passar por cima de sua cabeça, e o mesmo sujeito do Providence que tinha acabado de perder o lance livre a agarrou. O cara ficou andando ao redor de Kuhn, que ficou parado feito um poste. O cara pontuou. Ainda assim aquele pateta do Sweeney continuava marcando pontos. Era para eu estar tragando meus charutos a caminho do banco, mas Sweeney estragou a aposta. Ele não conseguia parar.

"Eles tinham de ganhar por uma diferença de apenas sete pontos. Ganhariam o jogo e eu o dinheiro. Em vez disso ganharam por uma diferença de 19 pontos — 83 a 64. Grande bosta de plano. Que desperdício. Pegaram um negócio em que todos ganhariam e o jogaram fora. Foi ridículo. Se tivéssemos apostado uma grana alta nesse jogo estaríamos mortos. Nem quis chegar perto dos garotos. Falei com Perla e Mazzei e disse que estava puto e que Jimmy ficaria mais ainda. Éramos pessoas sérias. Se os garotos quisessem manipular os pontos, ótimo. Eram negócios. Mas se não quisessem, era melhor parar por ali. Nenhum mal-estar, só adeus. Falei para eles, não brinquem com coisa séria — não se pode jogar bola com os dedos quebrados.

"Mais tarde, Kuhn falou que um pouco antes do jogo com o Providence começar ele tinha ido até Sweeney para informá-lo de que a diferença deveria ser de sete, mas Sweeney não falou nada. Durante o jogo, quando Sweeney começou a marcar pontos, Kuhn disse que perguntou a Sweeney o que ele estava fazendo. Sweeney disse que estava jogando para ganhar.

Kuhn falou que depois do jogo tinha dito a Sweeney que ele estava louco, que tinha acabado de jogar fora 2,5 mil dólares. Tínhamos um jogo contra Harvard no fim de semana seguinte, e falei a Perla que seria sua segunda chance, mas que eu precisava de algumas garantias. Kuhn falou que já tinha recrutado Ernie Cobb, o melhor jogador do time, para o negócio. Estava no papo.

"No dia do jogo contra Harvard, em 16 de dezembro, tudo foi perfeito. Apostamos nele apenas 25 mil dólares por causa do desastre contra o Providence. Apostamos em Harvard. Nossa aposta foi que o Boston não podia ganhar de Harvard por uma diferença de mais de doze pontos. Dessa vez os jogadores fizeram direitinho. Perderam dezenas de arremessos para manter os números da vitória baixos. O Boston acabou vencendo por apenas três pontos, e faturamos uma bolada. Depois, no dia 23 de dezembro, fomos ousados e apostamos mais de 50 mil dólares no jogo contra a UCLA, onde os caras eram bem mais fracos. Dessa vez apostamos que o Boston perderia por uma diferença maior do que quinze pontos. Novamente os caras fizeram bonito. Conseguiram perder por 22 pontos, e comecei a achar que a coisa poderia realmente funcionar.

"Estávamos apostando alto. No jogo seguinte, contra o Fordham, dia 3 de fevereiro, tivemos problemas para fazer apostas suficientes em Nova York, e mandamos Mazzei a Las Vegas para apostar 55 mil dólares com os corretores.

Dessa vez estávamos apostando no mais fraco, o Fordham. Apostamos que o Boston não poderia vencê-los pela diferença de treze pontos. Uma vez que o Boston era o franco favorito, tudo era uma questão de saber de quanto nossos rapazes decidiram ganhar.

"Era para ter sido lindo. Ganharíamos uma grana alta — exceto pelo fato de que um pouco antes do fim do jogo recebemos um telefonema de Paul Mazzei. Ele dizia que estava indo de carro do aeroporto até Vegas com o dinheiro das nossas apostas quando ficou preso em uma espécie de engarrafamento, e quando chegou à cidade era tarde demais para efetivar a aposta.

"Tinha gente que era assassinada por perder a janela de apostas que estavam garantidas de serem ganhas, mas Mazzei foi esperto o suficiente para ligar antes do fim do jogo para que não pensássemos que ele estava mentindo para nós. Íamos ganhar algumas centenas de milhares de dólares, mas acabamos ficando sem nada.

"Parecia um presságio. Apostamos uma quantia no jogo seguinte, dia 6 de fevereiro, contra o St. Johns, mas acabou se transformando num 'amistoso', ou um jogo onde a diferença de pontos entre os dois times diminui tanto que ninguém ganha e ninguém perde. Apostamos alto no próximo jogo, 10 de fevereiro, que era contra o Holy Cross.

"Naquele jogo, o Holy Cross era o favorito, e tudo o que os nossos rapazes tinham de fazer era garantir que perderiam por uma diferença de pelo menos sete pontos. Nós, claro, apostamos que o Holy Cross venceria pela diferença de sete pontos. Era o nosso jogo para arrebentar a boca do balão. Apostamos pesado. Os corretores de apostas já tinham nosso dinheiro do jogo da semana passada, do 'amistoso', e engrossamos a aposta ainda mais.

"Assistia ao jogo pela televisão na casa de Jimmy. Era uma festa. Estava tudo correndo como esperado. O Holy Cross vinha ganhando durante toda a partida, mas perto do final nossos rapazes pareceram ficar irados. Parecia que não queriam perder por tantos pontos.

"Rapidamente, antes que nos déssemos conta, diminuíram bastante a diferença no placar. Quando o relógio começou a contagem final, nossos meninos tentaram recuar, mas aí os jogadores do Holy Cross foram esfriando. Nossos rapazes ficaram ali parados, mas o Holy Cross não conseguia pontuar de lugar algum da quadra. Aí os outros jogadores do Boston College, os que não faziam parte do nosso esquema, começaram a pontuar de toda parte. Devem ter percebido que algo estava errado. Foi terrível. Claro que no fim o Holy Cross acabou vencendo, mas apenas por uma diferença de três pontos em vez de sete, e Jimmy e eu nos ferramos feio.

"Jimmy ficou louco. Uma fera. Chutou para longe o próprio aparelho de tv. Sei que só ele perdeu cerca de 50 mil dólares. Finalmente consegui falar com Perla no telefone e ele disse que tinha falado com Kuhn logo depois do jogo, e que Kuhn tinha explicado que eles simplesmente não poderiam perder o jogo contra o Holy Cross por tantos pontos.

"Acabou. Basta. O fim do esquema de manipulação de resultados de jogos. Jimmy ficou tão puto por perder a grana que falou que queria dar uma sacudida nos garotos. Em certo momento naquela noite ele falou: 'Vamos a Boston dar uma coça neles', mas nunca fomos a lugar algum. Àquela altura, Jimmy tinha problemas mais sérios do que dinheiro."

GoodFellas
OS BONS COMPANHEIROS

16

Henry estava fora da prisão havia apenas dois meses quando ficou sabendo da Lufthansa. Seu amigo agenciador de apostas Marty Krugman falou com ele sobre a possibilidade do roubo à Lufthansa. Marty e sua esposa, Fran, tinham vindo visitar Henry e Karen para conhecer sua nova casa, em Rockville Centre. Era uma casa em estilo rústico de três quartos com uma sala de estar com piso rebaixado, mas Marty não prestava atenção em nada. Ficava fazendo sinais para Henry para conversarem num canto. Marty ficou tão alheio durante a visita que não parava de fazer caretas para que Henry abandonasse o passeio pela casa quando suas mulheres não estivessem olhando. Finalmente, quando elas foram à cozinha preparar sanduíches, Marty contou a Henry sobre a Lufthansa. Disse que havia milhões e milhões de dólares em notas de cinquenta e de cem não rastreáveis paradas num cofre de papelão no aeroporto Kennedy à espera de serem roubadas. Falou que seria o roubo supremo. Uma montanha de dinheiro. Marty disse que o dinheiro, que tinha chegado de avião há cerca de um mês como parte do retorno costumeiro de moeda americana que fora trocada na Alemanha Ocidental por turistas norte-americanos e funcionários públicos, às vezes era guardado durante a noite nos cofres da carga da Lufthansa antes de ser recolhido por carros-fortes e depositado em bancos.

A informação de Marty vinha de Louis Werner, um atarracado supervisor de carga de 46 anos da Lufthansa, que devia cerca de 20 mil dólares a Marty em dívidas de jogo. De acordo com Marty, Lou Werner era um daqueles jogadores inveterados que havia passado os últimos onze anos tentando sustentar uma esposa que o abandonara, uma namorada, um empréstimo impagável, três filhos pequenos e um vício de gastar trezentos dólares todos os dias em apostas com um salário de 15 mil dólares anuais.

Como muitos agenciadores de apostas que atuavam no aeroporto, Marty Krugman segurara as pontas de Werner durante meses na esperança de uma dica valiosa para algum roubo de carga.

Henry, Jimmy e o bando do Robert's haviam recebido no decorrer dos anos milhares de dicas de trabalhadores mal remunerados do Kennedy que atuavam no setor de carga, mas a dica de Lou Werner para Marty era especialíssima. A informação de Werner trazia consigo a possibilidade de se roubar um volume de dinheiro que ninguém da quadrilha jamais havia imaginado. E Werner estava tão desesperado para começar que na verdade já tinha até um plano. Havia elaborado os detalhes metodicamente: quantos homens seriam necessários, a melhor hora para o roubo, como neutralizar o sofisticado sistema de segurança e o alarme. Werner já tinha até pensado em onde os ladrões iriam estacionar os carros. E, o mais importante, o produto do roubo era em dinheiro vivo — dinheiro limpo, não rastreável, fácil de gastar. Para bandidos profissionais, esse tipo de dinheiro é melhor do que diamantes, ouro ou mesmo títulos negociáveis; não precisa ser lapidado, derretido, refundido ou revendido. Sem intermediários traiçoeiros, reguladores de seguro ou bandidos receptadores envolvidos. Pode-se gastá-lo já de saída.

Após o encontro com Marty, Henry ficou obcecado com a Lufthansa. O momento era perfeito. Jimmy Burke estava prestes a ser solto de Allenwood e seria temporariamente transferido para o Centro de Tratamento Comunitário do Departamento de Prisões, um hotel decadente que havia sido convertido numa casa de passagem na rua 54 Oeste, perto da Times Square. Jimmy tinha de dormir no centro, mas estava livre para circular pela cidade durante o dia e a noite. Tommy DeSimone também estava para ser solto para morar na casa de passagem à mesma época. Henry percebeu que ele, Jimmy e Tommy poderiam suplantar em umas dez vezes seu glorioso roubo da Air France de 1967, que rendera 480 mil dólares. Seria o melhor presente de boas-vindas que qualquer um deles poderia ganhar.

Só tinha um problema: Jimmy Burke odiava Marty Krugman. Jimmy não confiava nele desde o início dos anos 1970, quando Marty estava começando como banqueiro de apostas e era dono do For Men Only, uma barbearia e loja de perucas vizinha de porta do Suite, o clube noturno de Henry no Queens Boulevard. Marty era tão bem-sucedido no negócio de perucas que estrelou seu próprio comercial de TV, veiculado nas madrugadas, no qual era visto nadando vigorosamente numa piscina e usando sua peruca enquanto um locutor apregoava que as perucas de Krugman não saíam do lugar. Henry sempre achara Marty Krugman engraçado, mas Jimmy o via como um pulha. Reclamava do fato de Krugman estar agenciando apostas em sua loja sem pagar nada em tributos ou proteção. Jimmy vivia insistindo que Henry deveria tirar de Marty pelo menos duzentos dólares por semana, mas Henry continuava tentando apaziguar Jimmy com estórias de que Marty não estava ganhando o suficiente para ser extorquido. A situação era exacerbada pelo fato de que Jimmy tinha insônia às vezes, e quando não conseguia dormir ele ligava a televisão. Toda vez que via o comercial de peruca de Marty às quatro da madrugada ele se sentia um trouxa. "Esse filho da puta tem dinheiro pra estar na televisão", reclamava com Henry, "mas não tem pra pagar a mais ninguém?" Por fim, Jimmy mandou Tommy DeSimone e Danny Rizzo dar uma sacudida num dos empregados de Marty como forma de aviso, mas, em vez de ceder, Marty ameaçou ir até o procurador federal.

"Jimmy nunca mais confiou em Marty depois disso, então quando eu finalmente contei para ele a história da Lufthansa deixei bem claro o montante de dinheiro que estava envolvido e a quantidade de zeros que havia ali, antes de informar que a dica tinha vindo de Marty Krugman. Como era esperado, Jimmy vibrou com a ideia. Mas não queria nenhum envolvimento com Marty. Disse que iria pensar a respeito. A única coisa em que ele pensava era em dinheiro. Depois de uma semana, ele finalmente me disse para trazer Marty ao Robert's.

"Jimmy bebia, tranquilo, enquanto ouvia Marty dar-lhe detalhes do plano. Jimmy estava afável e ficava sorrindo e piscando para Marty. Quando Marty terminou, Jimmy me chamou num canto e me disse para conseguir com Marty o número do telefone de Lou Werner. Jimmy ainda suspeitava tanto de Marty que nem pedir-lhe o número de Werner ele queria. Foi quando eu me toquei de que durante o encontro dos dois Jimmy não havia dito mais do que duas palavras. Apenas deixara Marty falar. Nos velhos tempos, antes de nós dois termos sido presos, Jimmy estaria interessadíssimo no golpe. Iria querer que Werner se sentasse no Robert's e traçasse o esquema no bar. Recordando, acho que foi o primeiro sinal de que Jimmy estava um pouco diferente. Um pouco mais cauteloso. Iria com calma. E por que não? Marty nunca fora seu camarada. E, em todo caso, Marty estava tão animado por estar ali no bar do Robert's com Jimmy Burke que não percebeu nada.

"Jimmy começou a planejar o assalto à Lufthansa já no Robert's. Ia à noite para a casa de passagem e toda manhã um dos rapazes o pagava lá e o levava de carro até o Robert's. Era o escritório de Jimmy. Primeiro ligou para Joe Manri, também conhecido como Joe Buddha, por causa da enorme barriga, e o mandou dar uma olhada no plano de Lou Werner. Joe Buddha voltou totalmente empolgado. Falou que o plano era fantástico. Disse que tinha tanto dinheiro envolvido que iríamos precisar de duas vans só para transportar os malotes.

"Em meados de novembro, Jimmy já tinha a maioria da quadrilha convocada. Ele precisaria de cinco ou seis homens para entrar e dois para ficarem do lado de fora. Designou Tommy DeSimone e Joe Buddha para entrarem com as armas. Tinha também escalado para ficarem do lado de dentro, na função de atiradores, Angelo Sepe, que tinha acabado de sair após cumprir cinco anos por assalto a banco, e o ex-cunhado de Sepe, Anthony Rodriquez, que acabara de ser solto depois de ficar preso por agredir um policial. Um outro sujeito era Louie Gordo Cafora, que Jimmy encontrara em Lewisburg, e Paolo LiCastri, um pistoleiro vindo ilegalmente da Sicília que costumava dizer que estava no ramo de ar-condicionado porque fazia buracos nas pessoas. Stacks Edwards, o negro que há anos circulava nas redondezas e nos ajudava a fraudar cartões de crédito, ficou com a função de se livrar das vans após o assalto.

"Havia outros caras no golpe, mas àquela altura eu voava com tanta frequência para Boston e Pittsburgh, dividido entre os jogos de basquete e o tráfico de drogas, que perdi a conta. Ouvi, por exemplo, que Jimmy iria mandar seu filho de dezoito anos, Frankie Burke, para o assalto, sob o comando de Tommy, mas nunca perguntei e ninguém nunca falou sobre isso. Depois fiquei sabendo que LiCastri não estava no negócio. Frenchy McMahon, um outro ladrão que antes participara do roubo à Air France, anos atrás, também ficou por perto o tempo todo, mas eu não sabia ao certo onde ele se encaixaria. Frenchy era um cara legal e vivia colado com Joe Buddha, então onde você visse Joe Buddha você via Frenchy. Quando você tem algo do tamanho da Lufthansa prestes a acontecer você não faz perguntas e não fala a respeito. Você não quer saber. Saber o que não é necessário só dá problema.

"No início de dezembro, estava tudo pronto e estávamos apenas esperando Werner nos dizer que o dinheiro tinha chegado. Jimmy informou Paulie sobre o que estávamos aguardando e Paulie designou seu filho

Peter para pegar sua parte. Jimmy também teve de ceder uma parte para Vinnie Asaro, que à época era o chefe da quadrilha da família Bonanno no aeroporto. Os Bonanno controlavam metade do aeroporto naquela época, e Jimmy teve de demonstrar respeito a eles para manter a paz. 'Ao Natal', Jimmy costumava dizer depois de um dia no Robert's e antes de pegar carona de volta para a casa de passagem à noite. Estávamos todos contando os dias."

Na segunda-feira, 11 de dezembro de 1978, às 3h12 da madrugada, um segurança da Lufthansa fazendo a ronda da área de estacionamento do terminal de carga viu uma van Ford Econoline preta entrando numa garagem perto da plataforma de carregamento. O segurança, Kerry Whalen, caminhou em direção à van para ver o que estava acontecendo. Ao aproximar-se, do nada levou uma coronhada de um revólver calibre .45 automático bem na testa. Um homem pequeno e nervoso usando uma touca de tricô preta titubeou por um instante e então bateu nele de novo. O sangue começou a brotar do ferimento do guarda enquanto o homem puxava a touca para baixo, cobrindo o rosto como uma máscara de esqui. Whalen sentiu que um outro homem arrancava sua arma do coldre, desarmando-o. Em seguida, os dois pistoleiros mandaram Whalen desativar um alarme silencioso que havia perto do portão. Surpreso, foi com espanto que Whalen constatou o conhecimento deles acerca do alarme. As mãos de Whalen foram então puxadas para trás e o algemaram. Ele viu vários homens usando máscaras de esqui, todos portando pistolas ou rifles. Um outro pistoleiro pegou sua carteira, disse que sabia onde sua família morava e que se ele não cooperasse eles tinham homens prontos para irem a sua casa. Whalen acenou com a cabeça indicando que iria cooperar. Era difícil para ele enxergar pois não podia limpar o sangue que escorria por seu rosto.

Poucos minutos depois, Rolf Rebmann, outro funcionário da Lufthansa, pensou ter ouvido um barulho na rampa. Quando abriu a porta para checar, homens armados e com máscaras de esqui o empurraram para dentro do prédio, jogaram ele contra a parede e o algemaram. Os bandidos então tiraram de Whalen um molho de chaves magnéticas e atravessaram um labirinto de corredores até uma área de segurança na qual pareciam saber exatamente onde dois funcionários da Lufthansa estavam trabalhando.

Quando esses dois homens foram dominados, dois dos homens armados permaneceram no andar de baixo para garantir que não haveria visitantes surpresa para atrapalhar o roubo. O resto da gangue forçou os empregados algemados a subirem três andares até um refeitório, onde seis outros empregados estavam na sua pausa do lanche da madrugada das três da manhã. Os bandidos invadiram o refeitório brandindo suas armas e exibindo a eles o ensanguentado Whalen como indicação de que estavam falando sério. Os criminosos conheciam cada um dos funcionários pelo nome e mandaram que todos deitassem no chão. Mandaram John Murray, que sabiam ser o chefe de carga do terminal, interfonar para o supervisor noturno da Lufthansa, Rudi Eirich. Os bandidos sabiam que Eirich, que trabalhava em algum outro ponto do prédio gigantesco, era o único funcionário de serviço naquela noite que possuía as chaves e combinações certas para abrir o cofre de porta dupla.

Sob o pretexto de informar um problema com um carregamento de Frankfurt, Murray pediu a Eirich para encontrá-lo no refeitório. Quando Eirich, funcionário há 29 anos na Lufthansa, aproximou-se do local, foi recebido por duas espingardas no alto da escada. Ele olhou para dentro do refeitório, a menos de seis metros de distância, e viu seus funcionários no chão com grossas fitas adesivas tapando suas bocas. Rapidamente se convenceu de que os atiradores eram perigosos e decidiu cooperar. Enquanto um dos pistoleiros ficou vigiando os dez funcionários rendidos na cantina, os outros três bandidos desceram com Eirich dois lances de escadas até os cofres. Pareciam saber tudo. Sabiam do sistema de segurança de portas e trancas duplas em cada um dos cômodos de paredes de concreto de um 1,20 metro de espessura. Sabiam do sistema de alarme silencioso na parede interna do cofre, e até avisaram Eirich para não tocá-lo sem querer.

Os bandidos já tinham obrigado Eirich a abrir a primeira porta do cofre, que dava para um quarto de três metros por seis. Então o mandaram que o lacrasse após entrarem. Eles sabiam que se ele abrisse a porta que abria o segundo cofre, onde estavam o dinheiro e as joias, sem fechar a porta de fora, um alarme silencioso iria disparar no escritório de polícia da Autoridade Portuária, a cerca de oitocentos metros dali. Uma vez que o cofre de dentro foi aberto, mandaram Eirich se deitar no chão enquanto os homens vasculhavam o que parecia ser cópias de faturas ou listas de carga. Aparentemente tentavam identificar os pacotes certos num cômodo repleto de centenas de pacotes embrulhados de forma semelhante. Finalmente os bandidos começaram a lançar alguns dos pacotes pela porta. Um dos primeiros foi jogado a poucos centímetros da cabeça de Eirich. Ele olhou para ele por um instante, então o salto de uma bota arrebentou o pacote e ele pôde ver o que parecia maços de dinheiro amarrados dentro do grosso embrulho de papel.

Os bandidos carregaram pelo menos quarenta pacotes para fora do cofre interno. Depois mandaram Eirich inverter o processo, trancando a porta do cofre interno antes de abrir a do cofre externo. Dois dos bandidos ficaram incumbidos de lotar a van com os pacotes enquanto os outros subiam com Eirich de volta ao refeitório. Lá eles o amordaçaram com fita adesiva, como haviam feito com o restante dos funcionários. De repente um dos criminosos que estava pondo os pacotes dentro da van entrou correndo no refeitório, quase sem ar. Estava suando e muito agitado. Arrancou sua máscara de esqui e enxugou a sobrancelha. O outro bandido ordenou, aos gritos, que ele pusesse de volta a máscara, mas não antes de vários funcionários conseguirem ver seu rosto. Os criminosos mandaram os funcionários permanecerem onde estavam e não ligarem para a polícia até as quatro e meia da madrugada. Eram 4h16, de acordo com o relógio da parede da cantina. Exatos catorze minutos depois, a polícia da Autoridade Portuária recebeu sua primeira chamada. Cinco milhões de dólares em dinheiro vivo e 875 mil dólares em joias tinham sido roubados. O mais bem-sucedido roubo de dinheiro de toda a história do país tinha sido realizado em exatos 64 minutos.

GoodFellas
OS BONS COMPANHEIROS

17

O roubo à Lufthansa foi provavelmente a joia da coroa da quadrilha. Um sonho tornado realidade. O roubo definitivo para qualquer um que já tenha roubado um caminhão ou cargas do aeroporto. Foi a pilhagem de uma vida. O tipo de roubo que renderia o suficiente para dividir com todo mundo. Seis milhões de dólares em dinheiro e joias. E, mesmo assim, poucos dias depois do assalto, o roubo dos sonhos tinha se tornado um pesadelo. O que era para ter sido o momento mais feliz da quadrilha transformou-se no princípio do fim.

Henry andava tão nervoso naquele fim de semana, tentando salvar seu esquema de fraudar resultados nos jogos de basquete, que só ficou sabendo do assalto às dez da manhã de segunda-feira, quando se levantou, ligou o rádio e entrou no chuveiro:

"... e ninguém sabe ao certo quanto foi levado nesta ousada invasão ao aeroporto Kennedy durante a madrugada. O FBI fala em 2 milhões, a polícia da Autoridade Portuária fala em 4 milhões, a polícia metropolitana fala em 5 milhões de dólares. Quanto terá sido? Isso eles não dizem. Até agora a Lufthansa não se pronunciou, mas prometeram romper o silêncio em breve com uma coletiva de imprensa, e a rádio WINS estará fazendo a cobertura ao vivo no JFK, direto do local do assalto. Parece que foi grande, provavelmente o maior roubo que essa cidade já viu. Fiquem ligados..."

"Eu sequer sabia que eles iriam roubar naquela noite. Estava muito bêbado. Estivera com Marty Krugman a noite inteira. Bebíamos no bar Spice of Life, em Cedarhurst, a menos de três quilômetros do aeroporto, e não sabíamos de nada. Quando cheguei em casa naquela noite, tive uma discussão com Karen. Fiquei tão puto que pus umas roupas na mala e peguei o trem para Long Island até a casa de uma garota que eu conhecia na rua 89 Leste.

"Por volta das dez da manhã, Jimmy ligou para mim. Queria que eu fosse encontrá-lo à noite na Stage Delicatessen antes de ele ir para a casa de passagem.

"Fui até a Stage. Tommy estava lá, sorrindo. Louie Gordo Cafora estava lá. Pesava 150 quilos, era dono de um estacionamento no Brooklyn e estava prestes a ir a julgamento por extorsão e incêndio criminoso, mas estava feliz. Ia se casar com a namorada de infância, Joanna. Tinha acabado de comprar um Cadillac branco para dar a ela como presente surpresa de casamento.

"Naquele dia, a Lufthansa estava em todos os canais de TV e estações de rádio. Todo mundo sabia a respeito, mas eu não disse uma palavra. Jimmy e Tommy estavam voltando para se apresentar à casa de passagem. Jimmy estava meio bêbado mas bem disposto.

"Ele queria saber se naquela noite eu iria para casa fazer as pazes com Karen. Naquela manhã, Karen tinha ido a sua casa procurando por mim. De fato, ele teve de sair perguntando a todo mundo para descobrir o número do telefone da garota com a qual eu estava dormindo. Karen não sabia onde eu estava.

"Perguntou-me se eu estava indo para casa. Respondi que em alguns dias. Ele disse ok. Agora eu sei que ele não queria nada fora dos eixos. Ele queria que tudo parecesse normal. Não queria esposas furiosas correndo de casa em casa à procura de seus maridos perdidos.

"Perguntou-me se eu precisava de dinheiro. Disse que não. Perguntei a ele se ele precisava de dinheiro. Ele riu. Puxou um envelope recheado de notas de cinquenta e cem dólares — devia haver uns 10 mil dólares ali — juntou uns quinhentos dólares, deu a Tommy, e mais quinhentos para Louie Gordo.

"Feito isso, disse que me encontraria de manhã na fábrica de vestidos de Moo Moo Vedda, ao lado do Robert's.

"Na manhã seguinte encontrei-me com Jimmy na Moo Moo's, e fomos de carro até o Bobby's Restaurant, no distrito do vestuário. Tínhamos uma reunião com Milty Wekar sobre as apostas no jogo de Harvard que tínhamos acertado de manipular para o próximo sábado. Pouco depois, à tarde, tivemos o mesmo tipo de reunião com Marty Krugman no Queens. Milty e Marty eram dois dos agenciadores com os quais costumávamos fazer nossas apostas nos jogos que fraudávamos.

"Estávamos na estrada, nos aproximando do túnel, quando Jimmy soltou a direção, virou-se para mim e me abraçou com força. 'Conseguimos!', ele falou. 'Conseguimos!' Então voltou a dirigir como se não tivesse dito nada. Fiquei muito surpreso com aquele movimento inesperado que quase quebrara meu pescoço, mas eu sabia que era seu jeito de me dizer que tínhamos conquistado a Lufthansa.

"Mas a próxima coisa que ele falou me deixou passando mal. Olhou para a frente, enquanto dirigia, e me perguntou, meio por acaso, se eu achava que Marty tinha falado com sua mulher Fran sobre a Lufthansa.

"Naquele momento, vi que Jimmy ia apagar Marty. Eu conhecia Jimmy melhor e havia muito mais tempo que a maioria das pessoas. Às vezes eu sabia o que ele iria pensar antes de ele mesmo saber. Era capaz de dizer se Jimmy iria gostar de algo ou odiar. E agora eu sabia que Jimmy estava pensando em matar Marty Krugman.

"Dei de ombros. Não queria parecer que sequer considerasse Krugman suficientemente importante para pensar a respeito. Seguimos no carro. Não falei nada. Depois de um minuto ou dois, Jimmy falou que quando chegássemos ao Bobby's eu ligasse para Marty para marcar um encontro com ele naquela noite. Nesse momento eu falei que tinha certeza de que Marty havia falado tudo com Fran. Eu quis que parecesse que Marty talvez tenha falado com muita gente. Que não era nada tão sério. Ninguém poderia provar nada. Eu tentava com todas as forças manter Marty vivo. Jimmy não me ouvia. Apenas disse que, após nosso encontro com Marty, eu deveria encontrar um jeito de fazer Marty ir comigo a algum lugar mais tarde aquela noite.

"Bom, eu sei onde encontrar Marty a cada hora do dia. Estivera com ele durante toda a noite de domingo, mas desde o assalto no início da manhã de segunda-feira eu vinha tentando esquivar-me dele de propósito. Marty deve ter telefonado para minha casa milhões de vezes. Eu sabia o que ele queria. Queria saber quando iria receber seu dinheiro. E agora eu começava a suspeitar que ele também devia estar enchendo o saco de Jimmy a esse respeito.

"Liguei para Marty do Bobby's e disse-lhe que Jimmy e eu o encontraríamos no bar Forty Yards às 16h30. Não disse nada sobre mais tarde. Quando voltei à mesa vi que Tommy DeSimone estava sentado lá com sua irmã Dolores, bem como Milty Wekar. Jimmy começou a conversar com Milty sobre as apostas dos jogos de basquete e depois virou-se para mim e disse que eu deveria resolver com Tommy aonde iríamos levar Marty aquela noite.

"É assim que acontece. Como é rápido para um sujeito ser apagado. Estava virando uma loucura, mas eu ainda tinha das duas da tarde até as oito ou nove daquela noite para convencer Jimmy a não matar Marty. Enquanto isso eu seguia com o plano.

"Tommy disse que ele e Angelo Sepe nos encontrariam no motel Riviera. Havia um enorme estacionamento nos fundos. Tommy falou: 'Apenas traga Marty até os fundos do estacionamento. Diga a ele que você vai encontrar umas vadias lá embaixo. Só saia do carro e deixe-o lá. Eu e Angelo assumimos dali.' Tommy adorava isso. Para Jimmy matar pessoas era apenas um negócio, mas Tommy sentia prazer nisso. Falei para Tommy que estaria lá entre oito e oito e meia da noite.

"Em pouco tempo, Jimmy e eu estávamos a caminho do Forty Yards para falar com Marty sobre a pontuação dos jogos. Pela primeira vez pude perceber que Jimmy estava com os nervos em frangalhos. Sua mente ia em várias direções diferentes. Durante todo o trajeto para o Forty Yards, comentei que Fran Krugman viraria um pé no saco se matássemos Marty. Iria atazanar todo mundo até descobrir o que havia acontecido. Também lembrei a ele que precisávamos de Marty para fazer algumas de nossas apostas. Não falei com essas palavras, mas tentava dizer que matar Marty seria como tirar o pão da mesa.

"Quando chegamos ao Forty Yards, Marty estava nos esperando. No caminho até ele, à porta, Jimmy falou: 'Esqueçam sobre hoje à noite'. Foi como se um peso saísse das minhas costas. E em poucos minutos Jimmy estava bebendo e brincando com Marty como se fossem melhores amigos. Ficamos bebendo pelo resto da tarde e não houve qualquer menção à Lufthansa ou ao dinheiro. Imaginei que provavelmente Marty estava ficando esperto. Talvez tivesse alguma chance.

"Jimmy saiu, e enquanto Marty esperava por Fran para pegá-lo ele começou com sua ladainha. 'Quando recebo meu dinheiro?', perguntou. 'Por que está perguntando a mim? Pergunte ao Jimmy', respondi. Falei meio de brincadeira. Ele disse: 'Perguntei, e Jimmy disse que minha parte é de 500 mil dólares'. Agora eu sabia o porquê de Jimmy querer matar Marty. Era uma questão de meio milhão de dólares. De maneira alguma Jimmy iria se privar de meio milhão de dólares por causa de Marty Krugman. Se Jimmy matasse Marty, ele ficaria com o meio milhão que era dele.

"Aí Marty me perguntou quanto seria minha parte. Falei para não se preocupar com a minha parte. Mas ele não desistiu. Disse que iria falar com Jimmy. Que ele próprio iria me dar 150 mil dólares e depois faria com que Jimmy me desse mais 150 mil. Gritava que não iria deixar que eu fosse enganado. O pobre infeliz não fazia a menor ideia do quão próximo estivera de ser assassinado, e eu nem podia contar isso para ele. Ele não acreditaria em mim.

"Na tarde de quinta-feira, cerca de três dias após o assalto, estávamos todos no Robert's fazendo nossa festa de Natal. Paulie tinha vindo da Flórida e tínhamos expulsado todo mundo que não fizesse parte da nossa turma. Paulie parecia bem. Jimmy corria de um lado para o outro para garantir que Paulie estivesse satisfeito. Os irmãos de Paulie, Lenny e Tommy, estavam lá. Louie Gordo estava lá. Todo mundo estava lá, exceto Tommy DeSimone, porque Paulie não gostava que Tommy estivesse por perto.

"Tinha uma quantidade enorme de comida, e puxei um punhado de dinheiro para pagar. Estávamos no divertindo quando Stacks Edwards viu meu bolo de dinheiro e começou a fazer seu número de 'negão malandro'. 'Como pode? Eu tô fodido de dinheiro e todos vocês branquelos da *May-fia tão* cheios da grana?' Ele começou a fazer chacota dos caras da *'May-fia'* que pegaram aqueles milhões do aeroporto.

"Stacks era louco. Naquele dia os jornais diziam que os tiras tinham encontrado a van, e que estava coberta de impressões digitais. Os jornais noticiavam que os tiras tinham encontrado as máscaras de esqui, um casaco de couro e uma marca de solado de tênis Puma. Eu sabia que Stacks era para ter levado a van até um sujeito que conhecíamos em New Jersey para compactá-la. Dar um fim nela. Em vez disso, ele ficou chapado e a abandonou no cruzamento da rua 98 Leste com o Linden Boulevard, em Canarsie, a cerca de dois quilômetros e meio do aeroporto. Depois o babaca foi para casa dormir. No dia seguinte, os tiras encontraram a van e agora está tudo nos jornais. Stacks deveria estar tentando salvar sua pele, mas em vez disso estava no Robert's falando gracinhas. O sujeito ou tinha um instinto suicida ou não conseguia perceber que estava em apuros. A verdade é que as pessoas nunca sabem ao certo o tamanho dos próprios problemas, e aqui estava Stacks, com uma chance de suas digitais estarem por toda a van, falando em como a *'May-fia'* estava ficando com todo o dinheiro.

"Então Lenny Vario, irmão de Paulie, entrou na brincadeira e começou a falar que os caras que participaram do assalto ao aeroporto deviam estar todos já em Porto Rico ou na Flórida, curtindo o sol enquanto todos nós ficávamos aqui nos esfalfando.

"Olhei para Lenny como se não pudesse acreditar que ele fosse brincar com algo desse tipo, e então de repente percebi que ele não estava brincando. Ou seja, ele não sabia de nada a respeito do assalto. Estava ali com os caras que tinham assaltado a Lufthansa e não fazia a menor ideia. Seu próprio irmão, Paulie, tinha acabado de mandar um terço do butim para a Flórida e Lenny estava completamente no escuro. Paulie havia enviado seu filho Petey e o dinheiro escondido em um saco de lixo dentro de uma bolsa de viagem na manhã depois do assalto. Petey foi de primeira classe e vigiou sua bolsa durante toda a viagem.

"Enquanto Stacks e Lenny seguiam na brincadeira, eu olhava para Paulie. Ele não parecia satisfeito. Jimmy observava cada movimento de Paulie. Eu sabia que Stacks havia assinado sua sentença de morte naquele dia. Jimmy deu a ordem, mas foi Paulie quem deu a olhada fatal para Jimmy. Naquele fim de semana, Tommy DeSimone e Angelo Sepe foram visitar Stacks. Foi fácil. O cara ainda estava na cama. Foram muito rápidos. Seis balas na cabeça.

"Quando Marty Krugman soube de Stacks, pensou que Stacks tinha sido morto por conta de algum negócio ligado a drogas ou cartões de crédito. E todo mundo agiu como se fosse isso. Jimmy me mandou ir falar com a família de Stacks. Pagamos todas as despesas. Passei a noite de Natal no necrotério com sua família. Falei para eles que Jimmy e Tommy não puderam vir porque tinham de ficar na casa de passagem.

"Marty seria o próximo. Estava tirando Jimmy do sério. Estava me tirando do sério. Choramingava que precisava do dinheiro para pagar os agiotas. Devia cerca de 40 mil dólares e ficava dizendo que precisava deles naquele momento. Queria saber por que tinha de ficar pagando juros toda semana.

"Disse-lhe para ficar calmo. Que ele iria receber seu dinheiro. Mas Marty não queria pagar juros. A essa altura já estávamos em janeiro e ele ia ao Robert's todos os dias. Não dava para escapar do sujeito. Estava ficando cada vez pior. Ele estava onde não era para estar.

"E a essa altura havia uma vigilância constante em cima de todo mundo. Havia carros estacionados do lado de fora do bar dia e noite. Os federais ficavam no quarteirão. A pressão estava ficando maior e maior. E ainda assim Marty continuava vindo ao bar.

"Eu não queria fazer parte daquilo. Falava para ele ficar esperto, que ele iria levar a sua parte. Mas ele simplesmente não sossegava. Disse-me que Jimmy tinha dado a ele 50 mil dólares um pouco antes do Natal, mas que tinha repassado 40 mil a Lou Werner porque Werner o estava perturbando para receber sua parte. Eu sabia o que estava acontecendo e nunca pedi um centavo.

"Não tinha pedido nem mesmo o dinheiro que Jimmy me dera antes das festas de fim de ano. Ele me chamou para ir à casa dele. Quando cheguei lá, Jimmy foi até a cozinha e abriu o porta-pão. Lá dentro havia maços de dinheiro. Devia ter uns 100 mil dólares. Deu-me 10 mil. Dei 3 mil a Karen para ela fazer as compras de Natal. Fiquei com 7 mil e naquela noite fui até a loja Harold's Pools e comprei uma árvore de natal de trezentos dólares. As crianças adoraram. Era a árvore mais cara que Harold tinha. Uma árvore de plástico branca com bolas roxas.

"Na semana após o Natal, Jimmy mandou que eu pegasse o carro e levasse uma cocaína de má qualidade até a Flórida para ele. Jimmy tinha pago 250 mil dólares por ela, queria que eu a levasse até lá e queria matar o sujeito que a vendeu para ele. Ele ia fazer o cara devolver o dinheiro e depois matá-lo bem ali no restaurante Green Lantern Lounge, em Fort Lauderdale.

"Tommy teria ido lá com Jimmy naquele fim de semana, mas Tommy estava prestes a virar homem de honra da Máfia. Ia finalmente receber sua honraria. Para Tommy era um sonho que se tornava realidade. Se você quisesse ser um mafioso, tinha de se tornar um membro de verdade, um homem de honra. Era como ser batizado.

"Ficamos sabendo que Bruno Facciolo e Petey Vario iriam para dar seu aval. Iriam pegá-lo e levá-lo de carro até onde a pequena cerimônia seria realizada, mas quando Jimmy ligou e perguntou se ele já tinha ido visitar sua madrinha, a mãe de Tommy disse que estava nevando tanto que fora cancelado. No dia seguinte, Jimmy ligou de novo. Vi-o na cabine telefônica. Ele escutou e então o vi levantar sua mão e bater com o telefone no gancho com toda força. A cabine inteira do telefone tremeu. Eu nunca o tinha visto assim com tanto ódio. Fiquei assustado.

"Ele saiu da cabine e vi que tinha lágrimas nos olhos. Não sabia o que estava acontecendo, e ele disse que eles simplesmente tinham matado Tommy. Jimmy chorava. Dizia que eles tinham matado Tommy. O bando dos Gotti. Eles mataram Tommy. Por Tommy ter assassinado Billy Batts e um sujeito chamado Foxy. Eles eram homens de honra dos Gambino, e Tommy os tinha matado sem consentimento. Ninguém sabia que Tommy tinha feito isso, mas o pessoal dos Gambino tinha conseguido a prova de algum jeito. Fizeram uma reunião com Paulie e tiveram o consentimento de Paulie para matar Tommy.

"A forma como conseguiram isso foi fazendo Tommy achar que iria tornar-se homem de honra. Ele achou que estava indo para seu batismo. Arrumara-se todo. Queria estar bonito. Dois de seu próprio bando vieram pegá-lo. Ele sorria. Ia se tornar um homem de honra. Ninguém nunca mais o viu.

"Voltamos na hora para Nova York. O sujeito que vendera a cocaína ruim para Jimmy ganhou uma suspensão temporária de seu castigo. Não havia nada a fazer. Nem mesmo Jimmy podia vingar Tommy. Era entre os italianos, e daquele nível Jimmy não fazia parte, muito menos eu, porque meu pai era irlandês.

"Logo depois do ano-novo, a pressão da Lufthansa passou a ser demasiada em cima do Robert's, então todo mundo mudou-se para um outro lugar que Vinnie Asaro tinha aberto no Rockaway Boulevard. Vinnie estava gastando uma fortuna ajeitando o lugar, que ficava bem ao lado de sua empresa de receptação. Lembro-me que quando voltei da Flórida Marty grudou em mim. Agora ele marcava presença no novo bar de Vinnie e queria saber sobre Tommy. Queria saber sobre Stacks. O que estava acontecendo?

"Ele sabia que Tommy tinha tido problemas com a quadrilha dos Gotti e que Stacks provavelmente fora morto por conta de algum negócio que dera errado, mas ele estava nervoso. Deve ter sentido que algo estava errado. Costumava ficar pelo bar de Vinnie à espera de notícias da guerra.

"E foi lá que eles o apagaram. No bar. Dia 6 de janeiro. Fran ligou às sete da manhã do dia seguinte e disse que Marty não havia voltado para casa naquela noite. Entendi de pronto. Não consegui voltar a dormir. Ela ligou de novo às nove. Falei para ela que iria sair para procurá-lo naquela manhã.

"Fui de carro até a empresa de receptação de Vinnie e vi o carro de Jimmy estacionado do lado de fora. Entrei e falei que Fran tinha acabado de me ligar. Jimmy estava sentado. Vinnie estava sentado a seu lado. Jimmy falou: 'Ele se foi'. Dessa forma. Olhei para ele. Sacudi a cabeça. Ele falou: 'Pegue sua mulher e vá até lá. Diga a ela que provavelmente ele está com alguma namorada. Invente uma história'.

"Quando Karen e eu chegamos à casa de Fran, ela estava histérica. Sabia, como eu sabia, que ele estava morto. Falou que ele tinha ligado para ela às nove e meia da noite anterior e dito que iria chegar tarde. Falou para ela que estava tudo bem. Ela disse que ele estava para conseguir algum dinheiro.

"Fiquei sentado lá segurando sua mão e pensando em Jimmy. Assassinatos nunca incomodaram Jimmy. Ele começara a cometê-los ainda criança na prisão para os velhos *Mafiosi*. Na prisão não existem briguinhas bobas. Você tem de matar o sujeito com quem briga. Foi assim que Jimmy aprendeu. Durante anos ele matou desconhecidos e também seus melhores amigos. Não fazia diferença. Negócios eram negócios, e se ele encasquetasse que você era perigoso para ele, que você iria dar a ele algum prejuízo ou que você estava ficando bonzinho, ele te matava. Simples assim. Podíamos até ser próximos. Nossas famílias eram chegadas. Trocávamos presentes de Natal. Passávamos férias juntos. Apesar disso eu sabia que ele podia me matar ali mesmo e pedir a Mickey, sua mulher, para ligar para Karen e perguntar onde eu estava. 'Estamos muito preocupados', Mickey diria. 'Estamos esperando por ele. Ele já saiu? O que o está atrasando? Acha que ele está bem?' Nesse meio tempo, Jimmy estaria me enterrando com a boca cheia de cal nos Jamaica Marshes, do outro lado da rua onde morava.

"Fran ficou tagarelando sobre o dinheiro. Estava preocupada em ter de pagar os agiotas. Disse a ela para não se preocupar com eles. Ela falou que não tinha nenhum dinheiro. Karen disse a ela para não se preocupar com isso. Marty iria aparecer. Então Fran abriu o verbo sobre o assalto. Disse que Marty iria me dar 150 mil dólares e que iria dar a Frank Menna 50 mil dólares. Eu tentava consolá-la e ao mesmo tempo negar que sabia de qualquer coisa a respeito do assalto. Mas ela continuava dizendo que sabia que eu sabia. Ela não parava. Quis sair de lá o mais rápido possível. Era apenas o começo."

GoodFellas
OS BONS COMPANHEIROS

18

Para a imprensa, pega na costumeira calmaria no período pré-festas, o assalto da Lufthansa foi o melhor presente de Natal de todos. Jornais e redes de TV o apresentaram como um show do crime de 6 milhões de dólares, uma travessura em que nenhum tiro fora disparado e a única vítima identificada era uma companhia aérea alemã com a qual uma grande parcela da população tinha pouquíssima simpatia histórica.

A repercussão sensacionalista da imprensa foi recebida por vários órgãos de segurança como uma afronta pessoal. O FBI, com jurisdição sobre todos os crimes interestaduais e políticas de atuação sem limites, designou mais de cem agentes para o caso nas primeiras 48 horas. Funcionários da Alfândega, da polícia da Autoridade Portuária, do Departamento de Polícia da Cidade de Nova York, investigadores da seguradora, da empresa Brink's de carros-fortes e os próprios homens da segurança da Lufthansa caíram como um enxame sobre a cena do crime, devorando pistas e interrogando testemunhas.

Edward A. McDonald, o procurador federal assistente que ficou responsável pelo caso, era um ex-jogador de basquete universitário de 32 anos e quase dois metros de altura que vivia com a esposa e três filhos no mesmo bairro violento do Brooklyn em que havia crescido. Tanto o pai como o avô de McDonald tinham trabalhado nas docas, e ele não era desconhecido dos mafiosos. Viu seu primeiro assassinato por gangue da janela de sua sala de aula, durante uma aula de estudos sociais na Xaverian High School; cinco dias depois, quando foi até o Bliss Park para praticar seus arremessos, viu que a Máfia havia desovado um corpo na quadra de basquete.

De acordo com McDonald, nunca houve muito mistério sobre quem assaltara a Lufthansa. Já nas primeiras duas horas, alguns policiais e informantes do FBI — muitos deles ladrões de carga insignificantes e outros ocasionais — ligaram para informar que o roubo da Lufthansa tinha sido obra de Jimmy Burke e do bando do Robert's Lounge. Isso ocorreu mais ou menos na mesma hora em que os trabalhadores de carga da Lufthansa que viram de relance o rosto do bandido sem a máscara de esqui durante o assalto pinçaram uma foto em meio às do livro de suspeitos da polícia e que, segundo eles, parecia com o assaltante. Acabou que esta era uma foto tirada de Tommy DeSimone ao ser preso. Um mafioso graúdo membro da família de Joe Colombo e também um informante secreto do FBI ligara para seu agente de contato e identificara Jimmy Burke como o homem por trás do ataque à Lufthansa, e disse que Angelo Sepe, Anthony Rodriquez, Tommy DeSimone e Frankie, o filho de vinte anos de Jimmy Burke eram quatro dos homens armados envolvidos no assalto. Quando as fotos desses quatro suspeitos foram mostradas aos trabalhadores que estavam de serviço na noite do assalto, Kerry Whalen, o vigilante que levara a coronhada na testa quando viu os bandidos a primeira vez, escolheu uma que ele dizia lembrar o homem que o atacara. Era uma foto de Angelo Sepe.

A identificação visual de testemunhas, que apontam suspeitos que "lembram" bandidos, e a palavra de informantes da Máfia, que não podem aparecer e testemunhar em tribunais, não são suficientes para condenar alguém por um crime. Mas são mais do que suficientes para pôr suspeitos sob vigilância. Ao fim da primeira semana, dezenas de homens do FBI e policiais metropolitanos usando carros, caminhões, vans, aviões de reconhecimento e helicópteros começaram um monitoramento ininterrupto de Jimmy Burke, Angelo Sepe, Tommy DeSimone e Anthony Rodriquez. Policiais disfarçados de trabalhadores de carga e de caminhoneiros passaram a frequentar o Robert's Lounge e a Owl Tavern. McDonald conseguiu autorização judicial para instalar grampos telefônicos e escutas ambientais no Oldsmobile de Jimmy, no Lincoln de Tommy e no novíssimo Thunderbird sedan branco que Sepe tinha comprado por 9 mil dólares em dinheiro vivo, tudo em notas de cinquenta e cem dólares, logo após o assalto. McDonald deixou até vazar para a imprensa histórias sobre o assalto na esperança de que ajudariam a estimular conversas nos carros grampeados.

Nas oito semanas seguintes, a investigação tornou-se uma guerra de nervos. Jimmy e o bando sabiam que eram os principais suspeitos do assalto à Lufthansa — até liam matérias sobre eles próprios nos jornais —, mas continuavam a viver suas vidas de mafiosos normalmente, frequentando os mesmos lugares e escapando com facilidade dos agentes que os seguiam, simplesmente fazendo retornos inesperados em ruas movimentadas, furando sinais vermelhos ou dando marcha à ré nos acessos das vias expressas da cidade. Conseguiam despistar aviões de reconhecimento e helicópteros do FBI dirigindo por pistas no JFK onde havia restrição de tráfego aéreo por parte da Federal Aviation Administration (FAA), em que todos os planos de voo não agendados, incluindo aviões de vigilância do FBI, eram proibidos. Até as escutas de última geração acabaram por se tornar mais ineficazes do que McDonald esperava: toda vez que Jimmy, Angelo e Tommy entravam em seus carros, eles ligavam os rádios dos automóveis no volume máximo.

Tinha pequenos trechos de conversas instigantes que o FBI conseguiu gravar apesar de bloqueados por uma parede de rock e música de discoteca, como Sepe falando a um homem não identificado sobre "[...] uma mala marrom e uma bolsa da Lufthansa [...]", ou dizendo à sua namorada, Hope Barren: "[...] eu quero ver [...] veja onde está o dinheiro [...] abrir um buraco no porão [inaudível] quintal dos fundos [...]". Mas isso ainda não era suficiente para conectar Sepe e seus cúmplices ao roubo.

Depois de um tempo, a quadrilha ficou tão craque em se livrar da vigilância que às vezes um ou mais membros da gangue desapareciam durante dias. McDonald recebia notícias de que seus suspeitos tinham sido vistos em lugares tão distantes como Fort Lauderdale e Miami Beach. Claro que ele podia ter revogado suas condicionais e enviado Jimmy, DeSimone e Sepe na mesma hora de volta à prisão por conluio entre si, mas isso não iria solucionar o assalto à Lufthansa nem trazer o dinheiro de volta.

McDonald sabia desde o início que a Lufthansa tinha sido um roubo com a colaboração de gente de dentro. De que outra forma os seis homens saberiam que um dos 22 gigantescos depósitos espalhados no espaço de 140 hectares do terminal de cargas do Kennedy teria guardados durante o fim de semana 6 milhões de dólares em dinheiro vivo e joias? Tamanhas somas são retiradas rapidamente por carro-forte logo após chegarem e depositadas em bancos. Os bandidos também sabiam os nomes e as localizações de todos os funcionários que estavam de serviço naquela noite; sabiam dos alarmes que existiam naquele entorno e que exigiam uma chave magnética especial; sabiam onde encontrá-la e como desconectar as câmeras automáticas de segurança sem acionar o alarme silencioso.

McDonald estava convencido de que, se a vigilância e as tecnologias eletrônicas haviam falhado em pegar os profissionais, o amador infiltrado que o levaria até Burke e aos homens do assalto.

Os próprios homens da segurança da Lufthansa entregaram a McDonald o nome de Lou Werner poucas horas depois do assalto. Werner já havia sido o suspeito em um roubo anterior de 22 mil dólares em moeda estrangeira, mas à época não havia provas suficientes para prendê-lo ou demiti-lo. Dessa vez era diferente. Descobriu-se que Lou Werner tinha impedido os guardas do carro-forte da Brink's de fazer sua coleta rotineira dos 6 milhões em dinheiro e joias na sexta-feira antes do assalto. Werner alegou que teria de obter aprovação de um gerente da carga para assinar a liberação. Um dos guardas da Brink's argumentou que este não era o procedimento, e ainda assim Werner sumiu pela hora e meia seguinte e não reapareceu na área da carga até depois que os guardas receberam a ordem de continuar suas rondas sem o dinheiro da Lufthansa. Portanto Lou Werner era não somente responsável pelo dinheiro e joias terem sido deixados no aeroporto durante o fim de semana como foi um dos poucos funcionários da Lufthansa que sabiam que aquilo tudo ainda estava ali.

Criminosos profissionais como Jimmy Burke nunca pareciam falar sobre coisas comprometedoras, mesmo em lugares onde tivessem privacidade e segurança, tipo dentro dos próprios carros, mas um amador como Lou Werner não conseguia ficar calado. Ele parecia instigado a dar pistas sobre o assalto a todo mundo que conhecia. Gabava-se de ter ganho dinheiro. Falava a seus amigos de bar que tinha liquidado suas dívidas com agenciadores de apostas e agiotas. Falou aos quatro ventos que estava indo para Miami passar a semana de Natal.

Para os agentes envolvidos, acompanhar as ramificações da vida doméstica de Werner se parecia mais com assistir a uma novela tragicômica do que com investigar um assalto. Descobriram, por exemplo, que um pouco antes do assalto Werner tinha dito à esposa que o abandonara, Beverly, que estava prestes a ganhar muito dinheiro e que ela com certeza iria lamentar tê-lo deixado depois de 23 anos. Ele contou a seu melhor amigo, William Fischetti, sobre o assalto pelo menos um mês antes de ele acontecer e concordou em investir 30 mil dólares de sua parte no butim no negócio de táxis de Fischetti. Aí, duas semanas depois, Werner descobriu que Fischetti, que era casado, estava tendo um caso com sua esposa Beverly; ficou tão possesso que ligou para seu velho parceiro e retirou a proposta de negócios. Na manhã do assalto, com o rádio e os jornais noticiando a ação, Werner estava aparentemente tão indignado ainda com seu ex-parceiro que ligou para a casa de Fischetti e berrou: "Tá vendo, babaca?!", e desligou. Alguns dias depois do roubo, quando os jornais estavam repletos de manchetes sobre o assalto multimilionário, Werner gabou-se do que fizera para a namorada, Janet Barbieri, uma divorciada de 36 anos e mãe de três filhos. Barbieri caiu em prantos e gritou, histérica, que ele poderia acabar preso. Werner ficou tão deprimido com sua reação que foi ao bar que frequentava e contou toda a história para seu barman predileto, mas só depois de fazê-lo jurar guardar segredo.

O FBI, é claro, falou com todos que conheciam Werner, e praticamente todos que conheciam Werner falaram com o FBI. Fischetti, por exemplo, tinha tanto medo de sua mulher descobrir seu caso com Beverly Weber que concordou em cooperar se não fosse interrogado em sua própria casa. Durante semanas os agentes do FBI encontraram-se com Fischetti dentro de cafeterias e táxis, e ele lhes contou tudo o que sabia — o que era muita coisa.

Fischetti conhecia Werner havia anos e disse que Werner e um outro trabalhador da carga da Lufthansa, Peter Gruenewald, haviam tramado o plano de roubar a companhia aérea meses antes da realização do assalto. Fischetti contou que os dois debruçaram-se sobre o esquema após se envolverem com o roubo de 22 mil dólares em moeda estrangeira e decidiram que era burrice arriscarem-se a serem pegos ou demitidos por roubarem uma quantia tão ínfima. Se era para pegar dinheiro do cofre e correr o risco de serem apanhados, que fosse por pelo menos 1 milhão de dólares.

Fischetti contou que Werner e Gruenewald então planejaram por meses o roubo, e quando o passo a passo de seu plano estava terminado, Gruenewald ficou com a função de procurar pelos bares ao redor do aeroporto os caras certos para sua execução. Gruenewald passou meses testando um assaltante em potencial, um conhecido arruaceiro, mas optou por não usá-lo quando viu que o sujeito não era sério o suficiente. Quando Gruenewald mostrou-se tremendamente lento para conseguir os assaltantes, Fischetti contou, Werner resolveu agir por conta própria e perguntou a seu banqueiro de apostas, Frank Menna, se ele conhecia alguém que fosse capaz de levar adiante a empreitada.

Quando o FBI se aproximou de Gruenewald pela primeira vez, ele negou qualquer conhecimento sobre o plano, mas os agentes logo apresentaram o arruaceiro que ele havia contactado para propor o assalto, bem como Fischetti, como testemunhas contra ele. Na sexta-feira, 16 de fevereiro, nove semanas depois do roubo, os agentes descobriram que Gruenewald tinha feito reserva de um bilhete de Nova York para Bogotá, na Colômbia, e de lá para Taiwan e Japão. Gruenewald disse que estava indo visitar sua mulher em Taiwan, onde ela vivia com a família. Gruenewald foi detido e arrolado como testemunha importante no caso Lufthansa. Ele decidiu colaborar com McDonald para montar o caso contra Werner.

McDonald sabia que com os testemunhos de Gruenewald, Fischetti, Beverly Werner, Janet Barbieri e Frank Menna ele teria provas suficientes para acusar Lou Werner como participante no assalto à Lufthansa. McDonald também juntou provas robustas contra Angelo Sepe para acusá-lo pelo roubo e, o mais importante, para conseguir um mandado de busca na casa e no quintal de sua namorada em Mattituck, Long Island, à procura do dinheiro. Os agentes que vinham seguindo Sepe por semanas e ouviram horas de rock e trechos de conversas estavam convencidos de que o dinheiro estava enterrado em algum lugar da casa de Hope Barren.

O objetivo de McDonald era de não somente condenar Werner, mas de convencê-lo a colaborar com os federais. Werner teria de delatar os homens que ele havia contratado para realizar o assalto. Mas no dia que foi preso, Werner provou ser mais duro do que McDonald ou qualquer um dos agentes tinham imaginado. Ele tinha falado sem parar antes de sua detenção, mas calou-se ao ficar sob custódia. Na noite de sua prisão, depois de horas de interrogatório, Werner continuou a insistir que não tivera absolutamente nenhum envolvimento com o assalto. Alegou que contara vantagem e mentira sobre seu papel no assalto apenas para inflar seu ego.

McDonald decidiu fazer uma acareação de Werner com seu cúmplice ali mesmo na sala da força-tarefa. Werner estava sentado numa grande sala de reuniões quando Gruenewald e McDonald entraram. Werner não via Gruenewald tinha mais de uma semana e devia achar que seu amigo pegara o avião para Bogotá e Oriente como planejado. Agora Werner via Gruenewald entrar com o procurador federal, e sabia que Gruenewald estava colaborando.

Werner começou a tremer. Seu peito agitou-se. McDonald disse depois que teve medo de Werner ter um ataque cardíaco bem ali na sala. Gruenewald começou metodicamente a incitar seu amigo a colaborar. "Eles sabem de tudo", Gruenewald falou. "Por que você deveria ser o único a ser punido?" Se Werner ajudasse na investigação, poderia garantir sua soltura ou conseguir liberdade condicional, especialmente se ajudasse McDonald a pegar os ladrões e recuperar o dinheiro. Gruenewald tentou. Era bastante persistente. Mas Werner insistiu que não sabia do que Gruenewald estava falando. Alegou que estava sendo injustiçado. Disse que se McDonald achava que ele era culpado ele teria de provar no tribunal.

O processo contra Werner era tudo o que McDonald tinha. Os meses de vigilância e escutas apenas confirmavam suas suspeitas sobre Burke e a quadrilha, mas não conseguiram muitas provas. A busca na casa e no terreno da namorada de Sepe não resultou na descoberta do dinheiro que o FBI estava certo de encontrar. No dia 23 de maio, 35 dias depois de McDonald ter prendido Sepe, teve de retirar as acusações contra ele por não haver provas suficientes para um indiciamento. Jimmy e sua quadrilha ainda poderiam ser presos por violação de condicional, mas não havia a menor chance de eles tropeçarem sem querer e se incriminarem ou revelarem o paradeiro do dinheiro.

Mas muito mais perturbador para McDonald eram os relatos de assassinatos e desaparecimentos ligados à Lufthansa. Enquanto McDonald montava o pleito contra Werner, testemunhas-chaves começaram a desaparecer. No dia 18 de dezembro, por exemplo, apenas uma semana após o assalto, a polícia do Queens encontrou o corpo de um pequeno criminoso negro chamado Parnell Steven "Stacks" Edwards, de 31 anos, em seu apartamento em Ozone Park, com seis tiros calibre .38 em seu peito e cabeça. A porta de seu apartamento não fora arrombada e não havia sinais de luta. Também não havia quaisquer impressões digitais no apartamento. Dinheiro e joias estavam espalhados ao seu redor, então a polícia descartou a hipótese de roubo como causa do crime. Pela posição descontraída do corpo sobre a cama também parecia que a vítima conhecia seus assassinos e não tinha motivos para achar que estivesse em perigo.

No dia 14 de janeiro, a mulher de Tommy DeSimone, Cookie, avisou a polícia que seu marido tinha desaparecido. Contou que Tommy tinha pego emprestado com ela sessenta dólares algumas semanas antes, e que não mais o vira ou ouvira falar dele desde então. A princípio a polícia suspeitou que Tommy tinha decidido desaparecer depois de ficar sabendo que dois dos funcionários da carga da Lufthansa o haviam reconhecido pelas fotos da delegacia como o bandido que retirara a máscara durante o assalto. Mas aí boatos começaram a surgir de que Tommy DeSimone tinha partido para sempre.

Três dias depois, dia 17 de janeiro, o corpo de um punguista e trapaceiro chamado Richard Eaton, de 42 anos, foi encontrado num caminhão frigorífico abandonado em Gravesend Bay, no Brooklyn. O corpo fora encontrado por crianças que brincavam dentro dos trailers abandonados. As mãos e os pés estavam amarrados com arame, e o pescoço estava quebrado. Houve uma certa demora na identificação do corpo, pois estava tão congelado que demorou mais de dois dias para amolecer. Só então, em meio às buscas em seus bolsos, a polícia encontrou o nome e o número de telefone de Jimmy Burke. Quando uma investigação policial preliminar revelou que Eaton trabalhava ocasionalmente como mensageiro e testa de ferro para Jimmy Burke, os policiais metropolitanos pegaram sua documentação e foram até Ed McDonald.

Os policiais disseram que ficaram sabendo que Eaton tinha acabado de voltar de uma viagem à Flórida, onde supostamente lavara grandes quantidades de dinheiro. Em uma das fitas de Sepe, em meio a estática e músicas barulhentas, ouvia-se Sepe reclamar durante a contagem de dinheiro que alguém estava tentando enganá-lo. Também houve uma discussão sobre uma viagem à Flórida e sobre dinheiro. McDonald fez os homens do FBI e os policiais metropolitanos refazerem os passos de Eaton e até abriram o cofre de um banco onde havia a informação de que Eaton havia colocado milhões de dólares. O cofre estava vazio.

Nessa época, uma dona de casa de Long Island chamada Fran Krugman informou que seu marido Marty havia desaparecido. Ela contou à polícia local que a última vez que falara com ele tinha sido no dia 6 de janeiro, quando ele telefonou dizendo que não iria para casa por um tempo. Quando McDonald descobriu que Marty Krugman tinha sido o homem para quem Frank Menna havia enviado Lou Werner, já era tarde demais. McDonald daria tudo para saber quem eram os homens a quem Marty Krugman havia passado os planos de Werner adiante. Frank Menna disse a McDonald que tudo o que tinha feito fora transmitir o pedido de Werner ao seu patrão banqueiro de apostas, Krugman. Menna contou que Krugman assumira a partir dali. Krugman era uma das únicas ligações que McDonald sabia estar conectado ao assalto. Krugman era um banqueiro de apostas no aeroporto e também conhecido por estar sob a proteção da Máfia. Estava associado à quadrilha de Burke e fora visto frequentando o Robert's Lounge. Infelizmente Krugman havia desaparecido um pouco antes de McDonald e o FBI terem começado a procurar por ele. A essa altura, ele era tido como morto.

Duas semanas depois, dia 10 de fevereiro, Theresa Ferrara, uma estonteante esteticista de 26 anos, recebeu uma chamada de emergência de uma amiga e saiu correndo de seu salão de beleza em Bellmore, Long Island, para encontrar alguém numa lanchonete das redondezas. Ferrara aparentemente estava muito preocupada com o encontro, pois pediu a sua sobrinha de dezenove anos, Maria Sanacore, para ir à sua procura na lanchonete se ela não voltasse em quinze minutos. Ferrara deixara para trás sua bolsa, chaves e casaco. "Eu tenho uma oportunidade de ganhar 10 mil dólares", ela disse à sobrinha, enquanto saía correndo pela porta. Nunca mais foi vista.

A polícia de Nassau iniciou uma investigação rotineira sobre pessoas desaparecidas. Descobriu-se que Ferrara havia se mudado recentemente para um apartamento de mil dólares o aluguel; quando o corretor deu a eles seu endereço anterior, foi constatado que ela e Tommy DeSimone tinham morado na mesma casa em Ozone Park. No dia 18 de maio, o tronco de uma mulher foi encontrado nas águas de Barnegat Inlet, perto do rio Toms, em New Jersey. Foi feita a autópsia no hospital comunitário de Toms River, onde raios x foram usados para identificar o corpo como sendo o de Theresa Ferrara.

Quando Lou Werner foi a julgamento em abril, cinco possíveis testemunhas tinham sido assassinadas ou haviam desaparecido, e McDonald tinha requisitado proteção 24 horas para todos os sobreviventes que ele planejava usar no tribunal. Gruenewald testemunhou que ele e Werner tinham tramado o plano juntos e que Werner tinha arregimentado os assaltantes às escondidas. O encrenqueiro do bar de quem Gruenewald primeiro se aproximou para propor fazer o assalto testemunhou que Gruenewald explicara a ele os planos e lhe dissera que ele teria de conseguir as informações para desativar os alarmes com Lou Werner. Até Janet Barbieri, a namorada de Werner, acabou testemunhando, um tanto relutante, que Werner havia se gabado para ela de que tinha sido responsável pelo assalto.

No dia 16 de maio, após um julgamento de dez dias, Lou Werner foi considerado culpado por ajudar a planejar e levar a cabo o assalto à Lufthansa. Foi o único a ser acusado pelo assalto e foi condenado a uma pena de 25 anos de prisão. Se houvesse alguma possibilidade de finalmente fazer Lou Werner falar, seria agora. Werner havia se recusado a falar para tentar a sorte no julgamento. Se fosse considerado inocente sairia livre e poderia ficar com o dinheiro que ganhara com o roubo. Mas Werner foi condenado, e a menos que quisesse passar os próximos 25 anos na prisão, teria de colaborar.

Apesar de McDonald não saber na ocasião, Werner havia se encontrado com apenas um membro da gangue de Jimmy Burke — Joe Buddha Manri. Manri fora enviado por Jimmy para verificar o plano de Werner e reunira-se com ele no estacionamento da lanchonete do aeroporto Kennedy. Manri tinha deixado 85 mil dólares em dois pacotes no motel do aeroporto para Werner. Se Werner tivesse optado por colaborar, poderia implicar Manri e apenas Manri.

Na tarde em que foi condenado, Lou Werner foi levado de volta ao presídio federal para esperar pela sentença. Ficou preso no terceiro andar, a área de detenção reservada para prisioneiros cujas vidas estavam ameaçadas ou que tinham resolvido falar. Jimmy Burke, que tinha sido finalmente preso no dia 13 de abril por violação de condicional, estava detido na mesma prisão. Foi visitado por um de seus advogados após o julgamento, que o informou que Werner tinha sido condenado, prestes a pegar uma cana dura e mantido sob proteção policial.

Mais tarde naquela noite, uma radiopatrulha da 63ª Delegacia do Brooklyn encontrou os corpos de Joseph "Joe Buddha" Manri, 47 anos, de Ozone Park, e de Robert "Frenchy" McMahon, 42, de Wantagh, Long Island, caídos no banco da frente de um Buick azul 1973 de duas portas estacionado na esquina da Schenectady Avenue com M Avenue, na área de Mill Basin, Brooklyn. Cada um tinha sido morto com um único tiro na nuca vindo de uma arma calibre .44. Agora Manri estava morto, e Lou Werner tinha perdido sua única chance de sair da prisão.

GoodFellas
OS BONS COMPANHEIROS

19

"No dia em que finalmente fui preso, meus amigos e minha família foram me levar de carro. Eu vinha trabalhando por tão longas horas que cheirava um grama de cocaína por dia só para aguentar toda aquela loucura. Meu sócio Bobby Germaine e eu conseguíamos nosso pó de Charlie, o Japa, que fora um viciado a vida toda, e estávamos ficando malucos tentando esconder isso de Paulie Vario. Paulie esbravejava por eu me meter com viciados desde a minha saída da prisão, mas nesse meio tempo não ajudava na minha sobrevivência.

"Jimmy Burke estava se escondendo desde a Lufthansa, e eu não podia ganhar dinheiro com ele como antes. De qualquer forma, eu estava ficando muito velho para assaltar caminhões. Bill Arico fora preso num assalto a uma joalheria, e eu vinha sustentando sua mulher, Joan, e seus dois filhos até ele conseguir escapar do presídio de Riker's usando uma serra de joalheiro que eu tinha conseguido para Joan dar a ele. Dois dos jogadores de basquete do Boston College que eu estava subornando fizeram besteira em mais um jogo e foi um inferno para pagar.

"Nesse meio tempo, o FBI foi a minha casa à procura de algumas armas. Tinham um mandado e foram muito educados. Esperaram as crianças irem para a escola. Vasculharam tudo, mas eu tinha conseguido tirar de lá a maioria delas justamente uma semana antes. Havia uma pistola 9 milímetros na cômoda do quarto, e Karen foi esperta o suficiente para perguntar se podia se vestir. Eles deixaram, ela subiu e enfiou a arma na calcinha. Mais tarde reclamou que a arma estava gelada como o diabo.

"Para completar, tinha minha namorada, Robin. A verdade é que eu tinha de ter me livrado de Robin, mas ela trabalhava comigo no negócio das drogas. Eu usava seu apartamento para guardar e dividir a mercadoria. Ela vendia um pouco também, mas na maior parte das vezes era nossa maior cliente. E toda vez que eu ia lá, ela queria discutir a relação.

"Eu estava sob uma pressão tão grande que o dia em que fui preso foi quase que um alívio. Devo ter saído de casa por volta das sete da manhã. Ia pegar meu irmão Michael no New York Hospital. Ele estava fazendo um tratamento para sua espinha bífida. A caminho para o hospital, eu planejava dar uma passada na casa de Jimmy. Jimmy tinha encomendado algumas armas de um sujeito com o qual eu tinha feito negócios num arsenal em Connecticut. O cara tinha deixado as armas de Jimmy em minha casa na noite anterior. Jimmy tinha alguns silenciadores calibre .32 e precisava de armas que se encaixassem neles. Este era Jimmy, o mundo caindo sobre ele por conta da Lufthansa, em liberdade condicional como eu e querendo comprar armas. Bobby Germaine também queria algumas. Disse que ficaria com as que Jimmy não quisesse. Germaine, só para constar, estava foragido em seis jurisdições diferentes, fingia ser um escritor independente — tinha até uma máquina de escrever com papel enfiado nela e tudo — e já tinha um arsenal de revólveres e espingardas escondidos por todo seu apartamento. Ele não precisava daquelas peças mais do que Jimmy, mas esses eram os tipos de loucos por armas com os quais eu estava lidando naquela época.

"Imaginei que daria uma parada na casa de Jimmy, deixaria as armas e em seguida dirigiria até a cidade, pegaria meu irmão no hospital e voltaria para minha casa. Joguei as armas na mala do carro e ouvi o barulho de um helicóptero. Olhei para cima e o vi. Pairava bem acima da minha cabeça e era vermelho. Você nota um helicóptero vermelho sobre sua casa às sete da manhã de um domingo. Entrei no carro e fui em direção à casa de Jimmy em Howard Beach. Por um tempo, achei que o helicóptero estava me seguindo, mas quando cheguei perto da casa de Jimmy em Cross Bay Boulevard ele tinha ido embora.

"Jimmy já estava acordado. Estava em pé na soleira da porta parecendo um menino no dia de Natal. Saiu e começou a olhar as armas antes de entrarmos na sua antessala. Lembrei-o da pressão. Falei sobre o helicóptero. Ele olhou para mim como se eu estivesse louco. Lá estava ele, expondo armas na calçada e me olhando como se fosse eu o maluco. Mas percebi que ele estava sem paciência. Queria ver as armas. Quando chegamos à antessala ele rasgou o saco de papel, deu uma olhada nas peças e gritou: 'Porra! Não são boas! Meus silenciadores não vão se encaixar nesses troços. Não quero essas porcarias'. De repente percebi que tinha entubado algumas centenas de dólares. Eu tinha comprado para ele aquelas bostas. Era *ele* quem queria, não eu. E agora eu estava no prejuízo. Não falei nada.

"Conhecia Jimmy fazia mais de vinte anos, mas nunca o vira tão fora de si desde o caso Lufthansa. A partir do assalto, ele vinha ficando cada vez pior, e eu sabia que era melhor não discutir com ele pela manhã. Sabia que pelo menos oito dos caras que haviam participado da ação na Lufthansa estavam mortos e que o único motivo de terem morrido era por encherem o saco de Jimmy por causa de dinheiro. Jimmy ficara maluco com o dinheiro. E às vezes acho que até ele percebia isso. Lembro-me de nós dois um dia andando de carro e ele, entre uma conversa e outra, meio que deixou escapar que às vezes achava que o dinheiro era amaldiçoado. Foi essa palavra usada por ele — 'amaldiçoado'.

"Do ponto de vista de Jimmy, Marty, Stacks, Frenchy McMahon, Joe Buddha, ou quem quer que quisesse sua parte no dinheiro da Lufthansa estaria tirando do seu bolso. Aquele dinheiro era dele. Qualquer um que tentasse pegar parte daquele dinheiro o fazia se sentir como se estivessem tentando roubá-lo. Para Jimmy, se a questão estivesse entre dar ao sujeito um quarto de milhão de dólares ou duas balas atrás da orelha, não havia dúvidas. Foi uma época em que você não podia discutir com Jimmy. Nunca se sabia o que ele iria fazer. Então eu simplesmente coloquei as armas de volta na sacola rasgada, dei meia-volta e fui embora. Ele estava tão decepcionado e puto que nem se despediu.

"Agora eu estava a caminho do hospital. Ainda tinha as armas na mala do carro e estava atrasado para pegar meu irmão. Devia estar a uns 130 quilômetros por hora. Olhei para cima da rodovia Long Island e vi o helicóptero. Não pude acreditar que ele tinha me apanhado de novo. Eu dirigia e procurava pela aeronave, e enquanto guiava o carro, antes de me dirigir à entrada do Midtown Tunnel, vi um monte de carros empilhados na estrada em todas as direções. Tomavam de um lado a outro da pista e eu não conseguiria parar. Eu tinha um helicóptero sobre a minha cabeça, uma mala cheia de armas e estava indo direto para um engavetamento de vinte carros.

"Meti o pé no freio. Puxei o freio de mão. Mesmo assim não estava conseguindo. Joguei a roda na calçada e comecei a tentar parar roçando a roda do carro no meio-fio e assim consegui diminuir a velocidade para tentar parar. Pude sentir o cheiro de queimado. Comecei a ir mais devagar até parar a alguns centímetros do engavetamento. Eu tremia. Finalmente eles liberaram a rodovia, e quando cheguei ao hospital o médico do meu irmão olhou para mim e mandou que eu fosse descansar. Expliquei a ele que quase me envolvera num acidente, que tinha virado a noite me divertindo. Ele se compadeceu de mim e me deu dez miligramas de Valium. Pus meu irmão dentro do carro e fomos para casa. Meu plano era deixá-lo em casa e pegar Karen. Michael ia jantar conosco.

"No caminho de volta para casa dei uma olhada pela janela do carro, e o que vejo? O helicóptero vermelho. Fiquei observando por uns instantes e então perguntei a meu irmão: 'Aquele helicóptero está seguindo a gente?'. Ele me olhou como se eu estivesse alucinando. Mas lá estava ele, pairando no ar. Ao embicarmos em direção à casa, o helicóptero permaneceu conosco, mas mesmo assim meu irmão não parecia se importar muito com isso. Se for alguém, pensei, tem de ser os federais. Os caras do Departamento do Tesouro ainda devem estar em busca das armas. Tem de ser os federais. Só os federais têm dinheiro para queimar em helicópteros.

"Naquela noite, eu preparava o jantar. Tinha de começar a refogar a carne de vaca, a carne de porco e os pernis de vitela para o ragu de tomate. Era o prato predileto de Michael. Eu estava fazendo macarrão com molho de carne, e pensava em grelhar uns pimentões para pôr sobre umas vagens puxadas em azeite e alho, e tinha ainda belos cortes de vitela bem macios, cortados em pedaços pequenos, que iria fritar antes do jantar e servir como tira-gosto.

"Karen e eu iríamos até a casa de Bobby Germaine para entregar a ele as armas que Jimmy não quisera e pegar um dinheiro que ele tinha para mim. Também tinha de pegar um pouco de heroína com ele para que Judy Wicks, uma de minhas mensageiras, pudesse voar até Pittsburgh com meio quilo àquela noite. Judy, que era amiga da família, já estava em minha casa quando meu irmão e eu chegamos. Parecia uma filha de pastor do Kansas. Isso, claro, era o que a tornava uma ótima mensageira. Esquelética, cabelo loiro-escuro, um chapéu rosa e azul ridículo e roupas baratas compradas por catálogo da Sears. Às vezes, quando levava cargas pesadas, ela pegava um bebê emprestado para a viagem. Parecia tão patética que as únicas pessoas que a paravam eram assistentes sociais da Travelers Aid em busca de novos clientes. Judy ficaria em nossa casa até eu voltar com a mercadoria. Depois, após todos termos jantado, eu a levaria de carro até o aeroporto para que pegasse o avião até Pittsburgh.

"Eu estava em casa havia uma hora. Refoguei a carne. Passei os tomates na peneira — não gosto das sementes. Fiquei olhando pela janela. O helicóptero tinha ido embora. Esperei um tempo e ouvi um barulho. Pareceu ter parado. Pedi a Michael para vigiar o molho, e Karen e eu saímos para a casa de Germaine. Estávamos no meio do caminho quando notei o helicóptero vermelho de novo. Mas agora ele estava bastante perto. Pude quase ver o sujeito enfiando a cabeça para fora da janela. Eu não queria levar o helicóptero até o esconderijo de Germaine. E com certeza não gostava de ficar circulando com as armas de Jimmy na mala do carro. Karen e eu não estávamos muito longe da casa de minha mãe, então decidi dar uma passada lá por um minuto. Karen não fez perguntas. Eu sabia que havia algum tipo de cobertura na entrada da garagem de minha mãe, então eu poderia descarregar as armas sem ser visto de cima. Quando chegamos à sua casa, tirei as armas de dentro da mala do carro e as coloquei dentro de suas latas de lixo. Mandei Karen entrar e dizer a ela para não tocar em nada do lado de fora da casa ou nas latas de lixo. Assim que me livrei das armas me senti melhor. Então decidi provocar o helicóptero e fui até a casa de Germaine pegar o dinheiro e a droga.

"Falei para Karen: 'Vamos às compras'. Fomos até um enorme shopping center, estacionamos o carro e entramos. Estava pronto para passar algumas horas passeando por ali. Além disso, quis ligar para Bobby Germaine e contar a ele sobre o que se passava. Fui até uma cabine telefônica no shopping e liguei para ele. Disse-lhe que não estava levando as armas. Falei: 'Estou sendo seguido, Deus do céu. Fiquei com um helicóptero me seguindo o dia inteiro'. Ele falou que eu estava maluco, paranoico. Por volta das quatro horas, quando saímos do shopping, o helicóptero havia ido embora. Deve ter ficado sem combustível. Karen e eu entramos no carro e seguimos de volta à casa de minha mãe. Nada do helicóptero. Chequei se alguém estava nos seguindo. Nada.

"Peguei as armas de dentro das latas de lixo de minha mãe. Falei para Karen que iríamos até a casa de Bobby Germaine, mas faríamos um caminho mais longo. Ela começou a dirigir, e dirigir e dirigir. Fomos de cidade em cidade. Percorremos ruas. Entramos em ruas sem saída. Demos meias-voltas. Aceleramos e de repente encostamos num meio-fio e paramos. Avançamos sinais fechados. Fizemos de tudo. Do banco de trás eu checava os carros e verificava as placas. Nada.

"Finalmente chegamos na casa de Germaine. Morava num apartamento térreo em Commack. Quando cheguei lá, comecei a me sentir melhor.

'Está vendo? Não te disse que estava paranoico?', disse Germaine. Demos boas risadas. Cheirei um pouco mais de cocaína e logo ela me pôs no prumo. Aí Germaine deu-me o pacote de heroína que eu entregaria a Judy.

"Agora eu tinha de chegar em casa para aprontar o pacote e entregá--lo a Judy para a viagem. Também tinha de ir até à casa de minha namorada Robin para batizar a mercadoria com um pouco de quinino. Não via Robin havia alguns dias e sabia que ela iria querer que eu ficasse por lá mais tempo do que eu desejava. Eu tinha de terminar de cozinhar o jantar e deixar Judy pronta para sua viagem, e sabia que Robin iria pegar no meu pé. Ia ser péssimo. O telefone tocou. Era Robin. Germaine fez um sinal para mim para que Karen não soubesse quem estava ligando. Robin queria saber quando eu chegaria na casa dela. Respondi que em mais ou menos uma hora. Pode ficar para jantar? Falamos disso mais tarde, respondi. Agora eu sabia que não seria péssimo, seria pior que péssimo. Então liguei para Judy, que estava em minha casa. Queria que ela soubesse que eu estava com a droga e que ela faria a viagem a Pittsburgh. Falei: 'Sabe o que tem de fazer?'. Ela disse: 'Claro'. Judy tinha de fazer a reserva do bilhete na companhia aérea para ir a Pittsburgh naquela noite com a droga. Falei: 'Sabe aonde ir?'. 'Claro, claro', ela respondeu. 'Sabe para quem ligar?', perguntei. 'Claro, claro, claro', ela disse.

"Então mandei que ela saísse da minha casa, fosse até um telefone público e fizesse todas as chamadas. Ela reagiu como se eu fosse algum tipo de idiota a ensinando sobre coisas que ela já sabia. 'Apenas certifique-se de ir para fora de casa', falei. 'Não use o telefone de casa', falei. Aí desliguei e o que foi que ela fez? Usou o telefone da minha casa. Usou para fazer as reservas para Pittsburgh e para ligar para Paul Mazzei dizendo a ele quando ela estaria chegando. Agora os tiras sabiam de tudo. Sabiam que um pacote estava saindo de minha casa para o aeroporto e sabiam até o horário e número do voo. Eu era um porco a caminho do matadouro e não sabia.

"Assim que cheguei em casa comecei a cozinhar. Eu tinha algumas horas até o voo de Judy, e tinha pedido ao meu irmão para ficar de olho no molho. O pobre ficara o dia inteiro vigiando helicópteros e molho de tomate. Perguntei a Judy se ela tinha ligado de fora de casa. Havia coisas estranhas o suficiente para eu não confiar de jeito algum nos meus telefones. Se ela me tivesse dito a verdade, eu teria mudado tudo. Poderia ter cancelado a viagem. Poderia ter escondido a droga. Mas em vez disso ela ficou mesmo é aborrecida com a minha pergunta. 'É claro', ela disse com um muxoxo. Deixei Karen cuidando de tudo, peguei o carro e fui até a casa de Robin com a droga. Queria misturá-la e retornar para o molho da carne, mas agora Robin estava possessa. Queria saber por que não estávamos nos vendo o suficiente. Começamos a discutir e ela passou a gritar, e eu misturando a heroína, ela socando as coisas. Saí de lá minutos antes de ela começar a atirar coisas.

"Por volta das 20h30 tínhamos terminado de comer. O voo de Judy saía às onze. Às 21h30 ela disse que tinha de ir para casa. 'Pra quê?', perguntei. Ela respondeu que queria ir em casa pegar seu chapéu. Eu tinha circulado o dia inteiro com meio quilo de heroína dentro do casaco e queria que Judy começasse a prender a droga a sua perna. Não, ela falou, tinha de ir em casa pegar seu chapéu. Não pude acreditar. Mandei-a esquecer. Estava exausto. Eu não tinha de ir até Rockaway só porque ela queria seu chapéu. Ela ficou furiosa. Continuou insistindo. Era seu chapéu da sorte. Precisava dele. Tinha medo de voar sem ele. Sempre o usava. Era uma coisa azul e cor-de-rosa que se aboletava no alto de sua cabeça. A coisa mais caipira e desengonçada que se podia imaginar. O problema era que, se ela insistia, eu tinha de levá-la até em casa para pegar o maldito chapéu.

"Quando entrei no carro, lembrei-me que ainda tinha no bolso meio quilo de heroína. Lembro-me de falar com meus botões: 'Pra que sair por aí com isso?'. Então, com o motor do carro apenas ligado, saí, voltei em casa e enfiei os pacotes dentro de uma lâmpada embutida próxima dos degraus da entrada. Aí voltei para o carro e fui levar Judy em casa. Estávamos a menos de quinze metros da garagem quando meu carro foi fechado. Havia carros por toda parte. Pensei que pudesse ter havido um acidente na frente de casa. Aí pensei: chegou a minha vez de ser morto por causa da Lufthansa. Vi um sujeito de jaqueta impermeável pular ao lado do carro e enfiar uma arma na minha têmpora. Por um segundo pensei que era o fim. Aí ele gritou: 'Faça um movimento, seu filho da puta, e eu te estouro os miolos!'. Foi aí que comecei a relaxar. Foi aí que percebi que eram os tiras. Só os tiras falam assim. Se fossem mafiosos eu não teria ouvido nada. Estaria morto."

GoodFellas
OS BONS COMPANHEIROS

20

Quando o detetive Daniel Mann, da divisão de narcóticos do condado de Nassau, ouviu falar de Henry Hill pela primeira vez, não tinha ideia de que Hill seria diferente dos outros trinta ou quarenta traficantes de drogas dos subúrbios que prendia todos os anos. Mesmo quando alguns dos relatórios da inteligência e os monitoramentos e informações dos grampos começaram a chegar, ele ainda tinha dúvidas. Mann era um policial experiente para cantar vitória antes de ter em mãos algo valioso mesmo.

O caso Hill tinha começado como todos os outros: com um informante. Nesse caso, era um jovem de dezenove anos de Commack, Long Island, preso por vender 1,2 mil dólares em comprimidos de Quaaludes para policiais disfarçados do condado de Nassau, em três ocasiões diferentes. Policiais disfarçados sempre gostam de juntar mais do que uma ou duas vendas antes das prisões. Vendas múltiplas tendem a consolidar o caso e dão ao procurador federal mais consistência na inevitável mesa de negociações. Um caso bem amarrado também significa que os presos ficam mais dispostos a colaborar e a serem persuadidos a entregar os amigos e cúmplices em troca de imunidade. Aqui, o jovem não precisou de qualquer persuasão. Poucos minutos depois de ter chegado na delegacia de Mineola para ser fichado, ele já buscava um acordo. O garoto — ex-atacante do curso ginasial, musculoso e cabeludo — já tinha sido preso antes. De fato, acabou que já era um informante e entregara as pessoas de quem comprava as drogas. Tinha até seu I.C., ou número de "informante confidencial", e sugeriu que Mann verificasse com Bruce Walter, o agente de seu caso, no gabinete do procurador federal do Brooklyn. Em troca de imunidade, disse o rapaz, estaria disposto a trabalhar como informante para Mann e os policiais de Nassau.

Mann se recorda de olhar para o garoto e duvidar de qualquer negociação. O que aquele jovem poderia oferecer? Danny Mann não estava interessado em correr atrás de jovens drogados. Não, não, ele falou. Ele poderia entregar mais do que garotos da faculdade, porque sabia dos mafiosos. Poderia entregar uma rede de venda de drogas comandada por mafiosos com negócios bem debaixo do nariz de Mann. Era uma rede de crime organizado de venda de heroína e cocaína, que operava a partir de Rockville Centre e distribuíam para todo o país. O garoto mencionou ter sido convidado por um dos chefões para trabalhar de mensageiro.

Mann saiu da sala. Ligou para seu velho parceiro Bruce Walter, o detetive da polícia metropolitana de Nova York designado para o caso do jovem no Brooklyn. Ele estava falando sério? "Bingo", Walter disse. "Divirta-se."

O garoto era um pequeno delinquente. Tinha abandonado o curso ginasial antes de se formar e conseguia a maior parte do dinheiro vendendo substâncias farmacológicas como Quaaludes, anfetaminas, LSD e pó de anjo, em vez de heroína e cocaína. Seu pai, ex-presidiário, era um foragido ligado a assalto a banco e a outros crimes. O jovem vivia com a mãe, uma cabeleireira de meio expediente num shopping.

Foi fechado um acordo. Se o garoto conseguisse "entregar" de verdade uma rede de tráfico de drogas do crime organizado, as acusações contra ele seriam reduzidas ou até retiradas, e a colaboração seria transmitida tanto pela polícia quanto pelo procurador ao juiz. Se cooperasse, em outras palavras, poderia sair livre. O negócio das drogas, claro, está cheio de gente como esse jovem. Há milhares, todos vazando informações uns dos outros, os mais espertos guardando algo para os dias difíceis, todos com números de informantes confidenciais, agentes de plantão e procuradores, que recebem informações de tudo o que acontece nas ruas. Além da garotada e de pequenos traficantes, muitos dos maiores e mais bem-sucedidos importadores e distribuidores de narcóticos, alguns deles membros importantes do crime organizado, também são informantes confidenciais de um ou outro grupo de policiais. O negócio das drogas é simplesmente um negócio de informantes. Sócios, amigos, irmãos — ninguém é de confiança no ramo. É um negócio multibilionário no qual fica claro que todo mundo delata todo mundo.

Enquanto o detetive Mann e William Broder, procurador federal assistente do condado de Nassau começavam anotar, o rapaz ia dando detalhes sobre a rede. Informou que era controlada por membros da família mafiosa Lucchese, conectada a Paul Vario. O líder da rede, até onde sabia o informante, era Henry Hill, ex-presidiário que ele sabia ser intimamente associado a Paul Vario, da família Lucchese. Mann e Broder ficaram impressionados. Eles ainda não tinham encontrado muita gente próxima de Paul Vario antes, muito menos alguém que pudesse implicar o escorregadio chefão da Máfia em algo tão sério quanto drogas. A maioria das pessoas que poderiam prejudicar Paul Vario eram mortas bem antes que Mann ou qualquer representante da lei pudesse se aproximar delas.

O garoto falou que conhecia Hill havia muitos anos. Tinha ido a sua casa inúmeras vezes e conhecia sua mulher e filhas. Disse que tinha acesso à casa porque seus parentes e amigos eram muito chegados aos Hill, portanto nunca fora considerado um estranho. Ele insistiu com Mann, entretanto, que não falaria sobre nenhum desses parentes ou amigos já que eles não estavam relacionados com o caso em questão. Informou que sabia que o esquema de Hill deveria ser grande por causa dos tipos de pessoas com as quais ele estava ligado. Hill, ele falou, era íntimo de Jimmy Burke, que fizera parte da quadrilha de roubos a caminhões de carga no aeroporto Kennedy e provavelmente estaria envolvido no assalto à Lufthansa.

O garoto disse a Mann que a primeira vez que ficou sabendo que Hill estava envolvido com o tráfico de drogas foi em 1979. Hill tinha acabado de ser solto da prisão. Ele contou que fazia um trabalho de paisagismo na casa de Hill e, enquanto esperava por um amigo — que também era amigo de Hill — vir pegá-lo, Hill sugeriu que ele poderia começar a ganhar um dinheiro extra como "mula," ou transportador de drogas, para a operação. Hill então o levou até um quarto do primeiro andar para mostrar-lhe as drogas. Só se podia entrar no local através de uma porta automática. Lá dentro Hill lhe mostrou cinco quilos de cocaína armazenados num closet. Ele contou que Hill pegou um dos quilos para que ele pudesse examiná-lo com mais calma. Hill comentou que estava negociando oito quilos de cocaína por semana e precisava de ajuda para distribuir a droga. De acordo com o rapaz, Hill ofereceu a ele 5 mil dólares por viagem para que transportasse a cocaína a vários pontos do país.

Utilizando-se da informação do jovem, acompanhada de uma declaração oficial do procurador federal do Brooklyn atestando a confiabilidade do rapaz como informante, Mann fez ao juiz do condado de Nassau um pedido de autorização de escuta. Em seu depoimento à corte, Mann dizia que necessitava da autorização para escuta porque os métodos habituais de investigação não lograriam êxito no caso de Hill. Por exemplo, o informante, que conhecia Hill pessoalmente, tinha muito medo de introduzir um agente disfarçado na operação porque temia por sua vida. Mann acrescentou que monitoramentos preliminares de Hill revelaram que as técnicas de vigilância normais eram inadequadas pois ele era muito precavido. Mann exemplificou que Hill era capaz de dirigir de propósito a quase cem quilômetros por hora em ruas de baixa velocidade, atravessar sinais fechados e fazer retornos proibidos só para ver se estava sendo seguido. Ele era cuidadoso ao falar com as pessoas e num restaurante ou outros lugares públicos nunca se posicionava de maneira que pudesse ser ouvido por terceiros. Na verdade, em público Hill frequentemente usava o velho truque comum na prisão de se proteger de alguém que pudesse fazer leitura labial: cobria a boca ao falar. Mann conseguiu autorização de grampo durante um mês para monitorar o telefone de Hill na St. Marks Avenue, 19, em Rockville Centre, Long Island, e mais um no telefone em um apartamento de subsolo nas proximidades, onde, de acordo com o informante, a maioria das drogas era entregue, repartida e embalada. O apartamento de subsolo, na Lakeview Avenue, 250, também em Rockville Centre, era ocupado por Robin Cooperman.

Fitas eram gravadas todos os dias. Cada rolo media oitocentos metros. Quando Mann terminou sua investigação sobre Henry e a operação das drogas, tinha juntado um conjunto de 35 rolos de fita, cada um assinado pelos detetives que monitoravam as chamadas e certificado pelo judiciário. Mann também posicionara seus homens do outro lado da rua onde Henry morava para tirarem fotos de monitoramento. Mann usava uma pequena garagem de um funcionário público aposentado.

Não demorou muito para Mann e o restante dos homens da unidade descobrirem que haviam sem querer cruzado o caminho de um ex-condenado de 37 anos cuja vida percorria como uma linha a maior parte do tecido do crime organizado da cidade. Henry Hill estava fornecendo a Danny Mann e a sua equipe uma oportunidade única de espiar o cotidiano dos negócios de um mafioso. Não que Henry fosse um chefão. E não tinha nada a ver com seu alto grau hierárquico dentro de uma família do crime ou uma malícia natural com a qual os gângsteres do universo de Henry são identificados. Henry, na verdade, não era nem do alto escalão nem particularmente perigoso; não era sequer cruel, como os policiais puderam constatar. O que diferenciava Henry da maioria dos outros criminosos que estavam sob vigilância era o fato de que ele parecia ter total acesso a todos os níveis do universo da Máfia.

A maioria dos bandidos que a polícia fora capaz de vigiar no decorrer dos anos estavam relegados a uma ou talvez duas áreas muito limitadas de negócios da Máfia. Policiais da delegacia de narcóticos seguiam traficantes viciados, seus fornecedores, seus mensageiros e até alguns distribuidores. Equipes de repressão ao jogo vigiavam de perto agenciadores de apostas e agiotas que nunca pareciam falar com alguém que não fosse outro banqueiro de apostas ou um cliente. Havia agiotas, ladrões de carga, contrabandistas e chantagistas de todos os tipos quase que eternamente sob vigilância da polícia, mas nunca antes Danny Mann e a brigada de narcóticos de Nassau tinha aparecido com um traficante que parecesse estar envolvido com tantas coisas mais. Além disso, Henry não parecia estar limitado por qualquer hierarquia ou status no interior da Máfia. A maioria dos mafiosos que a equipe de narcóticos tinha seguido sempre permanecia dentro de seus próprios postos hierárquicos por toda a vida. Fossem eles viciados que traficavam nas ruas, agenciadores de apostas ou agiotas, permaneciam como tais e nunca, em nenhuma circunstância, aproximavam-se de um mafioso mais importante. O protocolo era imposto com rigor, e isso era considerado necessário para proteger a hierarquia administrativa da Máfia, evitando pô-la em risco por seus próprios homens. O isolamento entre os que cometiam os crimes e seus mandantes — os que lucravam com os esquemas ilegais — era cuidadosamente mantido.

Henry Hill era diferente. De um jeito ou de outro era capaz de circular sem qualquer esforço por todos os níveis da hierarquia mafiosa. De início isso desconcertou Mann e sua equipe. Henry não estava na lista de membros ou sócios do crime organizado em quaisquer dos arquivos do departamento de inteligência. Seu nome nunca surgia nas conversas gravadas pelo departamento. E, apesar disso, ele estava envolvido com agenciadores de apostas graúdos, receptadores de joias, agiotas, controladores de sindicatos e, de forma efetiva, parecia estar intermediando a compra de fábricas ilegais de roupas para grandes bandidos no Brooklyn e no Queens, enquanto Danny Mann investigava seus negócios com tráfico de drogas.

Quando Dennis Dillon, o procurador federal de Nassau, descobriu quem sua unidade de narcóticos estava grampeando, ficou exultante. Detetives passaram a fazer a coleta de lixo de Hill cedo de manhã e apareciam com pedaços de papel com anotações e as partes de trás dos envelopes contendo informações comprometedoras dos horários de chegada e partida de voos. Logo ligaram aquilo às idas e vindas de conhecidos mensageiros. Havia ainda folhas de papel contendo rabiscos e cálculos matemáticos relativos a quilos e meios quilos de pó para pulgas e ração para cachorros. O distribuidor de Hill em Pittsburgh, Paul Mazzei, possuía uma pet shop de fachada. Usando de vários recursos, de caminhões de padaria a helicópteros, os detetives da divisão de narcóticos vigiaram Henry Hill por mais de dois meses, seguindo-o de um ponto de encontro a outro, anotando suas conversas e reuniões e listando suas aparentes transações e amizades com alguns dos mais conhecidos chantagistas da cidade. Seguiram suas peregrinações aparentemente infinitas por tantas camadas do submundo que seus bloquinhos de anotações logo tiveram de ser substituídos por planilhas que ocupavam paredes inteiras.

Mas a maior parte do caso contra Henry Hill era baseada nos relatórios dos grampos. Mann havia acumulado material de dois meses de escutas autorizadas, e tudo isso implicava Henry e sua gangue o suficiente para rebater as alegações e questionamentos do mais eloquente dos advogados.

"Debrucei-me sobre centenas e centenas de grampos", disse Mann. "Quando surgiu a investigação de Hill, eu já era um detetive de narcóticos havia cinco ou seis anos e sabia que uma hora todos se soltam em seus telefones. Os verdadeiros mafiosos, os Paul Vario e os Carlo Gambino, nem sequer têm telefones. Vario não tinha um em sua casa. Costumava receber todas as suas chamadas através de um intermediário que morava perto e tinha de correr no meio da chuva até sua casa e lhe dar o recado.

"O perigo do telefone, até para os mafiosos, é que ele é muito simples. Você fala nele o dia inteiro e a noite inteira e não diz nada. Sua mulher encomenda mantimentos do mercadinho. Você acaba descobrindo o tom certo. Liga para a avó falando do jantar de domingo. Começa a se esquecer de que pode ter gente ouvindo. Aí você é pego.

"Um dos erros mais comuns cometidos por aqueles que estão sendo grampeados, especialmente nos casos de drogas em que os alvos podem mesmo suspeitar de estarem sendo monitorados, é o de adotar uma linguagem em 'código'. No tribunal conseguimos agentes de narcóticos experientes e alguns especialistas que podem sempre interpretar o código de uma maneira que até os jurados mais condescendentes votarão pela condenação. No caso de Hill, por exemplo, eles usavam pedras preciosas como opalas, como código para drogas. Falavam no valor que as opalas deveriam ser compradas e vendidas. Nesses casos um procurador apenas convocava um joalheiro profissional que testemunhava que as somas de dinheiro atribuídas às gemas não tinham nenhuma base na realidade."

O detetive Mann e a equipe de narcóticos de Nassau começaram a grampear o telefone de Henry Hill, Rockville Centre, em março de 1980, e em poucos dias tinham preparado o seguinte relatório para a corte, solicitando que a autorização de escuta fosse estendida:

> Até agora o monitoramento revelou que Henry Hill está em posição hierarquicamente superior — talvez o cérebro — de organizada operação interestadual de tráfico e distribuição de drogas em larga escala, administrada por ele de pelo menos dois locais conhecidos no condado de Nassau: (1) sua residência na St. Marks Avenue, 19, Rockville Centre, e (2) a residência de Robin Cooperman, Lakeview Avenue, 250, em Rockville Centre (mencionada durante telefonemas interceptados como "a batcaverna").
>
> Ainda indeterminados estão o objetivo total da operação ilegal de Hill, a identidade dos criminosos e o tipo de substâncias controladas envolvidas. O monitoramento revelou que no nível local a rede parece centralizada em torno de Henry Hill, Robin Cooperman e Judy Wicks; entretanto, muitos outros, até o momento não identificados, estão envolvidos, e a natureza e objetivo de seu envolvimento permanecem desconhecidos até o momento.
>
> No decorrer do monitoramento, Henry Hill, ou outros ligados a ele, conversaram, em código ou de maneira que claramente indicava transações de drogas, com Paul Mazzei, Judy Wicks, Robin Cooperman, Mel Telsey, Steven Fish, Tony Asta, Bob Albert, Bob Breener, Marvin Koch e indivíduos que chamavam de "Bob", "Linda", "Ann", "Mac" e "Kareem", cujos sobrenomes não foram conhecidos, bem como outras identidades seguiram indeterminadas.
>
> Ainda não temos certeza do nome das substâncias controladas que Henry Hill e seus cúmplices traficam, pois as conversas dele com seus contatos são sempre cautelosas, vagas e repletas de códigos. Termos como "opalas", "pedras", "botões", "quilates", "oz",[1] "inteiro", "quarto", "metade" e "um pra dois" são empregados em referência a coisas bas-

---

[1] Onça troy. Uma onça troy equivale a aproximadamente 31 gramas.

tante diferentes das mencionadas. Entretanto, detalhes dos termos em código, como preços, e o uso inapropriado dos termos deixam claro que transações de drogas estão em discussão. Alguns dos indivíduos listados no cabeçalho deste documento consultavam Hill ou seus sócios nos termos acima; outros, mais aqueles que ligavam das proximidades, usavam linguagem abreviada e mostravam hesitação em discutir o assunto do telefonema, indicando assim sua participação em algum grau no crime relacionado a drogas.

Ao monitorar o telefone de Hill em 29 de março, Mann captou uma conversa entre Hill e Paul Mazzei que depois soubemos ser de seu distribuidor em Pittsburgh, tão excêntrica que qualquer corpo de jurados iria considerar culpado.

> MAZZEI: Sabe o taco de golfe e os cachorros que você me deu em troca?
> HILL: Claro.
> MAZZEI: Você ainda pode fazer isso?
> HILL: Mesmo tipo de tacos de golfe?
> MAZZEI: Não. Nada de tacos. Me dá os cachorros se eu pagar os tacos?
> HILL: Claro.
>
> *[parte da conversa omitida]*
>
> MAZZEI: Você traz pra mim o xampu que eu te trago os comprimidos de cachorro. [...] A que horas amanhã?
> HILL: Qualquer hora depois do meio-dia.
> MAZZEI: Não vai ficar prendendo minha amiga?
> HILL: Não.
> MAZZEI: Alguém vai apenas trocar cachorros.

Quando Danny Mann e os procuradores de Nassau estavam prontos para as prisões, eles tinham tanta informação, que além de prender Henry também detiveram treze outros membros da rede, incluindo Robert Ginova, um produtor de filmes pornô que dirigia um Rolls Royce cor de chocolate; Paul Mazzei, preso em Pittsburgh com mandado de prisão e levado para o condado de Nassau; Frank Basile, o filho de 21 anos de Philly Basile, o rei das discotecas, a quem Vario obrigara a dar um emprego fantasma a Henry para ele conseguir a condicional; e Bobby Germaine, não apenas sócio de Henry na rede de tráfico de drogas como um fugitivo de um roubo malsucedido a uma joalheria na rua 57 Leste.

Quando Mann foi prender Germaine, a equipe tinha rifles, coletes à prova de balas e mandados de busca para a casa em Commack, Long Island, que Germaine alugou sob nome falso. Quando os policiais entraram, Germaine insistiu que levavam o homem errado. Mostrou-lhes a identidade. Insistiu que era um escritor independente. Mostrou o livro que estava escrevendo. Na delegacia, claro, as digitais provaram outra coisa. Quando a verdadeira identidade de Bobby foi entregue na mesa de Mann, o detetive levou poucos minutos para ler o registro enviado de Albany via fax. Quando viu que o "Bobby" dos grampos de Hill era o sr. Robert Germaine, pensou que tivesse misturado os papéis em sua mesa. Mas não tinha. O sr. Robert Germaine era nada mais nada menos que o pai do informante de dezenove anos, cujas informações tinham iniciado a toda a investigação. O garoto começara entregando Henry Hill mas acabou entregando o próprio pai.

Em seguida, os três detetives grandões entraram na sala de Mann sorrindo. Traziam grandes caixas de papelão escritas "Provas" em grandes letras vermelhas. As caixas estavam repletas de utensílios da cozinha de Robin. Lá havia colheres, peneiras, tigelas, balanças e coadores. Os policiais se juntaram e passaram os dedos dentro das tigelas como crianças metendo o dedo na massa de bolo e reviravam os olhos. Queriam dizer a Mann que os apetrechos da cozinha de Robin tinham vestígios de drogas. Danny Mann suspeitara de que a cozinha estaria coberta por uma fina camada de pó. Tinha ouvido muitas horas de conversas entre Henry e Robin em que falavam em limpar os resíduos depois de misturar e repartir a mercadoria. Robin sempre odiara lavar louça. Não importava quantas vezes Henry a avisara para lavar as tigelas e coadores depois de misturar, ela apenas não lavava. Henry até comprou uma lava-louças, mas não adiantou. Danny Mann achou engraçado que Henry pegasse uma sentença de 25 anos porque a namorada odiava lavar louça.

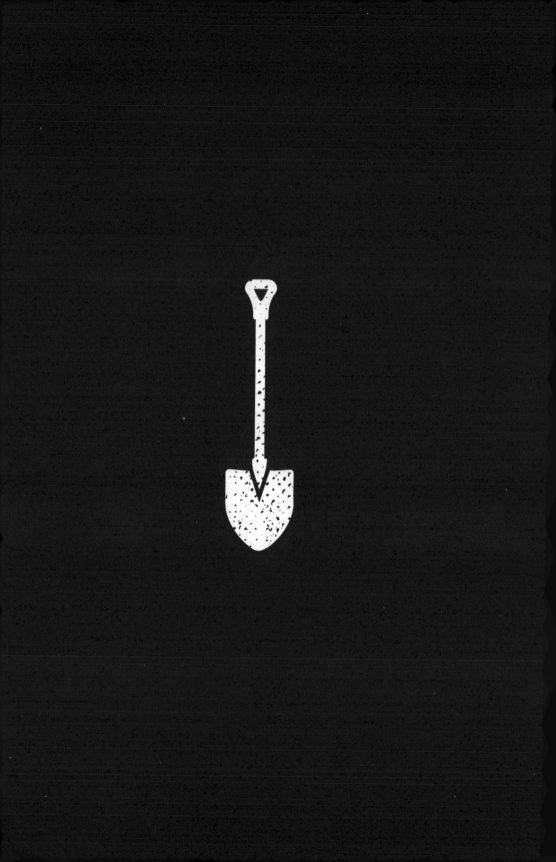

GoodFellas
OS BONS COMPANHEIROS

21

Para o procurador federal assistente McDonald e os procuradores da Força-Tarefa, Henry Hill era uma mina de ouro. Não era um chefão da Máfia nem um membro subalterno do crime organizado, mas era bastante aplicado, aquele tipo de mecânico de beira de estrada que sabe de tudo um pouco. Ele podia ter escrito o manual do dia a dia das operações do crime organizado. Desde o dia em que entrou pela primeira vez na Empresa de Táxis da Euclid Avenue, lá pelo ano de 1954, Henry tinha fascinação pelo mundo do qual ansiava fazer parte, e havia muito pouca coisa que não havia aprendido e menos ainda que tivesse esquecido.

Em 24 horas, McDonald começou os entendimentos com os procuradores de Nassau para passar aos federais toda a informação coletada a respeito do tráfico de drogas, para que pudessem pegar os peixes graúdos. Henry estava prestes a se tornar um troféu, um jogador protagonizando um jogo maior, mesmo que a princípio não soubesse disso.

Assim que os federais foram até sua cela, Henry pensou poder usá-los para fechar um acordo e ser solto. Ainda tinha no corpo restos de cocaína e de otimismo. Um dia ele dizia a seu agente de condicional que estaria disposto a falar se pudesse voltar às ruas, no dia seguinte negava ter feito tal sugestão. Ele atiçava o interesse do FBI dando dicas sobre roubos de cargas, assassinatos e sobre a Lufthansa, mas nunca falava nada conclusivo.

Henry continuou a lutar, trapacear e mentir por dias após sua prisão, mas estes foram os últimos espasmos de um bandido cujo tempo expirara, os reflexos finais de um mafioso que ainda não sabia que já estava morto.

KAREN: Na noite em que ele foi preso, dois detetives tocaram a campainha. Traziam um mandado de busca. Eu não sabia que eles tinham acabado de prender Henry e todo mundo. Não sabia o que estava acontecendo. Então, mesmo tendo sido pega de surpresa pelos policiais, eu me sentia segura. Sentia que não tinha nada a esconder.

Perguntei se eles queriam um café. Eu tinha acabado de preparar um bule fresco. Algumas das esposas, como Mickey Burke, costumavam xingar os policiais, fazer comentários grosseiros e cuspir no chão. Isso para mim nunca fez o menor sentido. Era melhor ser educada e chamar o advogado.

Primeiro os detetives quiseram saber onde estavam todos os moradores da casa e mandaram que todas nós ficássemos num único cômodo enquanto eles faziam a busca. Eles nunca me disseram o que estavam procurando. As crianças, que já haviam passado por isso, simplesmente continuaram assistindo televisão.

Os detetives foram muito educados. Pediram que ficássemos calmas e disseram que tentariam terminar o mais rápido possível. Vasculharam tudo. Armários. Gavetas da escrivaninha. Armários da cozinha. Malas. Até os bolsos de nossas roupas penduradas nos armários.

Entendi o que estava acontecendo depois que outros detetives vieram depois de vasculharem a casa de Robin. Nosso advogado, Richie Oddo, ligou dizendo que Henry tinha sido preso por tráfico de drogas e que seria denunciado pela manhã.

De início não achei que a coisa fosse tão séria. Eles tinham encontrado alguns vestígios de drogas na casa de Robin mas nada em Henry ou em nossa casa. Achei que talvez pudéssemos ganhar a causa. Especialmente depois que Henry me fez um sinal no tribunal na manhã seguinte. Ele precisou apenas arquear a mão um pouquinho e eu fiquei sabendo na hora onde as drogas estavam escondidas. Esse é o resultado de dezessete anos de casados. Eu sabia que aquele gesto significava que as drogas estavam num pequeno ressalto no nicho das lâmpadas que tínhamos instalado na parede da entrada do quarto. Os policiais haviam procurado lá, mas era preciso tatear para encontrar a saliência. Imediatamente após deixar o tribunal eu corri para casa, peguei a droga — devia ter ali por volta de meio quilo de heroína — e joguei privada abaixo. Agora eles não tinham nenhuma prova.

Prenderam Henry e estipularam sua fiança em 150 mil dólares, mas ele falou que queria permanecer preso por mais ou menos algumas semanas para poder se desintoxicar. Vinha tomando tantos comprimidos e cheirando tanto pó que não estava conseguindo pensar com clareza. Aquilo me pareceu uma boa ideia. Também achei que sem provas haveria uma grande chance de ganharmos o caso.

Por isso eu não consegui entender o porquê de Henry estar tão nervoso quando fui visitá-lo, e por que Jimmy e Mickey estavam agindo de maneira tão estranha. Estavam todos com os nervos à flor da pele. Então fui falar com Richie Oddo, o advogado. Lenny Vario estava lá. Os Oddo e os Vario têm laços de parentesco. Richie falou que não conseguira ver Henry por alguns dias. Ele era o advogado de Henry. O que estava errado? Estaria Henry escondendo algo de seu próprio advogado? Richie não estava entendendo. Vi que ele suspeitava de algo.

Lenny Vario falou que conhecia Henry a vida inteira. Falou que Henry era de confiança. Aparentemente fez essa afirmação para tranquilizar o advogado, mas estava na verdade mandando um recado através de mim. Lenny falou que Henry nunca denunciaria certas pessoas — cometeria suicídio antes.

Mickey Burke ligava para mim todos os dias. Vivia perguntando quando Henry voltaria para casa. Eu sabia que ela estava ligando para Jimmy. Disse-lhe o que Henry me mandara falar — que permanecia de bico calado e tentava reduzir o valor da fiança.

Um dia, durante a primeira semana, Jimmy ligou dizendo que tinha um material para a fábrica de camisetas que mantínhamos na garagem. Ele disse para eu pegá-lo em sua loja na Liberty Avenue. Falei que não poderia pois estava com pressa, queria ir ao tribunal, pois Henry estava fazendo uma de suas encenações. Jimmy mandou que eu fosse lá de qualquer jeito, pois era caminho.

Quando cheguei à loja, Jimmy me fez perguntas. Ele sorria e me perguntou se eu estava precisando de alguma coisa. Respondi que estava com pressa, e ele me disse que o material estava numa das lojas mais adiante no quarteirão.

Ele me levou até a porta e ficou parado na rua enquanto eu seguia em direção à loja. Notei que todas as lojas ao longo da rua estavam com suas vitrines cobertas de tinta. Aquilo me deu uma sensação estranha. Continuei caminhando, e quando olhei para trás pude ver Jimmy ainda lá, fazendo um sinal para que eu entrasse numa das lojas.

Lá dentro, pude ver o sujeito que estava sempre perto de Jimmy. Uma vez eu o vira numa escada pintando sua casa. Ele era muito sinistro.

Sempre suspeitei que ele fazia o trabalho sujo de Jimmy. Estava lá dentro, parado, à toa. Não estava totalmente de frente para a porta, então pude observá-lo sem que ele me visse. Parecia ter feito algum tipo de serviço lá dentro. Como saber? Não sei por que, mas algo me dizia que havia algo errado.

Então em vez de entrar eu acenei de volta para Jimmy, gritei que estava atrasada para o tribunal e que pegaria o material mais tarde. Jimmy continuou a me fazer sinais em direção à loja, mas segui em frente. Entrei no carro e fui embora. Nada demais. Eu estava com pressa e não gostei da aparência da loja nem do sujeito. Não voltei a pensar nisso até muito tempo depois.

No dia seguinte, fui falar com Paulie. Ele estava bastante irritado com Henry, a cara amarrada. Ele estava no Geffkens Bar, na Flatlands Avenue. Lá estava a costumeira fila de homens enfileirados para falar com ele. Assim que me viu, me levou para um canto. Contei a ele sobre a prisão de Henry. Ele falou que não iria ajudá-lo a sair dessa. Disse que o tinha advertido no mês anterior, no casamento de sua sobrinha, sobre se meter com drogas — tinha dito a Henry que não iria ajudá-lo se ele se metesse em encrenca. Isso significava que Paulie não iria usar de sua influência com a polícia, com os juízes, com os advogados ou com os agentes de fiança para ajudá-lo. Em qualquer outra situação Henry já teria saído sob fiança a um simples aceno de Paulie para o agente de fiança. Dessa vez, por causa de drogas, Henry ainda estava preso.

Então Paulie olhou para mim. Disse-me que iria ter de virar as costas para Henry. Enfiou a mão no bolso e me deu 3 mil dólares. Ele apenas pôs o dinheiro em minha mão e a cobriu com sua outra mão por um segundo. Ele nem sequer o contou. Quando se virou e foi embora, pude ver que estava chorando.

MCDONALD: A prisão de Henry Hill foi a primeira evolução concreta que tivemos no caso Lufthansa em mais de um ano. Desde a condenação de Lou Werner, o caso tinha estagnado. A maioria das testemunhas e envolvidos tinham ou sido assassinados, ou desaparecido. Por exemplo, na mesma noite em que condenamos Lou Werner, Joe Manri e Frenchy McMahon foram mortos. Um mês depois, o corpo de Paolo LiCastri apareceu sobre uma montanha de lixo queimado num terreno baldio na Flatlands Avenue, Brooklyn. Em seguida, Louis Cafora e sua nova esposa, Joanna, desapareceram. Foram vistos pela última vez saindo alegremente da casa de uns parentes no Queens, num Cadillac novo que Louis Gordo havia comprado para sua esposa.

Henry era um dos únicos sobreviventes da quadrilha e fora finalmente pego numa posição em que poderia ser persuadido a falar. Estava prestes a encarar uma pena que poderia ir de 25 anos a prisão perpétua no condado de Nassau, por tráfico de drogas. Sua namorada e até sua mulher também poderiam ser implicadas no crime, e suas vidas poderiam se tornar insuportáveis. Ele sabia disso. Também sabia que poderíamos mandá-lo de volta à prisão para cumprir os últimos quatro anos do crime de extorsão, por ter violado sua condicional — e com isso havia uma grande chance de ele ser morto por seus melhores amigos.

Henry estava muito vulnerável. Iria enfrentar uma sentença muito longa e correr muitos riscos por causa de um sujeito como Jimmy. Suspeitávamos que Jimmy apenas o mantinha vivo porque esperava o momento certo de acabar com ele. Tínhamos informações concretas de informantes de que Henry seria o próximo da fila. Paul Vario havia praticamente lhe dado as costas, o que significava que o que tivesse de acontecer, aconteceria.

Se havia um momento de fazê-lo voltar-se contra sua velha quadrilha, aquela era a hora. Desde o primeiro dia em que Henry ficou na prisão de Nassau pelas acusações de tráfico de drogas, tínhamos agentes federais conversando com ele sobre delação. Jimmy Fox, seu agente de condicional, vivia alertando ele sobre o perigo de voltar para as ruas. Steven Carbone e Tom Sweeney, os homens do FBI que ficaram com o caso da Lufthansa, mostraram-lhe fotos dos corpos.

Além disso, Henry não era totalmente contra algum tipo de negociação. Na primeira manhã após sua prisão, ele perguntou ao seu agente de condicional se havia algum tipo de acordo que pudesse ser feito. Ele falou que sabia sobre a Lufthansa e estaria disposto a nos falar algo se não tivesse de testemunhar ou aparecer como informante. Ele disse a seu agente de condicional que poderia ser nosso "homem nas ruas".

Não era o que tínhamos em mente, então mantivemos a pressão, e ele manteve a isca no ar. Era um jogo em que ficávamos nos testando, exceto que nós sabíamos, e ele também, que na verdade ele não tinha outra saída. A pressão sobre ele se intensificava cada vez que os agentes apareciam na cela para falar com ele. Notícias dentro da prisão se espalham rápido quando se é interrogado repetidas vezes pela polícia ou pelos federais. A suposição é de que o preso deve estar falando. Do contrário, por que os agentes voltariam dia após dia?

Na nossa opinião, seria apenas uma questão de tempo. Nós o considerávamos suficientemente importante, então voltávamos para falar com ele mesmo que, na frente dos outros presos e guardas, gritasse que não falaria conosco e que estávamos tentando fazer com que ele fosse morto. Assim que a porta era fechada, mudava de comportamento. Ainda não nos dizia nada, mas também não gritava mais, e nos dava uma dica aqui outra ali acerca de assuntos não relacionados.

Além disso, quando emitimos um mandado judicial e fizemos com que ele fosse trazido do presídio de Nassau para os escritórios da força-tarefa, foi ele quem sugeriu agir igual com Bobby Germaine, para que não parecesse que ele era o único réu sendo interrogado. Achei que estávamos indo muito bem, levando em consideração o tipo de mafioso que tínhamos pego, então eis o porquê de eu ter ficado possesso quando descobri que após três semanas na prisão, onde tínhamos total acesso a ele, ele conseguiu de alguma forma sair sob fiança e desapareceu.

HENRY: Meu plano era fazer o jogo deles até pôr minha mente em ordem. Consegui diminuir o valor da minha fiança e voltei para as ruas. Eu sabia que estava vulnerável. Sabia que o sujeito estava vulnerável quando era mais valioso morto do que vivo. Simples assim. Mas eu ainda não conseguia acreditar, e na verdade não sabia o que iria fazer. Às vezes pensava em simplesmente arrumar um dinheiro e ficar foragido por um tempo. Aí eu pensava em organizar as ideias e me acertar com Paulie. Tinha em mente que se eu fosse bastante cuidadoso, se não esquecesse por um segundo que poderia ser assassinado a qualquer momento, teria uma chance de sobreviver.

No meu caso, eu sabia que ter sido pego por tráfico de drogas tinha sido a desgraça para mim. Paulie tinha horror às drogas. Era proibido. Nenhum de nós podia se envolver com drogas. Não que Paulie se posicionasse moralmente contra elas. Não era isso. O que Paulie não queria que acontecesse era o que tinha acontecido com um de seus melhores amigos, Carmine Tramunti, que ficou preso por quinze anos apenas por cumprimentar Gigi Gordo Inglese num restaurante. O júri decidiu acreditar no promotor, que afirmou que o aceno de Tramunti era um sinal de acordo em uma transação de drogas. Bastou isso. Tiro e queda. Quinze anos de prisão aos 57 anos de idade. O sujeito nunca mais saiu. Justo no momento em que iria começar a aproveitar a vida foi parar atrás das grades para sempre e morreu lá. Paulie não iria deixar que isso acontecesse a ele. Ele te mataria antes.

Então eu sabia que a prisão por tráfico de drogas me tornara vulnerável. Talvez vulnerável demais para viver. Não deveria haver ressentimentos. Eu simplesmente iria encarar uma longa pena. O bando também sabia que eu estava cheirando muita cocaína e me enchendo de comprimidos. Jimmy uma vez disse que meu cérebro tinha virado geleia. Eu não era o único do bando que usava drogas. Sepe e Stabile tinham narizes maiores que o meu. Mas eu tinha sido o que foi pego e era eu quem eles achavam que poderia fazer um acordo.

O fato de eu nunca ter feito um acordo antes, o fato de eu sempre ter me mantido invicto, o fato de eu ter cumprido dois anos em Nassau e quatro em Lewisburg de cabeça erguida e não ter caguetado ninguém não contava mais nada. O que você fez no passado não conta. O que conta é o que você fará hoje e amanhã. Do ponto de vista dos meus amigos e do de Jimmy, eu era um risco. Eu não estava mais seguro. Estava claro como água.

Na verdade, eu sabia que Jimmy o faria, mesmo antes de os federais me apresentarem a fita com a gravação de Sepe e Stabile falando sobre se livrarem de mim. Pude ouvi-los. Sepe parecia louco para resolver logo. Dizia que eu não era bom, que eu era um viciado. Mas Jimmy estava calmo. Disse para eles não se preocuparem. E isso foi tudo o que ouvi.

Sentado em minha cela, eu sabia que estava pronto para o abate. Nos velhos tempos Jimmy teria arrancado fora o coração de Sepe ante à mera sugestão de que eu fosse morto. Essa era a razão principal de eu ter permanecido preso. Eu tinha que arranjar uma solução. E a cada dia que continuei preso, Jimmy ou Mickey ligavam para minha mulher para saber quando eu sairia, e todos os dias que podia Karen vinha à prisão me contar tudo o que eles tinham falado.

Se você faz parte de uma quadrilha, ninguém nunca irá te contar que irão matá-lo. Não é assim que acontece. Nada de grandes discussões ou xingamentos como nos filmes da Máfia. Seus assassinos chegam com sorrisos. Chegam como amigos, pessoas que se preocuparam com você a vida inteira, e sempre chegam numa hora em que você está muito fragilizado e necessitando de sua ajuda e apoio.

Mas eu ainda não tinha certeza. Eu cresci com Jimmy. Estava sempre ao meu lado. Paulie e Tuddy me puseram em suas mãos. Era para ele cuidar de mim e ele cuidou. Foi o melhor professor que um sujeito poderia ter. Foi Jimmy quem me colocou nos negócios de contrabando de cigarros e roubos de cargas. Nós dois enterramos corpos. Assaltamos a Air France e a Lufthansa. Pegamos pena de dez anos por darmos uma surra num sujeito na Flórida. Ele foi ao hospital quando Karen teve as crianças, íamos a festas de aniversário e comemorávamos feriados na casa um do outro. Fizemos de tudo juntos, e agora provavelmente ele iria me matar. Duas semanas antes da minha prisão, eu fiquei tão paranoico e chapado que Karen me levou a um psiquiatra. Foi muito louco. Eu não podia contar nada a ele, mas ela insistiu. Conversei com ele superficialmente. Contei que estava tentando me afastar das pessoas envolvidas com drogas. Falei que achava que iria ser morto. Ele me mandou comprar uma secretária eletrônica.

Se eu quisesse sobreviver teria de falar tudo o que sabia. Por mim a decisão estava quase tomada. Na prisão, eu não pensava tanto se deveria ou não delatar, mas como eu poderia fazer isso e ainda sair da cadeia por tempo suficiente para recolher o dinheiro e a droga espalhados pelas ruas. Eu tinha cerca de 18 mil dólares em heroína escondida dentro de casa que não fora descoberta pelos tiras. Tinha 20 mil dólares que Mazzei me devia. Podia provavelmente dizer adeus a essa grana. Tinha em torno de 40 mil em dinheiro de agiotagem espalhado pelas ruas. Queria recuperar parte disso. Deviam-me dinheiro ainda de receptação em alguns dos roubos de joias, e mais alguma grana que me deviam de umas vendas de armas. Somando tudo isso, era dinheiro suficiente pelo qual valeria a pena arriscar meu pescoço antes de ser preso pelos tiras ou assassinado por meus amigos. Ia ter de ser uma artimanha, um gato e rato, como tudo.

Então, todos os dias, quando os federais vinham até minha cela perguntar sobre a Lufthansa ou sobre algum assassinato, eu os xingava e os mandava ir embora aos berros. Teve uma vez que eu até me recusei a deixar minha cela. Havia dois homens do FBI lá embaixo, esperando para me levar até a sala de McDonald. "Foda-se você e o McDonald", esbravejei. Segui berrando que eles iam ter de me arrastar até lá. Finalmente quatro carcereiros foram até minha cela e disseram que se eu não fosse em silêncio eu iria desacordado. Sem exagerar muito, eu criava uma certa resistência a maioria das vezes, para pelo menos dar aos outros presos a impressão de que eu não estava colaborando.

Foi uma época aterrorizante. Tinha uns caras da quadrilha de Jimmy, como John Savino, que tinham autorização para trabalhar de dia e saíam todas as manhãs com as novidades acerca de quem estava colaborando e quem não estava. Eu estava sendo o mais cauteloso possível — ainda não tinha contado nada a ninguém, mas me lembro de ir dormir tremendo de medo todas as noites que passei na prisão. Tinha medo de que Jimmy descobrisse o que eu estava planejando e mandasse me matar lá mesmo na minha cela.

McDonald costumava dizer que eu estaria seguro enquanto estivesse preso. Tive de rir. Disse a ele que se Jimmy quisesse me eliminar podia vir até a porta, pegar uma arma de um dos guardas, me mandar pelos ares dentro da minha cela e sair tranquilamente sem ser importunado.

É claro que eu supunha que Paulie e Jimmy sabiam de tudo o que se passava na cadeia, e se eles soubessem que eu ia todos os dias ao escritório de McDonald saberiam que eu estava abrindo o bico ou pelo menos pensando em fazê-lo. Então falei para McDonald que toda vez que eu fosse levado ao seu escritório ele teria de levar Germaine também. Isso me dava a oportunidade de gritar e reclamar com Richie Oddo, meu advogado, que eu estava sendo assediado e que ele era uma bosta de advogado. Para me acalmar, Oddo costumava dizer que eles estavam assediando Germaine também. Então eu esbravejava mais um tanto dizendo que não estava nem aí para o que estavam fazendo com Bobby, que eu queria era que me deixassem em paz.

Eu queria que toda aquela minha gritaria e reclamação sobre ser assediado chegasse aos ouvidos de Jimmy e Paulie. Aí, assim que Oddo ia embora, eu passava o resto da tarde no escritório de McDonald tomando café e ouvindo suas tentativas de me persuadir. Durante essas sessões, eu nunca disse que iria colaborar nem que não iria. Eu apenas os deixava em suspense, mas tinha certeza de que eles sabiam que mais cedo ou mais tarde eu teria de colaborar. Eles sabiam que eu não tinha para onde ir.

Ainda assim, a ideia de confiar minha vida nas mãos dos federais era quase tão assustadora quanto ter de enfrentar Jimmy. Não que os federais fossem desonestos e me entregassem de mão beijada. O problema é que eles eram muito estúpidos. Estavam sempre cometendo erros. No meu próprio caso das drogas, por exemplo, eu sabia que o informante era filho de Bobby Germaine, porque os tiras haviam acidentalmente deixado seu nome nos documentos do tribunal. Eles estavam sempre fazendo besteiras desse tipo, e eu não queria que fizessem besteiras com a minha vida.

No dia 16 de maio, após dezoito dias preso, senti que era hora de agir. Pedi para Karen e minha sogra virem à cadeia, a uma da tarde de sábado, com 10 mil dólares em dinheiro para pagar minha fiança. Eu sabia que os agentes e meu agente de condicional estariam de folga durante o fim de semana. Eu teria alguns dias para recolher algum dinheiro e também alguns dias para ver se os federais estavam certos, se Jimmy estava planejando me matar. Apavorado com Jimmy como eu estava, ainda era difícil para eu aceitar.

Eu sabia que Jimmy mandava Mickey ligar para Karen duas vezes por dia desde o primeiro dia em que fui preso. Queriam saber se eu estava bem. Eu precisava de algo? Quando é que eu voltaria para casa? Os mesmos tipos de perguntas que eles teriam feito em qualquer outro momento em que eu tivesse sido posto em cana, exceto que agora tudo estava suspeito. Eu estava ficando paranoico, mas também sabia que às vezes ou você era paranoico ou acabava morto.

Lembro-me de sair da prisão e entrar no carro muito rapidamente. Eu tinha essa sensação de que seria morto assim que pusesse os pés fora de lá. Não me senti seguro até chegar em casa. Foi quando Karen me disse que tinha jogado a droga privada abaixo. Ela dera descarga em 18 mil dólares. Como pôde fazer isso? Por que eu fiz o sinal para ela?, perguntou ela. Eu não tinha feito o sinal para ela jogar fora na privada, apenas para ela escondê-la se os tiras voltassem para procurar com cães farejadores. Ela começou a gritar e chorar. Eu comecei a gritar e a esbravejar com ela. Gritamos até ficarmos roucos. Dormi com um revólver ao meu lado a noite inteira.

Quando Mickey ligou no sábado de manhã para saber como estavam as coisas, Karen disse que estavam bem, que eu estava em casa. Mickey quase derrubou o telefone. Quis saber por que Karen não tinha contado a ela. Eles podiam ter ajudado com o dinheiro da fiança. Foi por isso que não contei a ninguém. Foi por isso que pedi à mãe de Karen para vir com o dinheiro vivo. Por isso que eu tinha meu colchonete dobrado e estava pronto para dar o fora imediatamente. Não queria nenhum guarda chamando meu nome. Não queria ninguém me felicitando, a não ser Karen e sua mãe, quando eu saísse da prisão.

Mickey falou que Jimmy queria se encontrar comigo assim que eu acordasse. Eu mandara Karen dizer que a situação estava muito tensa e que iríamos a um *bar mitzvah* naquela noite, então me encontraria com Jimmy no domingo de manhã. Eu queria usar o sábado para levantar dinheiro e também queria ver se conseguia detectar quaisquer sinais de problemas.

No domingo de manhã me encontrei com Jimmy em Sherwood Diner, no Rockaway Boulevard. Era um lugar movimentado, onde éramos conhecidos. Cheguei lá cerca de quinze minutos antes e vi que Jimmy já estava lá. Ele tinha pego uma mesa recuada e de bancos altos nos fundos do restaurante, onde podia ver todo mundo que entrasse no lugar e que chegasse no estacionamento. Ele queria ver se eu estava sendo seguido.

Ele não tocara em seu melão ou em seu café. Nos velhos tempos, Jimmy teria comido o melão, três ou quatro ovos, linguiças, batatas fritas, rosquinhas fritas, bolinhos e espalhado muito ketchup em cima de tudo. Jimmy adorava ketchup. Punha em tudo, até em seus filés. Jimmy se remexia muito. Estava agitado. Tinha começado a usar óculos, e ficava tirando e recolocando eles no rosto.

Sentia-me esgotado, e nada havia ajudado a melhorar — nem a chuveirada, nem a camisa limpa que Karen havia passado para mim, nem perfume. Nada conseguia tirar o cheiro de cadeia e o medo do meu nariz. Jimmy se levantou. Sorriu. Abriu os braços para me dar um abraço de urso. Minha papelada do tribunal estava toda espalhada sobre a mesa. Jimmy a tinha conseguido com os advogados. Quando me sentei com ele, quase me senti como nos velhos tempos.

Aparentemente, claro, tudo parecia bem. Era para discutirmos sobre meu caso das drogas da mesma forma como as dezenas de outros casos meus que costumávamos discutir juntos, mas desta vez eu sabia que o que estávamos realmente discutindo ali era eu. Eu sabia que eu era uma batata quente. Eu era perigoso. Eu sabia que podia entregar Jimmy e fechar um acordo com o governo. Podia entregar a Lufthansa e podia entregar Paulie. Eu podia pôr Jimmy e Paulie atrás das grades para o resto de suas vidas. E eu sabia que Jimmy sabia disso.

Claro que nada disso foi dito. Na verdade, quase nada foi realmente dito. Mesmo que os federais pudessem ter posto escutas em nossa mesa e depois tivessem ouvido a gravação, não conseguiriam entender nada de nossa conversa. Foi toda em meias palavras. Gestos. Falamos sobre um cara, e outro, e mais um daqui de perto, e o outro lá de longe, e o cara com o cabelo assim, e o cara do centro da cidade. No final da conversa, eu sabia sobre o que tínhamos conversado e Jimmy também, mas ninguém mais sabia.

Jimmy tinha pesquisado a papelada, e disse que alguém tinha caguetado. Eu sabia que ele falava do filho de Bobby Germaine, mas tentei descartar essa possibilidade. Falei que eles não tinham encontrado nenhuma droga comigo ou em casa. Insisti que eles não tinham nada para se agarrar, mas pude perceber que ainda assim Jimmy estava muito nervoso.

Ele quis saber a respeito de todo mundo que tinha trabalhando para mim. Quis saber se Robin e Judy e o restante que tinha sido preso sabiam sobre ele. Disse a ele que ninguém sabia de nada, mas vi que ele não acreditou em mim. Quis saber se eu já tinha falado com Paulie. Respondi que não.

Jimmy estava tentando parecer confiante. Falou que tinha algumas ideias sobre meu caso. Vi o que ele estava fazendo. Enquanto eu pensasse que ele estava tentando me ajudar ele sabia que eu permaneceria perto dele. Aí, quando achasse que chegara a hora, quando eu não fosse mais perigoso, ele me eliminaria. Jimmy tentava ganhar tempo para ter certeza de que poderia me matar sem aborrecer Paulie e pôr seu próprio pescoço a prêmio.

Enquanto Jimmy achasse que eu não fazia ideia do que ele planejava, eu tinha uma chance de ganhar tempo nas ruas para fazer algum dinheiro. Tive de fingir para Jimmy que não sabia o que ele havia planejado, e ele tinha de fingir que estava fazendo tudo para o meu bem.

Então ele me disse que queria que eu fosse até a Flórida dentro de alguns dias, pois havia um dinheiro a ser ganho. Disse que teria de se encontrar novamente comigo para falar sobre o meu caso. Disse que deveríamos nos encontrar na quarta-feira no bar de um tal Charlie, o Japa, no Queens Boulevard, em Sunnyside.

Eu nunca tinha ouvido falar desse bar. Vinha trabalhando com Jimmy havia 25 anos, íamos juntos a milhares de bares no Queens, passamos seis anos em cana juntos, e de repente ele queria se encontrar comigo num bar que eu nunca tinha ouvido falar.

Concordei, claro, mas eu já sabia que nada iria me fazer ir àquele bar. Assim que terminamos o café da manhã, fui de carro até o lugar. Eu não iria esperar até quarta.

Era o tipo de lugar que Jimmy usara no passado para eliminar pessoas. O bar era administrado por um dos caras do bando. Tinha uma entrada pelos fundos e um estacionamento na parte de trás onde era possível retirar de lá um corpo enrolado num tapete sem ninguém ver. Esqueça. Se Jimmy achava que eu iria encontrá-lo naquele lugar na quarta-feira ele estava louco.

Em vez disso, apareci de surpresa na loja clandestina de roupas de Jimmy na Liberty Avenue na segunda-feira. Eu estivera na rua a manhã inteira tentando levantar dinheiro. À tarde, pedi a Karen para me levar até a loja. Enquanto eu esperava num bar do outro lado da rua, ela entrou e disse a ele que eu queria vê-lo.

Ele veio com Karen imediatamente. Pude ver que estava tenso e surpreso. Ele não tinha certeza do que eu iria fazer. Então indagou caso ele me desse o nome e o endereço do filho de Bobby Germaine na Flórida, se eu iria lá com Anthony Stabile e o mataria. Era loucura, mas eu não ia discutir. Jimmy nunca havia me pedido para fazer algo assim antes. E ele nunca havia me pedido para fazer algo assim na frente de Karen. Nunca.

Concordei com ele, mas lembrei a ele que o garoto era filho de Germaine. Quer dizer, íamos apagar o filho do cara. Jimmy sacudiu a cabeça e disse que tudo bem. Falou que um dos advogados tinha ido visitar Germaine na cadeia e dito a ele que seu filho era o informante, e que Germaine mandara o advogado "apagar o verme". Era assim que estávamos. Estávamos matando nossos próprios filhos.

Ato contínuo, Jimmy estava no bar sacudindo o pedaço de papel contendo o apelido do rapaz e o endereço. Queria que eu fosse à Flórida com Stabile e matasse o garoto. Mas eu sabia que Stabile e Sepe eram os dois mencionados pelos federais que pressionavam Jimmy para me matar. Se fosse à Flórida com Stabile, eu sabia que não iria voltar.

Deixei Karen em casa e fui em busca de mais dinheiro. Dei a ela a arma com a qual eu vinha dormindo desde que saí na condicional. Consegui alugar um pequeno carro, mas não em meu nome, e outro para ela, assim não circularia em veículos reconhecidos como nossos. O procurador federal em Nassau havia confiscado meu Volvo.

Meu plano era ficar na rua o máximo de tempo que pudesse e fazer tanto dinheiro quanto fosse possível. Sentia que estava bastante seguro, porque Jimmy achava que eu iria para a Flórida. Mas meu plano não funcionou. Quando cheguei em casa mais tarde, fui cercado por oito agentes. Eles haviam descoberto que eu estava à solta. McDonald não queria correr riscos. Prenderam-me como testemunha no caso Lufthansa. Eu tinha de fechar um acordo ou seria o meu fim.

GoodFellas
OS BONS COMPANHEIROS

22

KAREN: Assim que eles o levaram, as crianças e eu fomos para o escritório do FBI no Queens. Fomos cercados de homens do FBI e agentes federais. Minha mãe, que a essa altura estava ficando louca, veio junto. Fomos até a sala de Ed McDonald, e ele disse que todos teríamos de entrar no programa de proteção à testemunha. Explicou que todos estávamos correndo perigo. Henry. Eu. As crianças. Falou que a única chance que tínhamos seria se Henry colaborasse. Teríamos de começar uma nova vida. Perguntei: e se deixássemos Henry entrar para o programa de proteção à testemunha e as crianças e eu permanecêssemos em casa? McDonald respondeu que ainda assim estaríamos em perigo, pois eles poderiam tentar chegar a Henry através de mim e das crianças.

McDonald foi bem claro. Tinha o apoio de agentes federais. Todos explicaram. Disseram que quando Henry fosse depor, as pessoas contra as quais ele estivesse depondo iriam atrás de nós. Henry era o que se interpunha entre a liberdade dessas pessoas ou o resto de suas vidas sendo passado na cadeia. Se elas achassem que meus pais ou minhas irmãs sabiam onde estávamos, suas vidas não valeriam um tostão furado. Elas os fariam dizer onde estávamos e aí seríamos mortos.

Então McDonald começou com sua pequena chantagem. Disse que havia provas suficientes para me indiciar no caso de narcóticos. Disse que todos iríamos a julgamento, e perguntou o que eu achava do efeito que isso teria nas crianças.

Fiquei meio que anestesiada, mas quando saí de sua sala eu sabia que estava entrando no programa. Henry havia dito a McDonald que colaboraria se eu concordasse em entrar com ele no programa, ele não o faria sozinho.

Não tive escolha. Eu e meu marido seríamos processados. "Como você poderia cuidar das crianças?", McDonald me perguntou. Eles tornaram impossível que eu tomasse qualquer outra decisão.

No instante em que saí do escritório de McDonald, Henry me segurou e disse que eu tinha de ficar com ele. Ele não queria entrar para o programa sozinho, não iria sem mim.

Minha mãe estava esperando do lado de fora do escritório de McDonald com as crianças. Estava extremamente chateada. Queria que Henry entrasse para o programa sozinho. Perguntei a ela que outra escolha eu tinha se minha vida estava em perigo? Eles poderiam sequestrar a mim e as crianças apenas para chegar até Henry. Ela começou a esbravejar sobre Henry, o quanto ele nunca tinha sido bom, como ele causara tudo isso a nós.

McDonald nos informou que eles iriam fazer minhas malas e das crianças naquele momento. Levariam-me até em casa sob escolta e fariam minhas malas. Iríamos embora. Significava deixar tudo imediatamente. Minha mãe. Meu pai. Minhas irmãs. Mal pude acreditar o quão rápido tudo aquilo estava acontecendo. Não poderíamos nunca mais entrar em contato com eles. Foi como uma morte.

Minha mãe, eu e as crianças fomos levadas de carro pelos agentes. Quando chegamos em casa, havia agentes do lado de dentro e do lado de fora. Eles tinham quatro carros. Usavam escopetas e rifles. Tive de fazer uma mala com o suficiente para duas ou três semanas ou até eles poderem nos levar para outro lugar. Meu pai e irmãs estavam nos esperando na casa. Ajudaram-me a fazer as malas. Fazíamos as malas e chorávamos. Quando os agentes não estavam olhando, eu falava baixinho para minha mãe que ela devia nos dar um tempo. Entraríamos em contato. Meu pai ficou muito bem. Segurou as pontas.

As crianças ficaram animadas. Tudo o que elas sabiam era que estávamos indo embora. Achavam que era uma espécie de férias. Falei para elas que era mais que isso. Teríamos de ir embora para que algumas pessoas que queriam nos machucar não conseguissem nos encontrar. Falei que elas não poderiam ligar para nenhuma de suas amigas e que não poderiam voltar à escola e pegar seus livros, os tênis ou as roupas da educação física.

Elas tinham lido os jornais. Sabiam de todas as pessoas que tinham sido assassinadas. Toda semana saíam notícias sobre Jimmy e Paulie.

Elas sabiam sobre Stacks e Marty Krugman. Sabiam que Tommy havia desaparecido. Percebiam que tudo o que tínhamos estava desmoronando. Lembre-se, tinha se passado cerca de um ano entre o caso Lufthansa e a prisão do pai delas.

Escrevi uma longa lista de coisas para minha mãe fazer. Ainda tinha roupas na tinturaria. Eu tinha contas a pagar. Minha mãe limpou a geladeira. Havia fotos de uma festa que havíamos dado. Quando minha mãe ligou para perguntar das fotos, todos já sabiam que Henry havia colaborado, e o fotógrafo, que era amigo de Raymond Montemurro, não quis dar as fotos a ela. Ela disse a ele que se ele não lhe entregasse as fotos ela chamaria a polícia. Ele aceitou entregar, mas quando ela foi pegá-las ele as jogou nela. Não quis nem aceitar o pagamento.

Tínhamos empacotado tudo em grandes sacos pretos de lixo. As crianças e eu fomos levadas de carro pelos agentes. Havia uns quatro ou cinco carros de polícia ao nosso redor. Nos levaram até um motel em Riverhead. Era um lugar simpático e limpo. Eles nos deslocavam de um lugar para outro a cada dois dias. Sempre tinham as reservas prontas e íamos direto para os quartos. Os agentes apenas nos davam as chaves, mas sempre ficavam a postos do lado de fora dos quartos. Circulavam com radiotransmissores e rifles pendurados por baixo de suas capas de chuva.

Ficávamos em lugares tão distantes como Connecticut ou Montauk. De manhã, eles levavam todos nós de carro até os quartéis-generais do FBI no Queens ou aos escritórios da força-tarefa de McDonald no Brooklyn. Eu ficava sentada por perto fazendo crochê, as crianças ficavam brincando ou lendo, e Henry ficava lá dentro falando com os investigadores.

Passávamos o tempo, enquanto o Marshal Service nos recriava como outras pessoas. A papelada levou tempo. Eles nos perguntaram se tínhamos alguma preferência por novos nomes. Tinham destruído tudo ligado ao nosso passado. Foi um momento inacreditável, ficar sentada em um dos corredores da força-tarefa com as crianças tentando imaginar novos nomes.

Recebemos novos números do Seguro Social, e as crianças ganharam novas identidades para a escola. Os agentes explicaram que as crianças iriam manter suas notas, mas os históricos escolares entregues à nova escola com nossos novos nomes ficariam em branco na pergunta sobre a escola em que elas teriam estudado antes. Além disso, quando as meninas se matriculassem na nova escola, um agente iria até o diretor da escola e explicaria que elas faziam parte de uma família envolvida em segurança nacional. Eles fariam parecer que o pai delas era um grande espião do governo ou algo muito importante.

Os agentes eram muito simpáticos e muito bons com as crianças. Conversavam e jogavam cartas com elas, e inventavam brincadeiras com Ruth. Tratavam todo mundo com muito respeito. Eram sempre cavalheiros. A forma como agiam nos ajudou enormemente.

Após algumas semanas, voltei para casa em Rockville Centre. Havia agentes por toda parte. Eles contrataram uma empresa de mudanças. Os caminhões me aguardavam, bem como meus pais. Eu ainda não me sentia indo embora e os deixando para sempre.

Mas minha família, e principalmente minha mãe, sempre me dissera o que fazer. A vida inteira sendo cutucada por ela havia me levado à loucura. Era o tipo de pessoa que sufocava. Fazia isso por amor, mas mesmo assim sufocava. Minha mãe era aquele tipo de pessoa que precisava estar no controle de tudo 24 horas por dia. No fundo eu comecei a achar que se tivéssemos uma nova vida, novos nomes, talvez não fosse tão ruim. Pela primeira vez na vida eu seria independente de verdade. Se fosse para Henry e eu irmos embora para sempre e ganharmos novos nomes e novas identidades, eu poderia enfim respirar e tomar as rédeas de minha própria vida.

Achei que muitas coisas mudariam. Não haveria mais Jimmys, nem drogas, nem Robins. Nossas vidas teriam de ser diferentes. Henry viveria normalmente pela primeira vez. Estaria em casa à noite. Teríamos amigos normais. Seria como se fizéssemos uma faxina radical.

No dia 27 de maio de 1980, Henry Hill assinou um acordo com a Força-Tarefa de Combate ao Crime Organizado, vinculada ao Departamento de Justiça dos Estados Unidos (Distrito Leste de Nova York), que dispunha o seguinte:

Este documento celebra o acordo entre Henry Hill e a Força-Tarefa de Combate ao Crime Organizado do Distrito Leste de Nova York.
Este gabinete está conduzindo uma investigação sobre possíveis atividades ilegais por parte de James Burke, Angelo Sepe e outros, em conexão com o roubo de vários milhões de dólares em dinheiro e joias

do Edifício de Carga da Lufthansa no aeroporto John F. Kennedy. O senhor concordou em informar as autoridades do Departamento de Justiça a respeito de tudo que souber com relação aos crimes acima mencionados e qualquer outra atividade criminosa da qual James Burke e Angelo Sepe tenham participado. Além disso, o senhor concordou em testemunhar, caso convocado, perante todos os júris federais, nas audiências que tratam desses assuntos.

Fica entendido que nenhuma informação ou testemunho prestado pelo senhor (tanto antes como depois da celebração deste acordo), ou prova decorrente de informação, ou testemunho dados pelo senhor serão usados contra o senhor em qualquer processo criminal afora o indicado abaixo. Como é de seu conhecimento, no momento o senhor está sob investigação por conta do seu envolvimento no assalto ao Edifício de Carga da Lufthansa. Fica entendido que este gabinete renunciará a qualquer condenação ao senhor que venha a surgir fora deste tema, face à sua colaboração nestes assuntos. No caso de quaisquer outras autoridades considerarem processá-lo com relação a seu envolvimento no roubo à Lufthansa, nós as orientaremos a não fazê-lo. Outrossim, fica entendido que este gabinete renunciará a qualquer acusação federal que venha a surgir contra o senhor resultante da investigação de tráfico de drogas atualmente sendo conduzida no gabinete do procurador federal do condado de Nassau e em conexão à qual o senhor foi detido.

Fica entendido que caso o senhor seja acusado por quaisquer outras autoridades por conta de alguma violação à lei, este gabinete chamará a atenção dessas autoridades para a colaboração que o senhor ofereceu por meio deste acordo.

Entende-se ainda que este gabinete buscará inseri-lo no Programa Nacional de Proteção à Testemunha junto com sua esposa e filhas, e quaisquer outras pessoas de suas relações que necessitem de proteção por conta de sua colaboração com este gabinete.

Este acordo é firmado mediante sua total colaboração com o Governo, incluindo a revelação imediata, integral e verídica de toda informação sob sua posse que seja de relevância aos assuntos mencionados. Este acordo não impedirá que o Governo o acuse de perjúrio caso seja descoberto que o senhor deu falso testemunho com relação a esses assuntos. Ademais, caso o senhor não cumpra com todos os outros termos deste acordo (revelação e testemunho imediato, total e verídico etc.), este acordo será anulado. Caso isso ocorra, o Governo estará livre para acusá-lo no que diz respeito a todas e quaisquer violações da lei criminal federal nas quais o senhor possa ter tido participação, e usar contra o senhor todas e quaisquer declarações e testemunhos feitos pelo senhor antes e depois da data deste acordo.

HENRY: O mais duro para mim foi deixar a vida da qual eu estava fugindo. Mesmo no fim, com todas as ameaças que estava recebendo e todo o tempo de prisão que iria enfrentar, eu ainda amava aquela vida.

Entrávamos num salão e o lugar parava. Todos sabíamos quem éramos, e éramos tratados como estrelas de cinema com sangue nas veias. Tínhamos tudo e podíamos tudo. Grandes roubos de cargas. Casacos de pele, televisores, roupas — tudo num estalar de dedos. Usávamos os pontos de descarga dos roubos de Jimmy como se fossem lojas de departamento. Nossas mulheres, mães, filhos, todo mundo participava. Eu tinha sacos de papel lotados de joias escondidos na cozinha e um pote de açúcar cheio de cocaína ao lado da cama. Tudo o que eu precisava estava a um telefonema de distância. Carros alugados a custo zero sob nomes falsos e chaves de dezenas de apartamentos que funcionavam como esconderijos, tudo partilhado entre nós. Nos fins de semana eu apostava de 30 mil a 40 mil dólares e em uma semana estourava tudo o que ganhava, ou recorria aos agiotas para pagar aos corretores o dinheiro das apostas. Pouco importava. Quando eu estava sem dinheiro, era só sair e roubar um pouco mais.

Controlávamos tudo. Subornávamos os advogados e os tiras. Todo mundo era comprado. Saíamos da delegacia às gargalhadas. Tínhamos do bom e do melhor. Em Vegas e Atlantic City alguém sempre conhecia alguém. As pessoas chegavam a nós oferecendo shows, jantares, suítes.

Agora tudo havia acabado e essa era a pior parte. Hoje está tudo muito diferente. Nenhuma atividade. Tenho de ficar em compasso de espera como qualquer mortal. Agora eu era um grande ninguém. Vou ter de viver o resto da minha vida como um joão-ninguém.

GoodFellas
OS BONS COMPANHEIROS

EPÍLOGO

Quando Henry Hill passou a fazer parte do Programa Federal de Proteção à Testemunha, ele se tornou um dos 4,4 mil outros criminosos que optaram por testemunhar contra seus antigos comparsas e desaparecer, em vez de enfrentar um julgamento. Para Henry Hill, entrar para o programa do Departamento de Justiça, com uma verba de 25 milhões de dólares anuais, era sua única opção.

Ed McDonald logo percebeu que Henry Hill havia cometido tantos crimes que às vezes não conseguia reconhecer que os tinha cometido. Um dia, por exemplo, enquanto era interrogado sobre o roubo à Lufthansa, Henry respondeu que estava em Boston. Era a terceira ou quarta vez que ele mencionava Boston, então McDonald finalmente perguntou a Henry o que ele fazia lá. Henry respondeu que na verdade estava naquela época subornando jogadores de basquete do Boston College num esquema de manipulação de resultados de jogos e que tinha de manter todo mundo na linha. "Eu joguei no time de calouros do Boston College", disse McDonald. "Estive em alguns dos jogos que Henry havia fraudado. Era a minha faculdade. Eu quase parti para cima dele, mas aí entendi que para elementos como Hill aquilo era apenas parte dos negócios. Para Henry, fraudar resultados no basquete universitário não era nem mesmo ilegal. Ele não tinha nunca pensado em mencionar aquilo. Passei a compreender que Henry não tinha muito espírito universitário. Em toda sua vida ele nunca torcera apaixonadamente por nada que não fosse algum tipo de fraude."

Pode-se dizer com certeza que o Programa de Proteção à Testemunha valeu cada centavo por proteger Henry Hill. No julgamento, ele testemunhou com tamanho desapego e autenticidade — mal olhava para os acusados contra os quais se colocou — que os jurados responderam com uma condenação após a outra. Seu testemunho ajudou a condenar Paul Mazzei a sete anos de prisão por tráfico de drogas; seu depoimento no caso de fraude nos jogos de basquete, no qual o próprio McDonald insistiu na acusação, condenou Rick Kuhn, de 26 anos, a dez anos — a mais dura pena já recebida por um jogador universitário por manipular resultados de jogos de basquete. O cúmplice de Hill nessa fraude, Tony Perla, pegou pena de dez anos, e o irmão de Perla, Rocco, de quatro. Rich Perry, um dos corretores de apostas de mafiosos conhecido como "o mediador", declarou-se culpado por participação ativa em apostas ilegais quando percebeu que Henry iria testemunhar contra ele, e safou-se com uma pena de um ano de prisão. Henry ajudou os agentes federais a rastrear e recapturar Bill Arico, suspeito de ser um assassino de aluguel internacional. Philip Basile, o dono da discoteca de Long Island, pegou uma pena de cinco anos que acabou sendo suspensa, mas teve de pagar uma multa de 250 mil dólares por ter arranjado o emprego fantasma que permitiu a Hill sair mais cedo da prisão por meio de liberdade condicional.

Henry até partiu em turnê. Cercado por agentes e acompanhado de Jerry D. Bernstein, o procurador da força-tarefa que conseguiu a condenação de Basile, foi testemunhar em Phoenix, Arizona, sobre as supostas ligações do crime organizado com uma grande empresa atacadista de bebidas alcoólicas que estava prestes a se tornar a maior distribuidora de bebidas alcoólicas e vinhos do estado. Entretanto, na véspera de Henry ir testemunhar, a empresa retirou sua requisição de licença de funcionamento e concordou em não mais fazer negócios no estado.

No dia 6 de fevereiro de 1984, Henry testemunhou contra Paul Vario. Vario estava sendo julgado por ter auxiliado Henry a ser solto antecipadamente do presídio de Allenwood ao conseguir para ele seu emprego fantasma. Após um julgamento de três dias, Paul Vario foi considerado culpado por conspiração para cometer fraude. No dia 3 de abril de 1984, ele foi condenado a quatro anos de prisão e recebeu uma multa de 10 mil dólares. Após esgotar todos os recursos, Vario foi levado a um presídio federal em Springfield, no estado do Missouri.

Mais tarde, naquele mesmo ano, Henry testemunhou contra Jimmy Burke no caso do assassinato de Richie Eaton. Henry afirmou que Jimmy dissera a ele que havia assassinado Eaton por causa de uma transação de cocaína de 250 mil dólares. Quando pressionado sobre o assunto pelo advogado de Burke, Henry fixou o olhar diretamente para Jimmy e disse que ao perguntar a Jimmy sobre Eaton, Jimmy lhe respondera: "Não precisa se preocupar mais com ele, eu dei fim naquele vigarista filho da puta". Em 19 de fevereiro de 1985, Jimmy Burke foi condenado a passar o resto de sua vida na prisão pelo assassinato de Richie Eaton.

Henry nunca conseguiu ajudar McDonald a desvendar o caso da Lufthansa — o caso que originalmente havia posto Henry no programa de proteção à testemunha. Quando McDonald levou Henry para testemunhar no caso Lufthansa, as pessoas que poderiam ligar o roubo a Jimmy estavam todas mortas. Com exceção de Henry e Jimmy, não havia sobrado ninguém. Stacks Edwards, Marty Krugman, Richie Eaton, Tommy DeSimone, Terry Ferrara, Joe Manri, Frenchy McMahon, Paolo LiCastri, Louie e Joanna Cafora, Anthony Stabile, e até Angelo Sepe e sua nova namorada, Joanne Lombardo, de dezenove anos. E durante o primeiro ano de Henry no programa, o filho de vinte anos de Germaine, Robert Junior, foi morto com um tiro numa cobertura no Queens.

Os confrontos de Henry com seus antigos parceiros no banco das testemunhas não o imobilizaram. Nem os olhares intimidadores de Jimmy Burke ou a visão do septuagenário Paul Vario pareciam perturbá-lo. Vario, Burke, Mazzei, Basile, os jogadores de basquete — todos com os quais Henry havia cometido crimes tornaram-se moeda de barganha para que ele comprasse sua própria liberdade. Ele deu início, junto ao procurador da força-tarefa Douglas Behm, à investigação sobre a "dominação total" da Máfia sobre os negócios e movimentações de cargas no aeroporto Kennedy, que resultou em mais um indiciamento de Paul Vario, além dos indiciamentos de Frankie the Wop, Manzo e outros poderosos da família Lucchese. Entregou a McDonald e seus homens o máximo de casos que conseguiu, e mandou para a prisão seus antigos parceiros. Sem sofrimento. Comeu uma pizza de calabresa e champignon e bebeu um refrigerante antes de testemunhar contra Vario, e negociou por 10 mil dólares uma matéria com a revista *Sports Illustrated* antes de testemunhar sobre o esquema de fraudes nos jogos do Boston College que levou Rich Kuhn, de 26 anos, a cumprir uma pena de dez anos num presídio federal. Quando Jimmy Burke foi condenado por homicídio, Henry ficou quase alegre. No duelo final com Jimmy, Henry sobreviveu usando o governo para apertar o gatilho.

É claro que, não importa o quanto Henry tentasse racionalizar sobre o que fizera, sua sobrevivência dependeu de sua capacidade de traição.

De livre e espontânea vontade, ele delatou o mundo que conhecia e os homens com os quais crescera, com a mesma naturalidade com que montava um ponto de apostas ou passava a perna em alguém. Para Henry Hill, desistir daquela vida era difícil, mas desistir de seus amigos era fácil.

No fim, não houve nenhuma pirotecnia, nada de discursos inflamados e gloriosos à moda dos gângsteres do cinema. Henry não iria ressurgir como alguém vitorioso. Ele sobreviveria do jeito que pudesse. Na verdade, de todo o bando, apenas Henry conseguiu sobreviver.

Hoje, Henry Hill e sua mulher vivem em algum lugar nos Estados Unidos. Segundo seu relato, mantém um negócio bem-sucedido e mora numa casa em estilo neocolonial de dois andares, avaliada em 150 mil dólares, situada numa área com índice de violência tão baixo que roubos em garagem viram manchetes na imprensa semanal. Suas filhas estudam em escolas particulares. Ele e Karen têm seus próprios carros, e ela iniciou um pequeno negócio próprio. Ele possui um plano de aposentadoria privada. Umas de suas poucas reclamações é a de que não consegue arranjar boa comida italiana na área para a qual foi destinado a morar pelo Programa de Proteção à Testemunha. Alguns dias após sua chegada ao destino, foi até um restaurante local "à moda italiana" e encontrou o molho marinara sem alho, o linguini fora substituído por macarrão instantâneo e havia fatias de pão branco em cestas de plástico nas mesas.

Mas por conta de seu trabalho contínuo com Ed McDonald e os procuradores da força-tarefa, Henry recebe 1,5 mil dólares por mês como funcionário do governo, viaja para Nova York oito a nove vezes por ano com todas as despesas pagas, e refeições de Little Italy lhes são fornecidas nos tribunais onde dá seu testemunho e nos hotéis onde se hospeda. Sempre vai a Nova York acompanhado de agentes armados como garantia de não ser assassinado ou assaltado. De fato, Henry é tão minuciosamente vigiado e sua nova identidade tão fortemente protegida pelo Departamento de Polícia Federal que até a Receita Federal acabou desistindo de cobrar o velho Henry Hill por seus impostos passados. Graças ao governo para o qual trabalha, Henry Hill acabou se tornando o mafioso exemplar.

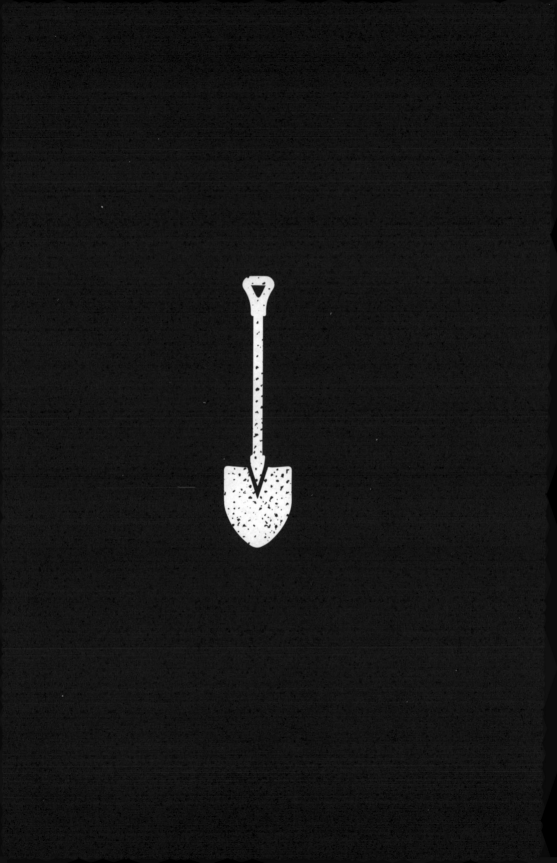

GoodFellas
OS BONS COMPANHEIROS

POSFÁCIO

Promotores dizem que o momento mais perigoso para testemunhas é quando elas estão testemunhando e sendo interrogadas. Uma vez que o testemunho de Henry Hill durou cinco anos e resultou em, pelo menos, cinquenta condenações, houve muito momentos e muitos acusados que o desejaram morto.

"Alguns deles pensaram que eu estivesse em contato com minhas antigas namoradas", disse Hill. "Contrataram detetives particulares para investigar os números de telefones delas. Eles tinham contatos com pessoas da companhia telefônica e das empresas de cartão de crédito. Conseguem encontrar quem quer que seja. Seus advogados subornaram funcionários do tribunal para revelar quando e onde eu estava testemunhando. Os federais sabiam de tudo isso e me conduziam em carros diferentes todos os dias, com motoristas diferentes, janelas escurecidas, vans, um carro na frente e outros atrás, para que ninguém pudesse ficar entre nós."

Ainda é surpreendente para vários promotores e agentes que trabalharam no caso de Henry Hill que, trinta anos após ter decidido mudar de lado, e 25 anos após a publicação deste livro, ele acabou por ser o último mafioso de seu bando que ainda andava por aí. Seu mentor, James " Jimmy, o Cavalheiro" Burke, que fracassou em matar Hill na viagem cilada para a Flórida, foi enfim condenado por assassinato em decorrência do testemunho de Hill e morreu na prisão em 1996, aos 65 anos de idade. Paul Vario, pai substituto de Hill e *capo* da família criminosa dos Lucchese, foi condenado devido ao testemunho de Hill e faleceu em uma prisão federal no Texas em 1988, aos 74 anos. Outros membros da quadrilha, cuja liberdade dependia de se livrarem de Henry, foram presos, condenados pelo testemunho de Hill, ou mortos em riscos rotineiros devido à vida no crime, que não tinham nada a ver com o ex-mafioso.

Anthony Stabile, o assassino cruel que trabalhava para Burke, por exemplo, e com quem os oficiais federais estavam particularmente preocupados, acabou sendo morto em uma disputa de drogas não relacionada a Hill, em 1985, aos 44 anos. Stabile levou dois tiros na cabeça, foi colocado no porta-malas do seu Cadillac Coupe de Ville novo e incendiado no Ozone Park, no Queens. Angelo Sepe, 43 anos, outro membro da quadrilha de Vario que tentava pegar Hill, acabou levando um tiro e morreu em 18 de julho de 1984. Sepe foi morto no seu apartamento em Bath Beach, no Brooklyn, depois de ameaçar matar um membro do bando de Sammy "o Touro" Gravano. Os assassinos, usando silenciadores, primeiro mataram Sepe na entrada do apartamento e, depois, sua namorada, Joanna Lombardo, que dormia no quarto, para eliminar a possibilidade de uma testemunha.

A partir de 1980, quando Henry Hill, Karen e os dois filhos entraram no Programa Federal de Proteção à Testemunha, as ameaças sempre foram sérias o suficiente para que o governo providenciasse a mudança da família dezenas de vezes. Uma noite, a família teve que deixar a casa tão rapidamente que, quando a namorada do filho de Hill veio buscá-lo para a escola na manhã seguinte, encontrou a casa vazia e nenhum endereço para onde eles tinham ido. Os federais alertaram o filho para que não entrasse em contato com a garota sob nenhuma circunstância.[1]

Enquanto integrou o Programa de Proteção à Testemunha, Hill esteve viciado em álcool, speed e cocaína. Ele foi preso várias vezes por acusações relacionadas a drogas. Quando temporariamente na prisão, usou nomes falsos até que os federais o tiraram. A polícia local que o prendia geralmente não tinha ideia de quem ele era. Em 1989, Hill e Karen se divorciaram, após 25 anos de casamento, e Karen ficou com a guarda das crianças. Hill enfim deixou o Programa de Proteção à Testemunha em 1996, após a morte de Jimmy Burke. Ele continuou a ter problemas com a lei (foi preso por dirigir embriagado) até 2006, quando o ator Ray Liotta, que interpretou Henry Hill

---

[1] Hill teve um filho e uma filha com Karen. No livro, ambos são retratados como meninas. [NE]

em *Os Bons Companheiros*, o convenceu a entrar em um programa sério de reabilitação. Após diversas tentativas anteriores, deu certo, segundo Hill.

"Depois de trinta anos fugindo", disse ele, "agora me sinto seguro o suficiente para viajar com o meu próprio nome, aparecer na rádio e em programas de TV para promover meus livros, ir a restaurantes e shoppings com meus filhos e netos. Eu sou como todo mundo, praticamente."[2]

Nicholas Pileggi
Maio, 2011

---

[2] Henry Hill faleceu em 12 de junho de 2012, devido a complicações relacionadas a um ataque cardíaco, em um hospital de Los Angeles, um dia após seu aniversário de 69 anos. [NE]

Para Nora

AGRADECIMENTOS: Desejo agradecer pelas contribuições dadas a este livro ao procurador federal Raymond Dearie, da Jurisdição da Seção Leste de Nova York; ao procurador federal assistente Edward McDonald, que comandou a Força-Tarefa de Combate ao Crime Organizado; e a Thomas P. Puccio, seu antecessor. Também seguem meus agradecimentos aos procuradores especiais da Força-Tarefa de Combate ao Crime Organizado Jerry D. Bernstein, Laura Ward, Douglas Behm, Douglas Grover, Michael Guadagno e Laura Brevetti, bem como ao promotor da divisão de homicídios do Brooklyn, John Fairbanks, e aos detetives e agentes Doug LeVien, Mario Sessa, Thomas Sweeney, Steve Carbone, Joel Cohen, Edmundo Guevera, Arthur Donelan, James Kapp, Daniel Mann, Jack Walsh, Alfie McNeil, Ben Panzarella, Steve DelCorso e John Wales.

Nicholas Pileggi nasceu em Nova York em 1933. É jornalista, escritor e roteirista. Trabalhou na Associated Press nos anos 1950, quando se especializou na cobertura de crimes. Construiu sua reputação e rede de contatos ao longo das três décadas seguintes, cobrindo histórias para a revista *New York* e colaborando com dezenas de outras publicações, ao se tornar um especialista sobretudo do mundo do crime organizado e da máfia. Em 1985, publicou *Wiseguy*, posteriormente adaptado e transformado por ele e por Martin Scorsese no roteiro de *Os Bons Companheiros* (1990). Escreveu também *Cassino* (1995), igualmente adaptado e transformado em roteiro do filme homônimo por ele e Scorsese. Em 2019, foi o produtor executivo de *O Irlandês*, também dirigido por Martin Scorsese.

CRIME SCENE®
DARKSIDE

"Todos fazemos parte da mesma hipocrisia."
MICHAEL CORLEONE, EM *O Poderoso Chefão*
— INVERNO 2020 —

DARKSIDEBOOKS.COM